W9-CKB-959

Bibliothèque
des Sciences humaines

MICHEL FOUCAULT

L'ARCHÉOLOGIE DU SAVOIR

GALLIMARD

I

Voilà des dizaines d'années maintenant que l'attention des historiens s'est portée, de préférence, sur les longues périodes comme si, au-dessous des péripéties politiques et de leurs épisodes, ils entreprenaient de mettre au jour les équilibres stables et difficiles à rompre, les processus irréversibles, les régulations constantes, les phénomènes tendanciels qui culminent et s'inversent après des continuités séculaires, les mouvements d'accumulation et les saturations lentes, les grands socles immobiles et muets que l'enchevêtrement des récits traditionnels avait recouverts de toute une épaisseur d'événements. Pour mener cette analyse, les historiens disposent d'instruments qu'ils ont pour une part façonnés, et pour une part reçus : modèles de la croissance économique, analyse quantitative des flux d'échanges, profils des développements et des régressions démographiques, étude du climat et de ses oscillations, repérage des constantes sociologiques, description des ajustements techniques, de leur diffusion et de leur persistance. Ces instruments leur ont permis de distinguer, dans le champ de l'histoire, des couches sédimentaires diverses ; aux successions linéaires, qui avaient fait jusque-là l'objet de la recherche, s'est substitué un jeu de décrochages en profondeur. De la mobilité politique aux lenteurs propres à la « civilisation matérielle », les niveaux d'analyse se sont multipliés : chacun a ses ruptures spécifiques, chacun comporte un découpage qui n'appartient qu'à lui; et à mesure qu'on descend vers les socles les plus profonds, les scansions se font de plus en plus larges. Derrière l'histoire bousculée des gouvernements, des guerres et des famines, se dessinent des histoires, presque immobiles sous le regard, — des histoires à pente faible : histoire des voies maritimes, histoire du blé ou des mines d'or, histoire de la sécheresse et de l'irrigation, histoire de l'assolement, histoire de l'équilibre, obtenu par l'espèce humaine, entre la faim et la prolifération. Les vieilles questions de l'analyse traditionnelle (quel lien établir entre des événements disparates? Comment établir entre eux une suite nécessaire? Quelle est la continuité qui les traverse ou la signification d'ensemble qu'ils finissent par former? Peut-on définir une totalité, ou faut-il se borner à reconstituer des enchaînements?) sont remplacées désormais par des interrogations d'un autre type : quelles strates faut-il isoler les unes des autres? Quels types de séries instaurer? Quels critères de périodisation adopter pour chacune d'elles? Quel système de relations (hiérarchie, dominance, étagement, détermination univoque, causalité circulaire) peut-on décrire de l'une à l'autre? Quelles séries de séries peut-on établir? Et dans quel tableau, à chronologie large, peut-on déterminer des suites distinctes d'événements?

Or à peu près à la même époque, dans ces disciplines qu'on appelle histoire des idées, des sciences, de la philosophie, de la pensée, de la littérature aussi (leur spécificité peut être négligée pour un instant), dans ces disciplines qui, malgré leur titre, échappent en grande partie au travail de l'historien et à ses méthodes, l'attention s'est déplacée au contraire des vastes unités qu'on décrivait comme des « époques » ou des « siècles » vers des phénomènes de rupture. Sous les grandes continuités de la pensée, sous les manifestations massives et homogènes d'un esprit ou d'une mentalité collective, sous le devenir têtu d'une science s'acharnant à exister et à s'achever dès son commencement, sous la persistance d'un genre, d'une forme, d'une discipline, d'une activité théorique, on cherche maintenant à détecter l'incidence des interruptions. Interruptions dont le statut et la nature sont fort divers. *Actes et seuils épistémologiques* décrits par G. Bachelard : ils suspendent le cumul indéfini des connaissances, brisent leur lente maturation et les font entrer dans un temps nouveau, les coupent de leur origine empirique et de leurs motivations initiales, les purifient de leurs complicités imaginaires; ils prescrivent ainsi à l'analyse historique non plus la recherche des commencements silencieux, non plus la remontée sans terme vers les premiers précurseurs, mais le repérage d'un type nouveau de rationalité et de ses effets multiples. *Déplacements* et *transformations* des concepts : les analyses de G. Canguilhem peuvent servir de modèles; elles montrent que l'histoire d'un concept n'est pas, en tout et pour tout, celle de son affinement progressif, de sa rationalité continûment croissante, de son gradient d'abstraction, mais celle de ses divers champs de constitution et de validité, celle de ses règles successives d'usage, des milieux théoriques multiples où s'est poursuivie et achevée son élaboration. Distinction, faite également par G. Canguilhem, entre les *échelles micro* et *macroscopiques* de l'histoire des sciences où les événements et leurs conséquences ne se distribuent pas de la même façon : si bien qu'une découverte, la mise au point d'une méthode, l'œuvre d'un savant, ses échecs aussi, n'ont pas la même incidence, et ne peuvent être décrits de la même façon à l'un et à l'autre niveau; ce n'est pas la même histoire qui, ici et là, se trouvera racontée. *Redistributions récurrentes* qui font apparaître plusieurs passés, plusieurs formes d'enchaînements, plusieurs hiérarchies d'importances, plusieurs réseaux de déterminations, plusieurs téléologies, pour une seule et même science à mesure que son présent se modifie : de sorte que les descriptions historiques s'ordonnent nécessairement à l'actualité du savoir, se multiplient avec ses transformations et ne cessent à leur tour de rompre avec elles-mêmes (de ce phénomène, M. Serres vient de donner la théorie, dans le domaine des mathématiques). *Unités architectoniques* des systèmes, telles qu'elles ont été analysées par M. Guéroult et pour lesquelles la description des influences, des traditions, des continuités culturelles, n'est pas pertinente, mais plutôt celle des cohérences internes, des axiomes, des chaînes déductives, des compatibilités. Enfin, sans doute les scansions les plus radicales sont-elles les coupures effectuées par un travail de transformation théorique lorsqu'il « fonde une science en la détachant de l'idéologie de son passé et en révélant ce passé comme idéologique[1] ». A quoi il faudrait ajouter, bien entendu, l'analyse littéraire qui se donne désormais pour unité, — non point l'âme ou la sensibilité d'une époque, non point les « groupes », les « écoles », les « générations » ou les « mouvements », non point même le personnage de l'auteur dans le jeu d'échanges qui a noué sa vie et sa « création », mais la structure propre à une œuvre, à un livre, à un texte.

Et le grand problème qui va se poser — qui se pose — à de telles analyses historiques n'est donc plus de savoir par quelles voies les continuités ont pu s'établir, de quelle manière un seul et même dessein a pu se maintenir et constituer, pour tant d'esprits différents et successifs, un horizon unique, quel mode d'action et quel support implique le jeu des transmissions, des reprises, des oublis, et des répétitions, comment l'origine peut étendre son règne bien au-delà d'elle-même et jusqu'à cet achèvement qui n'est jamais donné, — le problème n'est plus de la tradition et de la trace, mais de la découpe et de la limite; ce n'est plus celui du fondement qui se perpétue, c'est celui des transformations qui valent comme fondation et renouvellement des fondations. On voit alors se déployer tout un champ de questions dont quelques-unes sont déjà familières, et par lesquelles cette nouvelle forme d'histoire essaie d'élaborer sa propre théorie : comment spécifier les différents concepts qui permettent de penser la discontinuité (seuil, rupture, coupure, mutation, transformation)? Par quels critères isoler les unités auxquelles on a affaire : qu'est-ce qu'*une* science? Qu'est-ce qu'*une* œuvre? Qu'est-ce qu'*une* théorie? Qu'est-ce qu'*un*

1. L. Althusser, *Pour Marx*, p. 168.

concept? Qu'est-ce qu'*un* texte? Comment diversifier les niveaux auxquels on peut se placer et dont chacun comporte ses scansions et sa forme d'analyse : quel est le niveau légitime de la formalisation? Quel est celui de l'interprétation? Quel est celui de l'analyse structurale? Quel est celui des assignations de causalité?

En somme l'histoire de la pensée, des connaissances, de la philosophie, de la littérature semble multiplier les ruptures et chercher tous les hérissements de la discontinuité, alors que l'histoire proprement dite, l'histoire tout court, semble effacer, au profit des structures sans labilité, l'irruption des événements.

*

Mais que cet entrecroisement ne fasse pas illusion. Ne pas s'imaginer sur la foi de l'apparence que certaines des disciplines historiques sont allées du continu au discontinu, tandis que les autres allaient du fourmillement des discontinuités aux grandes unités ininterrompues; ne pas s'imaginer que dans l'analyse de la politique, des institutions ou de l'économie on a été de plus en plus sensible aux déterminations globales, mais que, dans l'analyse des idées et du savoir, on a prêté une attention de plus en plus grande aux jeux de la différence; ne pas croire qu'une fois encore ces deux grandes formes de description se sont croisées sans se reconnaître.

En fait ce sont les mêmes problèmes qui se sont posés ici et là, mais qui ont provoqué en surface des effets inverses. Ces problèmes, on peut les résumer d'un mot : la mise en question du *document*. Pas de malentendu : il est bien évident que depuis qu'une discipline comme l'histoire existe, on s'est servi de documents, on les a interrogés, on s'est interrogé sur eux; on leur a demandé non seulement ce qu'ils voulaient dire, mais s'ils disaient bien la vérité, et à quel titre ils pouvaient le prétendre, s'ils étaient sincères ou falsificateurs, bien informés ou ignorants, authentiques ou altérés. Mais chacune de ces questions et toute cette grande inquiétude critique pointaient vers une même fin : reconstituer, à partir de ce que disent ces documents — et parfois à demi-mot — le passé dont ils émanent et qui s'est évanoui maintenant loin derrière eux; le document était toujours traité comme le langage d'une voix maintenant réduite au silence, — sa trace fragile, mais par chance déchiffrable. Or, par une mutation qui ne date pas d'aujourd'hui, mais qui n'est pas sans doute encore achevée, l'histoire a changé sa position à l'égard du document : elle se donne pour tâche première, non point de l'interpréter, non point de déterminer s'il dit vrai et quelle est sa valeur expressive, mais de le travailler de l'intérieur et de l'élaborer : elle l'organise, le découpe, le distribue, l'ordonne, le répartit en niveaux, établit des séries, distingue ce qui est pertinent de ce qui ne l'est pas, repère des éléments, définit des unités, décrit des relations. Le document n'est donc plus pour l'histoire cette matière inerte à travers laquelle elle essaie de reconstituer ce que les hommes ont fait ou dit, ce qui est passé et dont seul le sillage demeure : elle cherche à définir dans le tissu documentaire lui-même des unités, des ensembles, des séries, des rapports. Il faut détacher l'histoire de l'image où elle s'est longtemps complu et par quoi elle trouvait sa justification anthropologique : celle d'une mémoire millénaire et collective qui s'aidait de documents matériels pour retrouver la fraîcheur de ses souvenirs; elle est le travail et la mise en œuvre d'une matérialité documentaire (livres, textes, récits, registres, actes, édifices, institutions, règlements, techniques, objets, coutumes, etc.) qui présente toujours et partout, dans toute société, des formes soit spontanées soit organisées de rémanences. Le document n'est pas l'heureux instrument d'une histoire qui serait en elle-même et de plein droit *mémoire;* l'histoire, c'est une certaine manière pour une société de donner statut et élaboration à une masse documentaire dont elle ne se sépare pas.

Disons pour faire bref que l'histoire, dans sa forme traditionnelle, entreprenait de « mémoriser » les *monuments* du passé, de les transformer en *documents* et de faire parler ces traces qui, par elles-mêmes, souvent ne sont point verbales, ou disent en silence autre chose que ce qu'elles disent; de nos jours, l'histoire, c'est ce qui transforme les *documents* en *monuments*, et qui, là où on déchiffrait des traces laissées par les hommes, là où on essayait de reconnaître en creux ce qu'ils avaient été, déploie une masse d'éléments qu'il s'agit d'isoler, de grouper, de rendre pertinents, de mettre en relations, de constituer en ensembles. Il était un temps où l'archéologie, comme discipline des monuments muets, des traces inertes, des objets sans contexte et des choses laissées par le passé, tendait à l'histoire et ne prenait sens que par la restitution d'un discours historique; on pourrait dire, en jouant un peu sur les mots, que l'histoire, de nos jours, tend à l'archéologie, — à la description intrinsèque du monument.

A cela plusieurs conséquences. Et d'abord l'effet de surface qu'on a déjà signalé : la multiplication des ruptures dans l'histoire des idées, la mise au jour des périodes longues dans l'histoire proprement dite. Celle-ci, en effet, sous sa forme traditionnelle se donnait pour tâche de définir des relations (de causalité simple, de détermination circulaire, d'antagonisme, d'expression) entre des faits ou des événements datés : la série étant donnée, il s'agissait de préciser le voisinage de chaque élément. Désormais le problème est de constituer des séries : de définir pour chacune ses éléments, d'en fixer les bornes, de mettre au jour le type de relations qui lui est spécifique, d'en formuler la loi, et, au-delà, de décrire les rapports entre différentes séries, pour constituer ainsi des séries de séries, ou des « tableaux » : de là la multiplication des strates, leur décrochage, la spécificité du temps et des chronologies qui leur sont propres; de là la nécessité de distinguer non plus seulement des événements importants (avec une longue chaîne de conséquences) et des événements minimes, mais des types d'événements de niveau tout à fait différent (les uns brefs, les autres de durée moyenne, comme l'expansion d'une technique, ou une raréfaction de la monnaie, les autres enfin d'allure lente comme un équilibre démographique ou l'ajustement progressif d'une économie à une modification du climat); de là la possibilité de faire apparaître des séries à repères larges constituées d'événements rares ou d'événements répétitifs. L'apparition des périodes longues dans l'histoire d'aujourd'hui n'est pas un retour aux philosophies de l'histoire, aux grands âges du monde, ou aux phases prescrites par le destin des civilisations; c'est l'effet de l'élaboration, méthodologiquement concertée, des séries. Or dans l'histoire des idées, de la pensée, et des sciences, la même mutation a provoqué un effet inverse : elle a dissocié la longue série constituée par le progrès de la conscience, ou la téléologie de la raison, ou l'évolution de la pensée humaine; elle a remis en question les thèmes de la convergence et de l'accomplissement; elle a mis en doute les possibilités de la totalisation. Elle a amené l'individualisation de séries différentes, qui se juxtaposent, se succèdent, se chevauchent, s'entrecroisent sans qu'on puisse les réduire à un schéma linéaire. Ainsi sont apparues, à la place de cette chronologie continue de la raison, qu'on faisait invariablement remonter à l'inaccessible origine, à son ouverture fondatrice, des échelles parfois brèves, distinctes les unes des autres, rebelles à une loi unique, porteuses souvent d'un type d'histoire qui est propre à chacune, et irréductibles au modèle général d'une conscience qui acquiert, progresse et se souvient.

Seconde conséquence : la notion de discontinuité prend une place majeure dans les disciplines historiques. Pour l'histoire dans sa forme classique, le discontinu était à la fois le donné et l'impensable : ce qui s'offrait sous l'espèce des événements dispersés — décisions, accidents, initiatives, découvertes; et ce qui devait être, par l'analyse, contourné, réduit, effacé pour qu'apparaisse la continuité des événements. La discontinuité, c'était ce stigmate de l'éparpillement temporel que l'historien avait à charge de supprimer de l'histoire. Elle est devenue maintenant un des éléments fondamentaux de l'analyse historique. Elle y apparaît sous un triple rôle. Elle constitue d'abord une opération délibérée de l'historien (et non plus ce qu'il reçoit malgré lui du matériau qu'il a à traiter) : car il doit, au moins à titre d'hypothèse systématique, distinguer les niveaux possibles de l'analyse, les méthodes qui sont propres à chacun, et les périodisations qui leur conviennent. Elle est aussi le résultat de sa description (et non plus ce qui doit s'éliminer sous l'effet de son analyse) : car ce qu'il entreprend de découvrir, ce sont les limites d'un processus, le point d'inflexion d'une courbe, l'inversion d'un mouvement régulateur, les bornes d'une oscillation, le seuil d'un fonctionnement, l'instant de dérèglement d'une causalité circulaire. Elle est enfin le concept que le travail ne cesse de spécifier (au lieu de le négliger comme un blanc uniforme et indifférent entre deux figures positives); elle prend une forme et une fonction spécifiques selon le domaine et le niveau où on l'assigne : on ne parle pas de la même discontinuité quand on décrit un seuil épistémologique, le rebroussement d'une courbe de population, ou la substitution d'une technique à une autre. Notion paradoxale que celle de discontinuité : puisqu'elle est à la fois instrument et objet de recherche; puisqu'elle délimite le champ dont elle est l'effet; puisqu'elle permet d'individualiser les domaines, mais qu'on ne peut l'établir que par leur comparaison. Et puisqu'en fin de compte peut-être, elle n'est pas simplement un concept présent dans le discours de l'historien, mais que celui-ci en secret la suppose : d'où pourrait-il parler, en effet, sinon à partir de cette rupture qui lui offre comme objet l'histoire — et sa propre histoire? Un des traits les plus essentiels de l'histoire nouvelle, c'est sans doute ce déplacement du discontinu : son passage de l'obstacle à la pratique; son intégration dans le discours de l'historien où il ne joue plus le rôle d'une fatalité extérieure qu'il faut réduire, mais d'un concept opératoire qu'on utilise; et par là l'inversion de signes grâce à laquelle il n'est plus le négatif de la lecture historique (son envers, son échec, la limite de son pouvoir) mais l'élément positif qui détermine son objet et valide son analyse.

Troisième conséquence : le thème et la possibilité d'une *histoire globale* commencent à s'effacer, et on voit s'esquisser le dessin, fort différent, de ce qu'on pourrait appeler une *histoire générale*. Le projet d'une histoire globale, c'est celui qui cherche à restituer la forme d'ensemble d'une civilisation, le principe — matériel ou spirituel — d'une société, la signification commune à tous les phénomènes d'une période, la loi qui rend compte de leur cohésion, — ce qu'on appelle métaphoriquement le « visage » d'une époque. Un tel projet est lié à deux ou trois hypothèses : on suppose qu'entre tous les événements d'une aire spatio-temporelle bien définie, entre tous les phénomènes dont on a retrouvé la trace, on doit pouvoir établir un système de relations homogènes : réseau de causalité permettant de dériver chacun d'eux, rapports d'analogie montrant comment ils se symbolisent les uns les autres, ou comment ils expriment tous un seul et même noyau central; on suppose d'autre part qu'une seule et même forme d'historicité emporte les structures économiques, les stabilités sociales, l'inertie des mentalités, les habitudes techniques, les comportements politiques, et les soumet tous au même type de transformation; on suppose enfin que l'histoire elle-même peut être articulée en grandes unités — stades ou phases — qui détiennent en elles-mêmes leur principe de cohésion. Ce sont ces postulats que l'histoire nouvelle met en question quand elle problématise les séries, les découpes, les limites, les dénivellations, les décalages, les spécificités chronologiques, les formes singulières de rémanence, les types possibles de relation. Mais ce n'est point qu'elle cherche à obtenir une pluralité d'histoires juxtaposées et indépendantes les unes des autres : celle de l'économie à côté de celle des institutions, et à côté d'elles encore celles des sciences, des religions ou des littératures; ce n'est point non plus qu'elle cherche seulement à signaler entre ces histoires différentes, des coïncidences de dates, ou des analogies de forme et de sens. Le problème qui s'ouvre alors — et qui définit la tâche d'une histoire générale — c'est de déterminer quelle forme de relation peut être légitimement décrite entre ces différentes séries; quel système vertical elles sont susceptibles de former; quel est, des unes aux autres, le jeu des corrélations et des dominances; de quel effet peuvent être les décalages, les temporalités différentes, les diverses rémanences; dans quels ensembles distincts certains éléments peuvent figurer simultanément; bref, non seulement quelles séries, mais quelles « séries de séries » — ou en d'autres termes, quels « tableaux [1] » il est possible de constituer. Une description globale resserre tous les phénomènes autour d'un centre unique — principe, signification, esprit, vision du monde, forme d'ensemble; une histoire générale déploierait au contraire l'espace d'une dispersion.

Enfin, dernière conséquence : l'histoire nouvelle rencontre un certain nombre de problèmes méthodologiques dont plusieurs, à n'en pas douter, lui préexistaient largement, mais dont le faisceau maintenant la caractérise. Parmi eux, on peut citer : la constitution de *corpus* cohérents et homogènes de documents (corpus ouverts ou fermés, finis ou indéfinis), l'établissement d'un principe de choix (selon qu'on veut traiter exhaustivement la masse documentaire, qu'on pratique un échantillonnage d'après des méthodes de prélèvement statistique, ou qu'on essaie de déterminer à l'avance les éléments les plus représentatifs); la définition du niveau d'analyse et des éléments qui sont pour lui pertinents (dans le matériau étudié, on peut relever les indications numériques; les références — explicites ou non — à des événements, à des institutions, à des pratiques; les mots employés, avec leurs règles d'usage et les champs sémantiques qu'ils dessinent, ou encore la structure formelle des propositions et les types d'enchaînements qui les unissent); la spécification d'une méthode d'analyse (traitement quantitatif des données, décomposition selon un certain nombre de traits assignables dont on étudie les corrélations, déchiffrement interprétatif, analyse des fréquences et des distributions); la délimitation des ensembles et des sous-ensembles qui articulent le matériau étudié (régions, périodes, processus unitaires); la détermination des relations qui permettent de caractériser un ensemble (il peut s'agir de relations numériques

1. Aux derniers flâneurs, faut-il signaler qu'un « tableau » (et sans doute dans tous les sens du terme), c'est formellement une « série de séries »? En tout cas, ce n'est point une petite image fixe qu'on place devant une lanterne pour la plus grande déception des enfants, qui, à leur âge, préfèrent bien sûr la vivacité du cinéma.

ou logiques; de relations fonctionnelles, causales, analogiques; il peut s'agir de la relation de signifiant à signifié).

Tous ces problèmes font partie désormais du champ méthodologique de l'histoire. Champ qui mérite l'attention, et pour deux raisons. D'abord parce qu'on voit jusqu'à quel point il s'est affranchi de ce qui constituait, naguère encore, la philosophie de l'histoire, et des questions qu'elle posait (sur la rationalité ou la téléologie du devenir, sur la relativité du savoir historique, sur la possibilité de découvrir ou de constituer un sens à l'inertie du passé, et à la totalité inachevée du présent). Ensuite, parce qu'il recoupe en certains de ses points des problèmes qu'on retrouve ailleurs — dans les domaines par exemple de la linguistique, de l'ethnologie, de l'économie, de l'analyse littéraire, de la mythologie. A ces problèmes on peut bien donner si on veut le sigle du structuralisme. Sous plusieurs conditions cependant : ils sont loin de couvrir à eux seuls le champ méthodologique de l'histoire, ils n'en occupent qu'une part dont l'importance varie avec les domaines et les niveaux d'analyse; sauf dans un certain nombre de cas relativement limités, ils n'ont pas été importés de la linguistique ou de l'ethnologie (selon le parcours fréquent aujourd'hui), mais ils ont pris naissance dans le champ de l'histoire elle-même — essentiellement dans celui de l'histoire économique et à l'occasion des questions qu'elle posait; enfin ils n'autorisent aucunement à parler d'une structuralisation de l'histoire, ou du moins d'une tentative pour surmonter un « conflit » ou une « opposition » entre structure et devenir : il y a maintenant beau temps que les historiens repèrent, décrivent et analysent des structures, sans avoir jamais eu à se demander s'ils ne laissaient pas échapper la vivante, la fragile, la frémissante « histoire ». L'opposition structure-devenir n'est pertinente ni pour la définition du champ historique, ni, sans doute, pour la définition d'une méthode structurale.

*

Cette mutation épistémologique de l'histoire n'est pas encore achevée aujourd'hui. Elle ne date pas d'hier cependant, puisqu'on peut sans doute en faire remonter à Marx le premier moment. Mais elle fut longue à prendre ses effets. De nos jours encore, et surtout pour l'histoire de la pensée, elle n'a pas été enregistrée ni réfléchie, alors que d'autres transformations plus récentes ont pu l'être — celles de la linguistique par exemple. Comme s'il avait été particulièrement difficile, dans cette histoire que les hommes retracent de leurs propres idées et de leurs propres connaissances, de formuler une théorie générale de la discontinuité, des séries, des limites, des unités, des ordres spécifiques, des autonomies et des dépendances différenciées. Comme si, là où on avait été habitué à chercher des origines, à remonter indéfiniment la ligne des antécédences, à reconstituer des traditions, à suivre des courbes évolutives, à projeter des téléologies, et à recourir sans cesse aux métaphores de la vie, on éprouvait une répugnance singulière à penser la différence, à décrire des écarts et des dispersions, à dissocier la forme rassurante de l'identique. Ou plus exactement, comme si de ces concepts de seuils, de mutations, de systèmes indépendants, de séries limitées — tels qu'ils sont utilisés de fait par les historiens —, on avait du mal à faire la théorie, à tirer les conséquences générales, et même à dériver toutes les implications possibles. Comme si nous avions peur de penser l'*Autre* dans le temps de notre propre pensée.

Il y a à cela une raison. Si l'histoire de la pensée pouvait demeurer le lieu des continuités ininterrompues, si elle nouait sans cesse des enchaînements que nulle analyse ne saurait défaire sans abstraction, si elle tramait, tout autour de ce que les hommes disent et font, d'obscures synthèses qui anticipent sur lui, le préparent, et le conduisent indéfiniment vers son avenir, — elle serait pour la souveraineté de la conscience un abri privilégié. L'histoire continue, c'est le corrélat indispensable à la fonction fondatrice du sujet : la garantie que tout ce qui lui a échappé pourra lui être rendu; la certitude que le temps ne dispersera rien sans le restituer dans une unité recomposée; la promesse que toutes ces choses maintenues au loin par la différence, le sujet pourra un jour — sous la forme de la conscience historique — se les approprier derechef, y restaurer sa maîtrise et y trouver ce qu'on peut bien appeler sa demeure. Faire de l'analyse historique le discours du continu et faire de la conscience humaine le sujet originaire de tout devenir et de toute pratique, ce sont les deux faces d'un même système de pensée. Le temps y est conçu en termes de totalisation et les révolutions n'y sont jamais que des prises de conscience.

Sous des formes différentes, ce thème a joué un rôle constant depuis le XIXe siècle : sauver, contre tous les décentrements, la souveraineté du sujet, et les figures jumelles de l'anthropologie et de l'humanisme. Contre le décentrement opéré par Marx — par l'analyse historique des rapports de production, des déterminations économiques et de la lutte des classes — il a donné lieu, vers la fin du XIXe siècle, à la recherche d'une histoire globale, où toutes les différences d'une société pourraient être ramenées à une forme unique, à l'organisation d'une vision du monde, à l'établissement d'un système de valeurs, à un type cohérent de civilisation. Au décentrement opéré par la généalogie nietzschéenne, il a opposé la recherche d'un fondement originaire qui fasse de la rationalité le *telos* de l'humanité, et lie toute l'histoire de la pensée à la sauvegarde de cette rationalité, au maintien de cette téléologie, et au retour toujours nécessaire vers ce fondement. Enfin, plus récemment lorsque les recherches de la psychanalyse, de la linguistique, de l'ethnologie ont décentré le sujet par rapport aux lois de son désir, aux formes de son langage, aux règles de son action, ou aux jeux de ses discours mythiques ou fabuleux, lorsqu'il fut clair que l'homme lui-même, interrogé sur ce qu'il était, ne pouvait pas rendre compte de sa sexualité et de son inconscient, des formes systématiques de sa langue, ou de la régularité de ses fictions, à nouveau le thème d'une continuité de l'histoire a été réactivé : une histoire qui ne serait pas scansion, mais devenir; qui ne serait pas jeu de relations, mais dynamisme interne; qui ne serait pas système, mais dur travail de la liberté; qui ne serait pas forme, mais effort incessant d'une conscience se reprenant elle-même et essayant de se ressaisir jusqu'au plus profond de ses conditions : une histoire qui serait à la fois longue patience ininterrompue et vivacité d'un mouvement qui finit par rompre toutes les limites. Pour faire valoir ce thème qui oppose à l' « immobilité » des structures, à leur système « fermé », à leur nécessaire « synchronie », l'ouverture vivante de l'histoire, il faut évidemment nier dans les analyses historiques elles-mêmes l'usage de la discontinuité, la définition des niveaux et des limites, la description des séries spécifiques, la mise au jour de tout le jeu des différences. On est donc amené à anthropologiser Marx, à en faire un historien des totalités, et à retrouver en lui le propos de l'humanisme; on est donc amené à interpréter Nietzsche dans les termes de la philosophie transcendantale, et à rabattre sa généalogie sur le plan d'une recherche de l'originaire; on est amené enfin à laisser de côté, comme si jamais encore il n'avait affleuré, tout ce champ de problèmes méthodologiques que l'histoire nouvelle propose aujourd'hui. Car, s'il s'avérait que la question des discontinuités, des systèmes et des transformations, des séries et des seuils, se pose dans toutes les disciplines historiques (et dans celles qui concernent les idées ou les sciences non moins que dans celles qui concernent l'économie et les sociétés), alors comment pourrait-on opposer avec quelque aspect de légitimité le « devenir » au « système », le mouvement aux régulations circulaires, ou comme on dit dans une irréflexion bien légère l' « histoire » à la « structure »?

C'est la même fonction conservatrice qui est à l'œuvre dans le thème des totalités culturelles — pour lequel on a critiqué puis travesti Marx —, dans le thème d'une recherche de l'originaire — qu'on a opposé à Nietzsche avant de vouloir l'y transposer —, et dans le thème d'une histoire vivante, continue et ouverte. On criera donc à l'histoire assassinée chaque fois que dans une analyse historique — et surtout s'il s'agit de la pensée, des idées ou des connaissances — on verra utiliser de façon trop manifeste les catégories de la discontinuité et de la différence, les notions de seuil, de rupture et de transformation, la description des séries et des limites. On dénoncera là un attentat contre les droits imprescriptibles de l'histoire et contre le fondement de toute historicité possible. Mais il ne faut pas s'y tromper : ce qu'on pleure si fort, ce n'est pas la disparition de l'histoire, c'est l'effacement de cette forme d'histoire qui était en secret, mais tout entière, référée à l'activité synthétique du sujet; ce qu'on pleure, c'est ce devenir qui devait fournir à la souveraineté de la conscience un abri plus sûr, moins exposé, que les mythes, les systèmes de parenté, les langues, la sexualité ou le désir; ce qu'on pleure, c'est la possibilité de ranimer par le projet, le travail du sens ou le mouvement de la totalisation, le jeu des déterminations matérielles, des règles de pratique, des systèmes inconscients, des relations rigoureuses mais non réfléchies, des corrélations qui échappent à toute expérience vécue; ce qu'on pleure, c'est cet usage idéologique de l'histoire par lequel on essaie de restituer à l'homme tout ce qui, depuis plus d'un siècle, n'a cessé de lui échapper. On avait entassé tous les trésors d'autrefois dans la vieille citadelle de cette histoire; on la croyait solide; on l'avait sacralisée; on en avait fait le lieu dernier de la pensée anthropologique; on avait cru pouvoir y capturer ceux-là mêmes qui s'étaient acharnés contre elle; on avait cru en faire des gardiens vigilants. Mais cette vieille forteresse, les historiens l'ont désertée depuis longtemps et ils sont partis travailler ailleurs; on s'aperçoit même que Marx ou Nietzsche n'assurent pas la sauvegarde qu'on leur avait confiée. Il ne faut plus compter sur eux pour garder les privilèges; ni pour affirmer une fois de plus — et Dieu sait pourtant si on en aurait besoin dans la détresse d'aujourd'hui — que l'histoire, elle au moins, est vivante et continue, qu'elle est, pour le sujet à la question, le lieu du repos, de la certitude, de la réconciliation — du sommeil tranquillisé.

En ce point se détermine une entreprise dont l'*Histoire de la Folie*, la *Naissance de la Clinique*, *Les Mots et les Choses* ont fixé, très imparfaitement, le dessin. Entreprise par laquelle on essaie de prendre la mesure des mutations qui s'opèrent en général dans le domaine de l'histoire; entreprise où sont mis en question les méthodes, les limites, les thèmes propres à l'histoire des idées; entreprise par laquelle on tente d'y dénouer les dernières sujétions anthropologiques; entreprise qui veut en retour faire apparaître comment ces sujétions ont pu se former. Ces tâches, elles ont été esquissées dans un certain désordre, et sans que leur articulation générale fût clairement définie. Il était temps de leur donner cohérence, — ou du moins de s'y exercer. Le résultat de cet exercice, c'est le livre que voici.

Quelques remarques, avant de commencer et pour éviter tout malentendu.

— Il ne s'agit pas de transférer au domaine de l'histoire, et singulièrement de l'histoire des connaissances, une méthode structuraliste qui a fait ses preuves dans d'autres champs d'analyse. Il s'agit de déployer les principes et les conséquences d'une transformation autochtone qui est en train de s'accomplir dans le domaine du savoir historique. Que cette transformation, que les problèmes qu'elle pose, les instruments qu'elle utilise, les concepts qui s'y définissent, les résultats qu'elle obtient ne soient pas, pour une certaine part, étrangers à ce qu'on appelle l'analyse structurale, c'est bien possible. Mais ce n'est pas cette analyse qui s'y trouve, spécifiquement, mise en jeu;

— il ne s'agit pas (et encore moins) d'utiliser les catégories des totalités culturelles (que ce soient les visions du monde, les types idéaux, l'esprit singulier des époques) pour imposer à l'histoire, et malgré elle, les formes de l'analyse structurale. Les séries décrites, les limites fixées, les comparaisons et les corrélations établies ne s'appuient pas sur les anciennes philosophies de l'histoire, mais ont pour fin de remettre en question les téléologies et les totalisations;

— dans la mesure où il s'agit de définir une méthode d'analyse historique qui soit affranchie du thème anthropologique, on voit que la théorie qui va s'esquisser maintenant se trouve, avec les enquêtes déjà faites, dans un double rapport. Elle essaie de formuler, en termes généraux (et non sans beaucoup de rectifications, non sans beaucoup d'élaborations), les instruments que ces recherches ont utilisés en chemin ou ont façonnés pour les besoins de la cause. Mais d'autre part, elle se renforce des résultats alors obtenus pour définir une méthode d'analyse qui soit pure de tout anthropologisme. Le sol sur lequel elle repose, c'est celui qu'elle a découvert. Les enquêtes sur la folie et l'apparition d'une psychologie, sur la maladie et la naissance d'une médecine clinique, sur les sciences de la vie, du langage et de l'économie ont été des essais pour une part aveugles : mais ils s'éclairaient à mesure, non seulement parce qu'ils précisaient peu à peu leur méthode, mais parce qu'ils découvraient — dans ce débat sur l'humanisme et l'anthropologie — le point de sa possibilité historique.

D'un mot, cet ouvrage, comme ceux qui l'ont précédé, ne s'inscrit pas — du moins directement ni en première instance — dans le débat de la structure (confrontée à la genèse, à l'histoire, au devenir); mais dans ce champ où se manifestent, se croisent, s'enchevêtrent, et se spécifient les questions de l'être humain, de la conscience, de l'origine, et du sujet. Mais sans doute n'aurait-on pas tort de dire que c'est là aussi que se pose le problème de la structure.

Ce travail n'est pas la reprise et la description exacte de ce qu'on peut lire dans l'*Histoire de la Folie*, la *Naissance de la Clinique*, ou *Les Mots et les Choses*. Sur bon nombre de points, il en est différent. Il comporte aussi pas mal de corrections et de critiques internes. D'une façon générale, l'*Histoire de la Folie* faisait une part beaucoup trop considérable, et d'ailleurs bien énigmatique, à ce qui s'y trouvait désigné comme une « expérience », montrant par là combien on demeurait proche d'admettre un sujet anonyme et général de l'histoire; dans la *Naissance de la Clinique*, le recours, tenté plusieurs fois, à l'analyse structurale, menaçait d'esquiver la spécificité du problème posé, et le niveau propre à l'archéologie; enfin dans *Les Mots et les Choses*, l'absence de balisage méthodologique a pu faire croire à des analyses en termes de totalité culturelle. Que ces dangers, je n'aie pas été capable de les éviter, me chagrine : je me console en me disant qu'ils étaient inscrits dans l'entreprise même puisque, pour prendre ses mesures propres, elle avait à se dégager elle-même de ces méthodes diverses et de ces diverses formes d'histoire; et puis, sans les questions qui m'ont été posées [1], sans les difficultés soulevées, sans les objections, je n'aurais sans doute pas vu se dessiner d'une façon aussi nette l'entreprise à laquelle, bon gré mal gré, je me trouve désormais lié. De là, la manière précautionneuse, boitillante de ce texte : à chaque instant, il prend distance, établit ses mesures de part et d'autre, tâtonne vers ses limites, se cogne sur ce qu'il ne veut pas dire, creuse des fossés pour définir son propre chemin. À chaque instant, il dénonce la confusion possible. Il décline son identité, non sans dire au préalable : je ne suis ni ceci ni cela. Ce n'est pas critique, la plupart du temps; ce n'est point manière de dire que tout le monde s'est trompé à droite et à gauche. C'est définir un emplacement singulier par l'extériorité de ses voisinages; c'est — plutôt que de vouloir réduire les autres au silence, en prétendant que leur propos est vain — essayer de définir cet espace blanc d'où je parle, et qui prend forme lentement dans un discours que je sens si précaire, si incertain encore.

1. En particulier les premières pages de ce texte ont constitué, sous une forme un peu différente, une réponse aux questions formulées par le *Cercle d'Épistémologie* de l'E.N.S. (cf. Cahiers pour l'Analyse, nº 9). D'autre part une esquisse de certains développements a été donnée en réponse aux lecteurs d'*Esprit* (avril 1968).

*

— Vous n'êtes pas sûr de ce que vous dites? Vous allez de nouveau changer, vous déplacer par rapport aux questions qu'on vous pose, dire que les objections ne pointent pas réellement vers le lieu où vous vous prononcez? Vous vous préparez à dire encore une fois que vous n'avez jamais été ce qu'on vous reproche d'être? Vous aménagez déjà l'issue qui vous permettra, dans votre prochain livre, de resurgir ailleurs et de narguer comme vous le faites maintenant : non, non je ne suis pas là où vous me guettez, mais ici d'où je vous regarde en riant.

— Eh quoi, vous imaginez-vous que je prendrais à écrire tant de peine et tant de plaisir, croyez-vous que je m'y serais obstiné, tête baissée, si je ne préparais — d'une main un peu fébrile — le labyrinthe où m'aventurer, déplacer mon propos, lui ouvrir des souterrains, l'enfoncer loin de lui-même, lui trouver des surplombs qui résument et déforment son parcours, où me perdre et apparaître finalement à des yeux que je n'aurai jamais plus à rencontrer. Plus d'un, comme moi sans doute, écrivent pour n'avoir plus de visage. Ne me demandez pas qui je suis et ne me dites pas de rester le même : c'est une morale d'état-civil; elle régit nos papiers. Qu'elle nous laisse libres quand il s'agit d'écrire.

II

LES RÉGULARITÉS DISCURSIVES

I

Les unités du discours

La mise en jeu des concepts de discontinuité, de rupture, de seuil, de limite, de série, de transformation pose à toute analyse historique non seulement des questions de procédure mais des problèmes théoriques. Ce sont ces problèmes qui vont être étudiés ici (les questions de procédure seront envisagées au cours de prochaines enquêtes empiriques; si du moins l'occasion, le désir et le courage me viennent de les entreprendre). Encore ne seront-ils envisagés que dans un champ particulier : dans ces disciplines si incertaines de leurs frontières, si indécises dans leur contenu qu'on appelle histoire des idées, ou de la pensée, ou des sciences, ou des connaissances.

Il y a d'abord à accomplir un travail négatif : s'affranchir de tout un jeu de notions qui diversifient, chacune à leur manière, le thème de la continuité. Elles n'ont pas sans doute une structure conceptuelle bien rigoureuse; mais leur fonction est précise. Telle la notion de tradition : elle vise à donner un statut temporel singulier à un ensemble de phénomènes à la fois successifs et identiques (ou du moins analogues); elle permet de repenser la dispersion de l'histoire dans la forme du même; elle autorise à réduire la différence propre à tout commencement, pour remonter sans discontinuer dans l'assignation indéfinie de l'origine; grâce à elle, on peut isoler les nouveautés sur fond de permanence, et en transférer le mérite à l'originalité, au génie, à la décision propre aux individus. Telle aussi la notion d'influence qui fournit un support — trop magique pour pouvoir être bien analysé — aux faits de transmission et de communication; qui réfère à un processus d'allure causale (mais sans délimitation rigoureuse ni définition théorique) les phénomènes de ressemblance ou de répétition; qui lie, à distance et à travers le temps — comme par l'intermédiaire d'un milieu de propagation — des unités définies comme individus, œuvres, notions ou théories. Telles les notions de développement et d'évolution : elles permettent de regrouper une succession d'événements dispersés, de les rapporter à un seul et même principe organisateur, de les soumettre à la puissance exemplaire de la vie (avec ses jeux adaptatifs, sa capacité d'innovation, l'incessante corrélation de ses différents éléments, ses systèmes d'assimilation et d'échanges), de découvrir, déjà à l'œuvre dans chaque commencement, un principe de cohérence et l'esquisse d'une unité future, de maîtriser le temps par un rapport perpétuellement réversible entre une origine et un terme jamais donnés, toujours à l'œuvre. Telles encore les notions de « mentalité » ou d' « esprit » qui permettent d'établir entre les phénomènes simultanés ou successifs d'une époque donnée une communauté de sens, des liens symboliques, un jeu de ressemblance et de miroir — ou qui font surgir comme principe d'unité et d'explication la souveraineté d'une conscience collective. Il faut remettre en question ces synthèses toutes faites, ces groupements que d'ordinaire on admet avant tout examen, ces liens dont la validité est reconnue d'entrée de jeu; il faut débusquer ces formes et ces forces obscures par lesquelles on a l'habitude de lier entre eux les discours des hommes; il faut les chasser de l'ombre où elles règnent. Et plutôt que de les laisser valoir spontanément, accepter de n'avoir affaire, par souci de méthode et en première instance, qu'à une population d'événements dispersés.

Il faut aussi s'inquiéter devant ces découpages ou groupements dont nous avons acquis la familiarité. Peut-on admettre, telles quelles, la distinction des grands types de discours, ou celle des formes ou des genres qui opposent les unes aux autres science, littérature, philosophie, religion, histoire, fiction, etc., et qui en font des sortes de grandes individualités historiques? Nous ne sommes pas sûrs nous-mêmes de l'usage de ces distinctions dans le monde de discours qui est le nôtre. A plus forte raison lorsqu'il s'agit d'analyser des ensembles d'énoncés qui étaient, à l'époque de leur formulation, distribués, répartis et caractérisés d'une tout autre manière : après tout la « littérature » et la « politique » sont des catégories récentes qu'on ne peut appliquer à la culture médiévale ou même encore à la culture classique que par une hypothèse rétrospective, et par un jeu d'analogies formelles ou de ressemblances sémantiques; mais ni la littérature, ni la politique, ni non plus la philosophie et les sciences n'articulaient le champ du discours, au XVIIe ou au XVIIIe siècle, comme elles l'ont articulé au XIXe siècle. De toute façon, ces découpages — qu'il s'agisse de ceux que nous admettons, ou de ceux qui sont contemporains des discours étudiés — sont toujours eux-mêmes des catégories réflexives, des principes de classement, des règles normatives, des types institutionnalisés : ce sont à leur tour des faits de discours qui méritent d'être analysés à côté des autres; ils ont, à coup sûr, avec eux des rapports complexes, mais ils n'en sont pas des caractères intrinsèques, autochtones et universellement reconnaissables.

Mais surtout les unités qu'il faut mettre en suspens sont celles qui s'imposent de la façon la plus immédiate : celles du livre et de l'œuvre. En apparence, peut-on les effacer sans un extrême artifice? Ne sont-elles pas données de la façon la plus certaine? Individualisation matérielle du livre, qui occupe un espace déterminé, qui a une valeur économique, et qui marque de soi-même, par un certain nombre de signes, les limites de son commencement et de sa fin; établissement d'une œuvre qu'on reconnaît et qu'on délimite en attribuant un certain nombre de textes à un auteur. Et pourtant dès qu'on y regarde d'un peu plus près les difficultés commencent. Unité matérielle du livre? Est-ce bien la même s'il s'agit d'une anthologie de poèmes, d'un recueil de fragments posthumes, du *Traité des Coniques* ou d'un tome de l'*Histoire de France* de Michelet? Est-ce bien la même s'il s'agit d'*Un coup de dés*, du procès de Gilles de Rais, du *San Marco* de Butor, ou d'un missel catholique? En d'autres termes l'unité matérielle du volume n'est-elle pas une unité faible, accessoire, au regard de l'unité discursive à laquelle il donne support? Mais cette unité discursive, à son tour, est-elle homogène et uniformément applicable? Un roman de Stendhal ou un roman de Dostoïevski ne s'individualisent pas comme ceux de *La Comédie humaine*; et ceux-ci à leur tour ne se distinguent pas les uns des autres comme *Ulysse* de *L'Odyssée*. C'est que les marges d'un livre ne sont jamais nettes ni rigoureusement tranchées : par-delà le titre, les premières lignes et le point final, par-delà sa configuration interne et la forme qui l'autonomise, il est pris dans un système de renvois à d'autres livres, d'autres textes, d'autres phrases : nœud dans un réseau. Et ce jeu de renvois n'est pas homologue, selon qu'on a affaire à un traité de mathématiques, à un commentaire de textes, à un récit historique, à un épisode dans un cycle romanesque; ici et là l'unité du livre, même entendue comme faisceau de rapports, ne peut être considérée comme identique. Le livre a beau se donner comme un objet qu'on a sous la main; il a beau se recroqueviller en ce petit parallélépipède qui l'enferme : son unité est variable et relative. Dès qu'on l'interroge, elle perd son évidence; elle ne s'indique elle-même, elle ne se construit qu'à partir d'un champ complexe de discours.

Quant à l'œuvre, les problèmes qu'elle soulève sont plus difficiles encore. En apparence pourtant, quoi de plus simple? Une somme de textes qui peuvent être dénotés par le signe d'un nom propre. Or cette dénotation (même si on laisse de côté les problèmes de l'attribution), n'est pas une fonction homogène : le nom d'un auteur dénote-t-il de la même façon un texte qu'il a lui-même publié sous son nom, un texte qu'il a présenté sous un pseudonyme, un autre qu'on aura retrouvé après sa mort à l'état d'ébauche, un autre encore qui n'est qu'un griffonnage, un carnet de notes, un « papier »? La constitution d'une œuvre complète ou d'un *opus* suppose un certain nombre de choix qu'il n'est pas facile de justifier ni même de formuler : suffit-il d'ajouter aux textes publiés par l'auteur ceux qu'il projetait de donner à l'impression, et qui ne sont restés inachevés que par le fait de la mort? Faut-il intégrer aussi tout ce qui est brouillon, premier dessein, corrections et ratures des livres? Faut-il ajouter les esquisses abandonnées? Et quel statut donner aux lettres, aux notes, aux conversations rapportées, aux propos transcrits par les auditeurs, bref à cet immense fourmillement de traces verbales qu'un individu laisse autour de lui au moment de mourir, et qui parlent dans un entrecroisement indéfini tant de langages différents? En tout cas le nom « Mallarmé » ne se réfère pas de la même façon aux thèmes anglais, aux traductions d'Edgar Poe, aux poèmes, ou aux réponses à des enquêtes; de même, ce n'est pas le même rapport qui existe entre le nom de Nietzsche d'une part et d'autre part les autobiographies de jeunesse, les dissertations scolaires, les articles philologiques, *Zarathoustra*, *Ecce homo*, les lettres, les dernières cartes postales signées par « Dionysos » ou « Kaiser Nietzsche », les innombrables carnets où s'enchevêtrent les notes de blanchisserie et les projets d'aphorismes. En fait, si on parle si volontiers et sans s'interroger davantage de l' « œuvre » d'un auteur, c'est qu'on la suppose définie par une certaine fonction d'expression. On admet qu'il doit y avoir un niveau (aussi profond qu'il est nécessaire de l'imaginer) auquel l'œuvre se révèle, en tous ses fragments, même les plus minuscules et les plus inessentiels, comme l'expression de la pensée, ou de l'expérience, ou de l'imagination, ou de l'inconscient de l'auteur, ou encore des déterminations historiques dans lesquelles il était pris. Mais on voit aussitôt qu'une pareille unité, loin d'être donnée immédiatement, est constituée par une opération; que cette opération est interprétative (puisqu'elle déchiffre, dans le texte, la transcription de quelque chose qu'il cache et qu'il manifeste à la fois); qu'enfin l'opération qui détermine l'opus, en son unité, et par conséquent l'œuvre elle-même ne sera pas la même s'il s'agit de l'auteur du *Théâtre et son double* ou de l'auteur du *Tractatus* et donc, qu'ici et là ce n'est pas dans le même sens qu'on parlera d'une « œuvre ». L'œuvre ne peut être considérée ni comme unité immédiate, ni comme une unité certaine, ni comme une unité homogène.

Enfin, dernière précaution pour mettre hors circuit les continuités irréfléchies par lesquelles on organise, par avance, le discours qu'on entend analyser : renoncer à deux thèmes qui sont liés l'un à l'autre et qui se font face. L'un veut qu'il ne soit jamais possible d'assigner, dans l'ordre du discours, l'irruption d'un événement véritable; qu'au-delà de tout commencement apparent, il y a toujours une origine secrète — si secrète et si originaire qu'on ne peut jamais la ressaisir tout à fait en elle-même. Si bien qu'on serait fatalement reconduit, à travers la naïveté des chronologies, vers un point indéfiniment reculé, jamais présent dans aucune histoire; lui-même ne serait que son propre vide; et à partir de lui tous les commencements ne pourraient jamais être que recommencement ou occultation (à vrai dire, en un seul et même geste, ceci *et* cela). A ce thème se rattache un autre selon lequel tout discours manifeste reposerait secrètement sur un déjà-dit; et que ce déjà-dit ne serait pas simplement une phrase déjà prononcée, un texte déjà écrit, mais un « jamais dit », un discours sans corps, une voix aussi silencieuse qu'un souffle, une écriture qui n'est que le creux de sa propre trace. On suppose ainsi que tout ce qu'il arrive au discours de formuler se trouve déjà articulé dans ce demi-silence qui lui est préalable, qui continue à courir obstinément au-dessous de lui, mais qu'il recouvre et fait taire. Le discours manifeste ne serait en fin de compte que la présence répressive de ce qu'il ne dit pas; et ce non-dit serait un creux qui mine de l'intérieur tout ce qui se dit. Le premier motif voue l'analyse historique du discours à être quête et répétition d'une origine qui échappe à toute détermination historique; l'autre la voue à être interprétation ou écoute d'un déjà-dit qui serait en même temps un non-dit. Il faut renoncer à tous ces thèmes qui ont pour fonction de garantir l'infinie continuité du discours et sa secrète présence à soi dans le jeu d'une absence toujours reconduite. Se tenir prêt à accueillir chaque moment du discours dans son irruption d'événement; dans cette ponctualité où il apparaît, et dans cette dispersion temporelle qui lui permet d'être répété, su, oublié, transformé, effacé jusque dans ses moindres traces, enfoui, bien loin de tout regard, dans la poussière des livres. Il ne faut pas renvoyer le discours à la lointaine présence de l'origine; il faut le traiter dans le jeu de son instance.

Ces formes préalables de continuité, toutes ces synthèses qu'on ne problématise pas et qu'on laisse valoir de plein droit, il faut donc les tenir en suspens. Non point, certes, les récuser définitivement, mais secouer la quiétude avec laquelle on les accepte; montrer qu'elles ne vont pas de soi, qu'elles sont toujours l'effet d'une construction dont il s'agit de connaître les règles et de contrôler les justifications; définir à quelles conditions et en vue de quelles analyses certaines sont légitimes; indiquer celles qui, de toute façon, ne peuvent plus être admises. Il se pourrait bien, par exemple, que les notions d' « influence » ou d' « évolution » relèvent d'une critique qui les mette — pour un temps plus ou moins long — hors d'usage. Mais l' « œuvre », mais le « livre », ou encore ces unités comme la « science » ou la « littérature » faut-il pour toujours s'en passer? Faut-il les tenir pour illusions, bâtisses sans légitimité, résultats mal acquis? Faut-il renoncer à prendre tout appui même provisoire sur eux et à leur donner jamais une définition? Il s'agit en fait de les arracher à leur quasi-évidence, de libérer les problèmes qu'ils posent; de reconnaître qu'ils ne sont pas le lieu tranquille à partir duquel on peut poser d'autres questions (sur leur structure, leur cohérence, leur systématicité, leurs transformations), mais qu'ils posent par eux-mêmes tout un faisceau de questions (Que sont-ils? Comment les définir ou les limiter? A quels types distincts de lois peuvent-ils obéir? De quelle articulation sont-ils susceptibles? A quels sous-ensembles peuvent-ils donner lieu? Quels phénomènes spécifiques font-ils apparaître dans le champ du discours?). Il s'agit de reconnaître qu'ils ne sont peut-être pas au bout du compte ce qu'on croyait au premier regard. Bref, qu'ils exigent une théorie; et que cette théorie ne peut pas se faire sans qu'apparaisse, dans sa pureté non synthétique, le champ des faits de discours à partir duquel on les construit.

Et moi-même à mon tour, je ne ferai rien d'autre : certes, je prendrai pour repère initial des unités toutes données (comme la psychopathologie, ou la médecine, ou l'économie politique); mais je ne me placerai pas à l'intérieur de ces unités douteuses pour en étudier la configuration interne ou les secrètes contradictions. Je ne m'appuierai sur elles que le temps de me demander quelles unités elles forment; de quel droit elles peuvent revendiquer un domaine qui les spécifient dans l'espace et une continuité qui les individualise dans le temps; selon quelles lois elles se forment; sur fond de quels événements discursifs elles se découpent; et si finalement elles ne sont pas, dans leur individualité acceptée et quasi institutionnelle, l'effet de surface d'unités plus consistantes. Je n'accepterai les ensembles que l'histoire me propose que pour les mettre aussitôt à la question; pour les dénouer et savoir si on peut les recomposer légitimement; pour savoir s'il ne faut pas en reconstituer d'autres; pour les replacer dans un espace plus général qui, en dissipant leur apparente familiarité, permet d'en faire la théorie.

Une fois suspendues ces formes immédiates de continuité, tout un domaine en effet se trouve libéré. Un domaine immense, mais qu'on peut définir : il est constitué par l'ensemble de tous les énoncés effectifs (qu'ils aient été parlés et écrits), dans leur dispersion d'événements et dans l'instance qui est propre à chacun. Avant d'avoir affaire, en toute certitude, à une science, ou à des romans, ou à des discours politiques, ou à l'œuvre d'un auteur ou même à un livre, le matériau qu'on a à traiter dans sa neutralité première, c'est une population d'événements dans l'espace du discours en général. Ainsi apparaît le projet d'une *description des événements discursifs* comme horizon pour la recherche des unités qui s'y forment. Cette description se distingue facilement de l'analyse de la langue. Certes, on ne peut établir un système linguistique (si on ne le construit pas artificiellement) qu'en utilisant un corpus d'énoncés, ou une collection de faits de discours; mais il s'agit alors de définir, à partir de cet ensemble qui a valeur d'échantillon, des règles qui permettent de construire éventuellement d'autres énoncés que ceux-là : même si elle a disparu depuis longtemps, même si personne ne la parle plus et qu'on l'a restaurée sur de rares fragments, une langue constitue toujours un système pour des énoncés possibles : c'est un ensemble fini de règles qui autorise un nombre infini de performances. Le champ des événements discursifs en revanche est l'ensemble toujours fini et actuellement limité de seules séquences linguistiques qui ont été formulées; elles peuvent bien être innombrables, elles peuvent bien, par leur masse, dépasser toute capacité d'enregistrement, de mémoire ou de lecture : elles constituent cependant un ensemble fini. La question que pose l'analyse de la langue, à propos d'un fait de discours quelconque, est toujours : selon quelles règles tel énoncé a-t-il été construit, et par conséquent selon quelles règles d'autres énoncés semblables pourraient-ils être construits? La description des événements du discours pose une tout autre question : comment se fait-il que tel énoncé soit apparu et nul autre à sa place?

On voit également que cette description du discours s'oppose à l'histoire de la pensée. Là encore, on ne peut reconstituer un système de pensée qu'à partir d'un ensemble défini de discours. Mais cet ensemble est traité de telle manière qu'on essaie de retrouver par-delà les énoncés eux-mêmes l'intention du sujet parlant, son activité consciente, ce qu'il a voulu dire, ou encore le jeu inconscient qui s'est fait jour malgré lui dans ce qu'il a dit ou dans la presque imperceptible cassure de ses paroles manifestes; de toute façon il s'agit de reconstituer un autre discours, de retrouver la parole muette, murmurante, intarissable qui anime de l'intérieur la voix qu'on entend, de rétablir le texte menu et invisible qui parcourt l'interstice des lignes écrites et parfois les bouscule. L'analyse de la pensée est toujours *allégorique* par rapport au discours qu'elle utilise. Sa question est infailliblement : qu'est-ce qui se disait donc dans ce qui était dit? L'analyse du champ discursif est orientée tout autrement; il s'agit de saisir l'énoncé dans l'étroitesse et la singularité de son événement; de déterminer les conditions de son existence, d'en fixer au plus juste les limites, d'établir ses corrélations aux autres énoncés qui peuvent lui être liés, de montrer quelles autres formes d'énonciation il exclut. On ne cherche point, au-dessous de ce qui est manifeste, le bavardage à demi silencieux d'un autre discours; on doit montrer pourquoi il ne pouvait être autre qu'il n'était, en quoi il est exclusif de tout autre, comment il prend, au milieu des autres et par rapport à eux, une place que nul autre ne pourrait occuper. La question propre à une telle analyse, on pourrait la formuler ainsi : quelle est donc cette singulière existence, qui vient au jour dans ce qui se dit, — et nulle part ailleurs?

On doit se demander à quoi peut servir finalement cette mise en suspens de toutes les unités admises, s'il s'agit, au total, de retrouver les unités qu'on a feint de questionner au départ. En fait, l'effacement systématique des unités toutes données permet d'abord de restituer à l'énoncé sa singularité d'événement, et de montrer que la discontinuité n'est pas seulement un de ces grands accidents qui forment faille dans la géologie de l'histoire, mais là déjà dans le fait simple de l'énoncé; on le fait surgir dans son irruption historique; ce qu'on essaie de mettre sous le regard, c'est cette incision qu'il constitue, cette irréductible — et bien souvent minuscule — émergence. Aussi banal qu'il soit, aussi peu important qu'on l'imagine dans ses conséquences, aussi vite oublié qu'il puisse être après son apparition, aussi peu entendu ou mal déchiffré qu'on le suppose, un énoncé est toujours un événement que ni la langue ni le sens ne peuvent tout à fait épuiser. Événement étrange, à coup sûr : d'abord parce qu'il est lié d'un côté à un geste d'écriture ou à l'articulation d'une parole, mais que d'un autre côté il s'ouvre à lui-même une existence rémanente dans le champ d'une mémoire, ou dans la matérialité des manuscrits, des livres, et de n'importe quelle forme d'enregistrement; ensuite parce qu'il est unique comme tout événement, mais qu'il est offert à la répétition, à la transformation, à la réactivation; enfin parce qu'il est lié non seulement à des situations qui le provoquent, et à des conséquences qu'il incite, mais en même temps, et selon une modalité toute différente, à des énoncés qui le précèdent et qui le suivent.

Mais si on isole, par rapport à la langue et à la pensée, l'instance de l'événement énonciatif, ce n'est pas pour disséminer une poussière de faits. C'est pour être sûr de ne pas la rapporter à des opérateurs de synthèse qui soient purement psychologiques (l'intention de l'auteur, la forme de son esprit, la rigueur de sa pensée, les thèmes qui le hantent, le projet qui traverse son existence et lui donne signification) et pouvoir saisir d'autres formes de régularité, d'autres types de rapports. Relations des énoncés entre eux (même si elles échappent à la conscience de l'auteur; même s'il s'agit d'énoncés qui n'ont pas le même auteur; même si les auteurs entre eux ne se connaissaient pas); relations entre des groupes d'énoncés ainsi établis (même si ces groupes ne concernent pas les mêmes domaines, ni des domaines voisins; même s'ils n'ont pas le même niveau formel; même s'ils ne sont pas le lieu d'échanges assignables); relations entre des énoncés ou des groupes d'énoncés et des événements d'un tout autre ordre (technique, économique, social, politique). Faire apparaître dans sa pureté l'espace où se déploient les événements discursifs, ce n'est pas entreprendre de le rétablir dans un isolement que rien ne saurait surmonter; ce n'est pas le refermer sur lui-même; c'est se rendre libre pour décrire en lui et hors de lui des jeux de relations.

Troisième intérêt d'une telle description des faits de discours : en les libérant de tous les groupements qui se donnent pour des unités naturelles, immédiates et universelles, on se donne la possibilité de décrire, mais cette fois par un ensemble de décisions maîtrisées, d'autres unités. Pourvu qu'on en définisse clairement les conditions, il pourrait être légitime de constituer, à partir de relations correctement décrites, des ensembles discursifs qui ne seraient pas arbitraires mais seraient cependant demeurés invisibles. Certes, ces relations n'auraient jamais été formulées pour elles-mêmes dans les énoncés en question (à la différence par exemple de ces relations explicites qui sont posées et dites par le discours lui-même, lorsqu'il se donne la forme du roman, ou qu'il s'inscrit dans une série de théorèmes mathématiques). Cependant elles ne constitueraient en aucune manière une sorte de discours secret, animant de l'intérieur les discours manifestes; ce n'est donc pas une interprétation des faits énonciatifs qui pourrait les faire venir à la lumière, mais bien l'analyse de leur coexistence, de leur succession, de leur fonctionnement mutuel, de leur détermination réciproque, de leur transformation indépendante ou corrélative.

Il est exclu cependant qu'on puisse décrire sans repère toutes les relations qui peuvent ainsi apparaître. Il faut en première approximation accepter un découpage provisoire : une région initiale, que l'analyse bouleversera et réorganisera si besoin est. Cette région, comment la circonscrire? D'un côté, il faut, empiriquement, choisir un domaine où les relations risquent d'être nombreuses, denses, et relativement faciles à décrire : et en quelle autre région les événements discursifs semblent-ils être le mieux liés les uns aux autres, et selon des relations mieux déchiffrables, que dans celle qu'on désigne en général du terme de science? Mais d'un autre côté, comment se donner le plus de chances de ressaisir dans un énoncé, non pas le moment de sa structure formelle et de ses lois de construction, mais celui de son existence et des règles de son apparition, sinon en s'adressant à des groupes de discours peu formalisés et où les énoncés ne paraissent pas s'engendrer nécessairement selon des règles de pure syntaxe? Comment être sûr qu'on échappera à des découpes comme celles de l'œuvre, à des catégories comme celles de l'influence, sinon en proposant dès le départ des domaines assez larges, des échelles chronologiques assez vastes? Enfin comment être sûr qu'on ne se laissera pas prendre à toutes ces unités ou synthèses peu réfléchies qui se réfèrent à l'individu parlant, au sujet du discours, à l'auteur du texte, bref, à toutes ces catégories anthropologiques? Sinon peut-être en considérant l'ensemble des énoncés à travers lesquels ces catégories se sont constituées, — l'ensemble des énoncés qui ont choisi pour « objet » le sujet des discours (leur propre sujet) et ont entrepris de le déployer comme champ de connaissances?

Ainsi s'explique le privilège de fait que j'ai accordé à ces discours dont on peut dire, très schématiquement, qu'ils définissent les « sciences de l'homme ». Mais ce n'est là qu'un privilège de départ. Il faut garder bien présents à l'esprit deux faits : que l'analyse des événements discursifs n'est en aucune manière limitée à un pareil domaine; et que d'autre part la découpe de ce domaine lui-même ne peut pas être considérée comme définitive, ni comme valable absolument; il s'agit d'une approximation première qui doit permettre de faire apparaître des relations qui risquent d'effacer les limites de cette première esquisse.

II

Les formations discursives

J'ai donc entrepris de décrire des relations entre des énoncés. J'ai pris soin de n'admettre comme valable aucune de ces unités qui pouvaient m'être proposées et que l'habitude mettait à ma disposition. Je me suis décidé à ne négliger aucune forme de discontinuité, de coupure, de seuil ou de limite. Je me suis décidé à décrire des énoncés dans le champ du discours et les relations dont ils sont susceptibles. Deux séries de problèmes, je le vois, se présentent aussitôt : l'une — je vais la laisser en suspens pour le moment et je la reprendrai plus tard — concerne l'utilisation sauvage que j'ai fait des termes d'énoncé, d'événement, de discours; l'autre concerne les relations qui peuvent être légitimement décrites entre ces énoncés qu'on a laissés dans leur groupement provisoire et visible.

Il y a par exemple des énoncés qui se donnent — et ceci depuis une date qu'on peut facilement assigner — comme relevant de l'économie politique, ou de la biologie, ou de la psychopathologie; il y en a aussi qui se donnent comme appartenant à ces continuités millénaires — presque sans naissance — qu'on appelle la grammaire ou la médecine. Mais que sont-elles, ces unités? Comment peut-on dire que l'analyse des maladies de la tête faite par Willis et les cliniques de Charcot appartiennent au même ordre de discours? Que les inventions de Petty sont en continuité avec l'économétrie de Neumann? Que l'analyse du jugement par les grammairiens de Port-Royal appartient au même domaine que le repérage des alternances vocaliques dans les langues indo-européennes? Qu'est-ce donc que *la* médecine, *la* grammaire, *l'*économie politique? Ne sont-elles rien, qu'un regroupement rétrospectif par lequel les sciences contemporaines se font illusion sur leur propre passé? Sont-elles des formes qui se sont instaurées une fois pour toutes et se sont développées souverainement à travers le temps? Recouvrent-elles d'autres unités? Et quelle sorte de liens reconnaître valablement entre tous ces énoncés qui forment sur un mode à la fois familier et insistant, une masse énigmatique?

Première hypothèse — celle qui m'a paru d'abord la plus vraisemblable et la plus facile à éprouver — : les énoncés différents dans leur forme, dispersés dans le temps, forment un ensemble s'ils se réfèrent à un seul et même objet. Ainsi, les énoncés qui relèvent de la psychopathologie semblent se rapporter tous à cet objet qui se profile de différentes manières dans l'expérience individuelle ou sociale et qu'on peut désigner comme la folie. Or je me suis vite aperçu que l'unité de l'objet « folie » ne permet pas d'individualiser un ensemble d'énoncés, et d'établir entre eux une relation à la fois descriptible et constante. Et ceci pour deux raisons. On se tromperait à coup sûr si on demandait à l'être même de la folie, à son contenu secret, à sa vérité muette et refermée sur soi ce qu'on a pu en dire à un moment donné; la maladie mentale a été constituée par l'ensemble de ce qui a été dit dans le groupe de tous les énoncés qui la nommaient, la découpaient, la décrivaient, l'expliquaient, racontaient ses développements, indiquaient ses diverses corrélations, la jugeaient, et éventuellement lui prêtaient la parole en articulant, en son nom, des discours qui devaient passer pour être les siens. Mais il y a plus : cet ensemble d'énoncés est loin de se rapporter à un seul objet, formé une fois pour toutes, et de le conserver indéfiniment comme son horizon d'idéalité inépuisable; l'objet qui est posé, comme leur corrélat, par les énoncés médicaux du XVIIe ou du XVIIIe siècle, n'est pas identique à l'objet qui se dessine à travers les sentences juridiques ou les mesures policières; de même, tous les objets du discours psychopathologique ont été modifiés de Pinel ou d'Esquirol à Bleuler : ce ne sont point des mêmes maladies qu'il est question ici et là; ce ne sont point des mêmes fous qu'il est question.

On pourrait, on devrait peut-être conclure de cette multiplicité des objets qu'il n'est pas possible d'admettre, comme une unité valable pour constituer un ensemble d'énoncés, le « discours concernant la folie ». Peut-être faudrait-il s'en tenir aux seuls groupes d'énoncés qui ont un seul et même objet : les discours sur la mélancolie, ou sur la névrose. Mais on se rendrait vite compte qu'à son tour chacun de ces discours a constitué son objet et l'a travaillé jusqu'à le transformer entièrement. De sorte que le problème se pose de savoir si l'unité d'un discours n'est pas faite, plutôt que par la permanence et la singularité d'un objet, par l'espace où divers objets se profilent et continûment se transforment. La relation caractéristique qui permettrait d'individualiser un ensemble d'énoncés concernant la folie, ne serait-elle pas alors : la règle d'émergence simultanée ou successive des divers objets qui y sont nommés, décrits, analysés, appréciés ou jugés? L'unité des discours sur la folie ne serait pas fondée sur l'existence de l'objet « folie », ou la constitution d'un horizon unique d'objectivité; ce serait le jeu des règles qui rendent possible pendant une période donnée l'apparition d'objets : objets qui sont découpés par des mesures de discrimination et de répression, objets qui se différencient dans la pratique quotidienne, dans la jurisprudence, dans la casuistique religieuse, dans le diagnostic des médecins, objets qui se manifestent dans des descriptions pathologiques, objets qui sont cernés par des codes ou recettes de médication, de traitement, de soins. En outre, l'unité des discours sur la folie, ce serait le jeu des règles qui définissent les transformations de ces différents objets, leur non-identité à travers le temps, la rupture qui se produit en eux, la discontinuité interne qui suspend leur permanence. D'une façon paradoxale, définir un ensemble d'énoncés dans ce qu'il a d'individuel consisterait à décrire la dispersion de ces objets, saisir tous les interstices qui les séparent, mesurer les distances qui règnent entre eux, — en d'autres termes formuler leur loi de répartition.

Seconde hypothèse pour définir, entre des énoncés, un groupe de relations : leur forme et leur type d'enchaînement. Il m'avait semblé par exemple que la science médicale à partir du XIXe siècle se caractérisait moins par ses objets ou ses concepts que par un certain *style*, un certain caractère constant de l'énonciation. Pour la première fois, la médecine n'était plus constituée par un ensemble de traditions, d'observations, de recettes hétérogènes, mais par un corpus de connaissances qui supposait un même regard posé sur les choses, un même quadrillage du champ perceptif, une même analyse du fait pathologique selon l'espace visible du corps, un même système de transcription de ce qu'on perçoit dans ce qu'on dit (même vocabulaire, même jeu de métaphores); bref il m'avait semblé que la médecine s'organisait comme une série d'énoncés descriptifs. Mais là encore, il a fallu abandonner cette hypothèse de départ et reconnaître que le discours clinique était tout autant un ensemble d'hypothèses sur la vie et la mort, de choix éthiques, de décisions thérapeutiques, de règlements institutionnels, de modèles d'enseignement, qu'un ensemble de descriptions; que celui-ci en tout cas ne pouvait pas être abstrait de ceux-là, et que l'énonciation descriptive n'était que l'une des formulations présentes dans le discours médical. Reconnaître aussi que cette description n'a cessé de se déplacer : soit parce que, de Bichat à la pathologie cellulaire, on a déplacé les échelles et les repères; soit parce que, de l'inspection visuelle, de l'auscultation et de la palpation à l'usage du microscope et des tests biologiques, le système de l'information a été modifié; soit encore parce que, de la corrélation anatomo-clinique simple à l'analyse fine des processus physiopathologiques, le lexique des signes et leur déchiffrement a été entièrement reconstitué; soit enfin parce que le médecin a peu à peu cessé d'être lui-même le lieu d'enregistrement et d'interprétation de l'information, et parce qu'à côté de lui, en dehors de lui, se sont constitués des masses documentaires, des instruments de corrélation et des techniques d'analyse, qu'il a, certes, à utiliser, mais qui modifient, à l'égard du malade, sa position de sujet regardant.

Toutes ces altérations, qui nous conduisent peut-être aujourd'hui au seuil d'une nouvelle médecine, se sont déposées lentement, au cours du XIXe siècle, dans le discours médical. Si on voulait définir ce discours par un système codifié et normatif d'énonciation, il faudrait reconnaître que cette médecine s'est défaite aussitôt qu'elle est apparue et qu'elle n'a guère trouvé à se formuler que chez Bichat et Laennec. Si unité il y a, le principe n'en est donc pas une forme déterminée d'énoncés; ne serait-ce pas plutôt l'ensemble des règles qui ont rendu simultanément ou tour à tour possibles des descriptions purement perceptives, mais aussi des observations médiatisées par des instruments, des protocoles d'expériences de laboratoires, des calculs statistiques, des constatations épidémiologiques ou démographiques, des règlements institutionnels, des prescriptions thérapeutiques? Ce qu'il faudrait caractériser et individualiser ce serait la coexistence de ces énoncés dispersés et hétérogènes; le système qui régit leur répartition, l'appui qu'ils prennent les uns sur les autres, la manière dont ils s'impliquent ou s'excluent, la transformation qu'ils subissent, le jeu de leur relève, de leur disposition et de leur remplacement.

Autre direction de recherche, autre hypothèse : ne pourrait-on pas établir des groupes d'énoncés, en déterminant le système des concepts permanents et cohérents qui s'y trouvent mis en jeu? Par exemple, l'analyse du langage et des faits grammaticaux ne repose-t-elle pas chez les classiques (depuis Lancelot jusqu'à la fin du XVIIIe siècle) sur un nombre défini de concepts dont le contenu et l'usage étaient établis une fois pour toutes : le concept de *jugement* défini comme la forme générale et normative de toute phrase, les concepts de *sujet* et d'*attribut* regroupés sous la catégorie plus générale de *nom*, le concept de *verbe* utilisé comme équivalent de celui de *copule logique*, le concept de *mot* défini comme signe d'une représentation, etc.? On pourrait ainsi reconstituer l'architecture conceptuelle de la grammaire classique. Mais là encore, on aurait tôt fait de rencontrer des limites : à peine sans doute pourrait-on décrire avec de tels éléments les analyses faites par les auteurs de Port-Royal; bien vite on serait obligé de constater l'apparition de nouveaux concepts; certains d'entre eux sont peut-être dérivés des premiers, mais les autres leur sont hétérogènes et quelques-uns même sont incompatibles avec eux. La notion d'ordre syntaxique naturel ou inversé, celle de complément (introduite au cours du XVIIIe siècle par Beauzée) peuvent sans doute encore s'intégrer au système conceptuel de la grammaire de Port-Royal. Mais ni l'idée d'une valeur originairement expressive des sons, ni celle d'un savoir primitif enveloppé dans les mots et transmis obscurément par eux, ni celle d'une régularité dans la mutation des consonnes, ni la conception du verbe comme simple nom permettant de désigner une action ou une opération, n'est compatible avec l'ensemble des concepts dont Lancelot ou Duclos pouvaient faire usage. Faut-il admettre dans ces conditions que la grammaire ne constitue qu'en apparence une figure cohérente; et que c'est une fausse unité que cet ensemble d'énoncés, d'analyses, de descriptions, de principes et de conséquences, de déductions, qui s'est perpétué sous ce nom pendant plus d'un siècle? Peut-être cependant découvrirait-on une unité discursive si on la cherchait non pas du côté de la cohérence des concepts, mais du côté de leur émergence simultanée ou successive, de leur écart, de la distance qui les sépare et éventuellement de leur incompatibilité. On ne chercherait plus alors une architecture de concepts suffisamment généraux et abstraits pour rendre compte de tous les autres et les introduire dans le même édifice déductif; on essaierait d'analyser le jeu de leurs apparitions et de leur dispersion.

Enfin, quatrième hypothèse pour regrouper les énoncés, décrire leur enchaînement et rendre compte des formes unitaires sous lesquelles ils se présentent :

l'identité et la persistance des thèmes. Dans des « sciences » comme l'économie ou la biologie si vouées à la polémique, si perméables à des options philosophiques ou morales, si prêtes dans certains cas à l'utilisation politique, il est légitime en première instance de supposer qu'une certaine thématique est capable de lier, et d'animer comme un organisme qui a ses besoins, sa force interne et ses capacités de survie, un ensemble de discours. Est-ce qu'on ne pourrait pas par exemple constituer comme unité tout ce qui de Buffon à Darwin a constitué le thème évolutionniste? Thème d'abord plus philosophique que scientifique, plus proche de la cosmologie que de la biologie; thème qui a plutôt dirigé de loin des recherches que nommé, recouvert et expliqué des résultats; thème qui supposait toujours plus qu'on n'en savait, mais contraignait à partir de ce choix fondamental à transformer en savoir discursif ce qui était esquissé comme hypothèse ou comme exigence. Est-ce qu'on ne pourrait pas de la même façon parler du thème physiocratique? Idée qui postulait, au-delà de toute démonstration et avant toute analyse, le caractère naturel des trois rentes foncières; qui supposait par conséquent le primat économique et politique de la propriété agraire; qui excluait toute analyse des mécanismes de la production industrielle; qui impliquait en revanche la description du circuit de l'argent à l'intérieur d'un État, de sa distribution entre les différentes catégories sociales, et des canaux par lesquels il revenait à la production; qui a finalement conduit Ricardo à s'interroger sur les cas où cette triple rente n'apparaissait pas, sur les conditions dans lesquelles elle pourrait se former, et à dénoncer par conséquent l'arbitraire du thème physiocratique?

Mais à partir d'une pareille tentative, on est amené à faire deux constatations inverses et complémentaires. Dans un cas, la même thématique s'articule à partir de deux jeux de concepts, de deux types d'analyse, de deux champs d'objets parfaitement différents : l'idée évolutionniste, dans sa formulation la plus générale, est peut-être la même chez Benoît de Maillet, Bordeu ou Diderot, et chez Darwin; mais en fait, ce qui la rend possible et cohérente n'est pas du tout du même ordre ici et là. Au XVIIIe siècle, l'idée évolutionniste est définie à partir d'une parenté des espèces qui forme un continuum prescrit dès le départ (seules les catastrophes de la nature l'auraient interrompu) ou progressivement constitué par le déroulement du temps. Au XIXe siècle le thème évolutionniste concerne moins la constitution du tableau continu des espèces, que la description de groupes discontinus et l'analyse des modalités d'interaction entre un organisme dont tous les éléments sont solidaires et un milieu qui lui offre ses conditions réelles de vie. Un seul thème, mais à partir de deux types de discours. Dans le cas de la physiocratie au contraire, le choix de Quesnay repose exactement sur le même système de concepts que l'opinion inverse soutenue par ceux qu'on peut appeler les utilitaristes. A cette époque l'analyse des richesses comportait un jeu de concepts relativement limité et qui était admis par tous (on donnait la même définition de la monnaie; on donnait la même explication des prix; on fixait de la même façon le coût d'un travail). Or, à partir de ce jeu conceptuel unique, il y avait deux façons d'expliquer la formation de la valeur, selon qu'on l'analysait à partir de l'échange, ou de la rétribution de la journée de travail. Ces deux possibilités inscrites dans la théorie économique, et dans les règles de son jeu conceptuel, ont donné lieu, à partir des mêmes éléments, à deux options différentes.

On aurait donc tort sans doute de chercher, dans l'existence de ces thèmes, les principes d'individualisation d'un discours. Ne faut-il pas plutôt les chercher dans la dispersion des points de choix qu'il laisse libres? Ne seraient-ce pas les différentes possibilités qu'il ouvre de ranimer des thèmes déjà existants, de susciter des stratégies opposées, de faire place à des intérêts inconciliables, de permettre, avec un jeu de concepts déterminés, de jouer des parties différentes? Plutôt que de rechercher la permanence des thèmes, des images et des opinions à travers le temps, plutôt que de retracer la dialectique de leurs conflits pour individualiser des ensembles énonciatifs, ne pourrait-on pas repérer plutôt la dispersion des points de choix, et définir en deçà de toute option, de toute préférence thématique un champ de possibilités stratégiques?

Me voici donc en présence de quatre tentatives, de quatre échecs, — et de quatre hypothèses qui en prennent le relais. Il va falloir maintenant les éprouver. A propos de ces grandes familles d'énoncés qui s'imposent à notre habitude — et qu'on désigne comme *la* médecine, ou *l'*économie, ou *la* grammaire —, je m'étais demandé sur quoi elles pouvaient fonder leur unité. Sur un domaine d'objets plein, serré, continu, géographiquement bien découpé? Ce qui m'est apparu, ce sont plutôt des séries lacunaires, et enchevêtrées, des jeux de différences, d'écarts, de substitutions, de transformations. Sur un type défini et normatif d'énonciation? Mais j'ai trouvé des formulations de niveaux bien trop différents et de fonctions bien trop hétérogènes pour pouvoir se lier et se composer en une figure unique et pour simuler, à travers le temps, au-delà des œuvres individuelles, une sorte de grand texte ininterrompu. Sur un alphabet bien défini de notions? Mais on se trouve en présence de concepts qui diffèrent par la structure et par les règles d'utilisation, qui s'ignorent ou s'excluent les uns les autres et qui ne peuvent pas entrer dans l'unité d'une architecture logique. Sur la permanence d'une thématique? Or, on trouve plutôt des possibilités stratégiques diverses qui permettent l'activation de thèmes incompatibles, ou encore l'investissement d'un même thème dans des ensembles différents. De là l'idée de décrire ces dispersions elles-mêmes; de chercher si, entre ces éléments qui, à coup sûr, ne s'organisent pas comme un édifice progressivement déductif, ni comme un livre démesuré qui s'écrirait peu à peu à travers le temps, ni comme l'œuvre d'un sujet collectif, on ne peut pas repérer une régularité : un ordre dans leur apparition successive, des corrélations dans leur simultanéité, des positions assignables dans un espace commun, un fonctionnement réciproque, des transformations liées et hiérarchisées. Une telle analyse n'essaierait pas d'isoler, pour en décrire la structure interne, des îlots de cohérence; elle ne se donnerait pas pour tâche de soupçonner et de porter en pleine lumière les conflits latents; elle étudierait des formes de répartition. Ou encore : au lieu de reconstituer des *chaînes d'inférence* (comme on le fait souvent dans l'histoire des sciences ou de la philosophie), au lieu d'établir des *tables de différences* (comme le font les linguistes), elle décrirait des *systèmes de dispersion.*

Dans le cas où on pourrait décrire, entre un certain nombre d'énoncés, un pareil système de dispersion, dans le cas où entre les objets, les types d'énonciation, les concepts, les choix thématiques, on pourrait définir une régularité (un ordre, des corrélations, des positions et des fonctionnements, des transformations), on dira, par convention, qu'on a affaire à une *formation discursive*, — évitant ainsi des mots trop lourds de conditions et de conséquences, inadéquats d'ailleurs pour désigner une pareille dispersion, comme « science », ou « idéologie », ou « théorie », ou « domaine d'objectivité ». On appellera *règles de formation* les conditions auxquelles sont soumis les éléments de cette répartition (objets, modalité d'énonciation, concepts, choix thématiques). Les règles de formation sont des conditions d'existence (mais aussi de coexistence, de maintien, de modification et de disparition) dans une répartition discursive donnée.

Tel est le champ qu'il faut maintenant parcourir; telles sont les notions qu'il faut mettre à l'épreuve et les analyses qu'il faut entreprendre. Les risques, je le sais, ne sont pas minces. Je m'étais servi pour un premier repérage de certains groupements, assez lâches mais assez familiers : rien ne me prouve que je les retrouverai au terme de l'analyse, ni que je découvrirai le principe de leur délimitation et de leur individualisation; les formations discursives que j'isolerai, je ne suis pas sûr qu'elles définiront la médecine en son unité globale, l'économie et la grammaire dans la courbe d'ensemble de leur destination historique; je ne suis pas sûr qu'elles n'introduiront pas des découpes imprévues. De même rien ne me prouve qu'une pareille description pourra rendre compte de la scientificité (ou de la non-scientificité) de ces ensembles discursifs que j'ai pris comme point d'attaque et qui se donnent tous au départ avec une certaine présomption de rationalité scientifique; rien ne me prouve que mon analyse ne se situera pas à un niveau tout à fait différent, constituant une description irréductible à l'épistémologie ou à l'histoire des sciences. Il se pourrait encore qu'au terme d'une telle entreprise, on ne récupère pas ces unités qu'on a tenues en suspens par souci de méthode : qu'on soit obligé de dissocier les œuvres, d'ignorer les influences et les traditions, d'abandonner définitivement la question de l'origine, de laisser s'effacer la présence impérieuse des auteurs; et qu'ainsi disparaisse tout ce qui constituait en propre l'histoire des idées. Le péril, en somme, c'est qu'au lieu de donner fondement à ce qui existe déjà, au lieu de repasser en traits pleins des lignes esquissées, au lieu de se rassurer par ce retour et cette confirmation finale, au lieu d'accomplir ce cercle bienheureux qui annonce enfin, après mille ruses et autant de nuits, que tout est sauvé, on ne soit obligé d'avancer hors des paysages familiers, loin des garanties auxquelles on est habitué, sur une terre dont on n'a pas encore fait le quadrillage et vers un terme qu'il n'est pas facile de prévoir. Tout ce qui, jusqu'alors, veillait à la sauvegarde de l'historien et l'accompagnait jusqu'au crépuscule (le destin de la rationalité et la téléologie des sciences, le long travail continu de la pensée à travers le temps, l'éveil et le progrès de la conscience, sa perpétuelle reprise par elle-même, le mouvement inachevé mais ininterrompu des totalisations, le retour à une origine toujours ouverte, et finalement la thématique historico-transcendantale), tout cela ne risque-t-il pas de disparaître, — dégageant pour l'analyse un espace blanc, indifférent, sans intériorité ni promesse?

III

La formation des objets

Il faut inventorier maintenant les directions ouvertes, et savoir si on peut donner contenu à cette notion, à peine esquissée, de « règles de formation ». Soit d'abord la formation des objets. Et, pour l'analyser plus facilement, l'exemple du discours de la psychopathologie, à partir du XIXe siècle. Coupure chronologique qu'on peut admettre facilement en première approche. Suffisamment de signes nous l'indiquent. Retenons-en deux seulement : la mise en place au début du siècle d'un nouveau mode d'exclusion et d'insertion du fou dans l'hôpital psychiatrique; et la possibilité de remonter la filière de certaines notions actuelles jusqu'à Esquirol, Heinroth ou Pinel (de la paranoïa on peut remonter jusqu'à la monomanie, du quotient intellectuel à la notion première de l'imbécillité, de la paralysie générale à l'encéphalite chronique, de la névrose de caractère à la folie sans délire); tandis qu'à vouloir suivre plus haut le fil du temps, on perd aussitôt les pistes, les fils s'embrouillent, et la projection de Du Laurens ou même Van Swieten sur la pathologie de Kraepelin ou de Bleuler ne donne plus que des coïncidences aléatoires. Or, les objets auxquels la psychopathologie a eu affaire depuis cette césure sont très nombreux, pour une grande part très nouveaux, mais aussi assez précaires, changeants et voués pour certains d'entre eux à une rapide disparition : à côté des agitations motrices, des hallucinations et des discours déviants (qui étaient déjà considérés comme manifestations de folie, bien qu'ils fussent reconnus, délimités, décrits et analysés sur un autre mode), on en a vu apparaître qui relevaient de registres jusqu'alors inutilisés : perturbations légères de comportement, aberrations et troubles sexuels, faits de suggestion et d'hypnose, lésions du système nerveux central, déficits d'adaptation intellectuelle ou motrice, criminalité. Et sur chacun de ces registres de multiples objets ont été nommés, circonscrits, analysés, puis rectifiés, définis à nouveau, contestés, effacés. Peut-on établir la règle à laquelle leur apparition était soumise? Peut-on savoir selon quel système non déductif ces objets-là ont pu se juxtaposer et se succéder pour former le champ déchiqueté — lacunaire ou pléthorique selon les points — de la psychopathologie? Quel a été leur régime d'existence en tant qu'objets de discours?

a) Il faudrait d'abord repérer les *surfaces* premières de leur *émergence :* montrer où peuvent surgir, pour pouvoir ensuite être désignées et analysées, ces différences individuelles qui, selon les degrés de rationalisation, les codes conceptuels et les types de théorie, vont recevoir le statut de maladie, d'aliénation, d'anomalie, de démence, de névrose ou de psychose, de dégénérescence, etc. Ces surfaces d'émergence ne sont pas les mêmes pour les différentes sociétés, aux différentes époques, et dans les différentes formes de discours. Pour s'en tenir à la psychopathologie du XIXe siècle, il est probable qu'elles étaient constituées par la famille, le groupe social proche, le milieu de travail, la communauté religieuse (qui tous sont normatifs, qui tous sont sensibles à la déviation, qui tous ont une marge de tolérance et un seuil à partir duquel l'exclusion est requise, qui tous ont un mode de désignation et de rejet de la folie, qui tous transfèrent à la médecine sinon la responsabilité de la guérison et du traitement, du moins la charge de l'explication); bien qu'organisées sur un mode spécifique, ces surfaces d'émergence ne sont pas nouvelles au XIXe siècle. En revanche, c'est à cette époque sans doute que se mettent à fonctionner de nouvelles surfaces d'apparition : l'art avec sa normativité propre, la sexualité (ses déviations par rapport à des interdits habituels deviennent pour la première fois objet de repérage, de description et d'analyse pour le discours psychiatrique), la pénalité (alors que la folie aux époques précédentes était soigneusement départagée de la conduite criminelle et valait comme excuse, la criminalité devient elle-même — et ceci depuis les fameuses « monomanies homicides » — une forme de déviance plus ou moins apparentée à la folie). Là, dans ces champs de différenciation première, dans les distances, les discontinuités, et les seuils qui s'y manifestent, le discours psychiatrique trouve la possibilité de limiter son domaine, de définir ce dont il parle, de lui donner le statut d'objet, — donc de le faire apparaître, de le rendre nommable et descriptible.

b) Il faudrait décrire en outre des *instances de délimitation:* la médecine (comme institution réglementée, comme ensemble d'individus constituant le corps médical, comme savoir et pratique, comme compétence reconnue par l'opinion, la justice et l'administration) est devenue au XIXe siècle l'instance majeure qui, dans la société, départage, désigne, nomme et instaure la folie comme objet; mais elle n'a pas été la seule à jouer ce rôle : la justice et singulièrement la justice pénale (avec les définitions de l'excuse, de l'irresponsabilité, des circonstances atténuantes, et avec l'usage de notions comme celles de crime passionnel, d'hérédité, de danger social), l'autorité religieuse (dans la mesure où elle s'établit comme instance de décision qui partage le mystique du pathologique, le spirituel du corporel, le surnaturel de l'anormal, et où elle pratique la direction de conscience plus pour une connaissance des individus que pour une classification casuistique des actions et des circonstances), la critique littéraire et artistique (qui au cours du XIXe siècle traite l'œuvre de moins en moins comme un objet de goût qu'il faut juger, et de plus en plus comme un langage qu'il faut interpréter et où il faut reconnaître les jeux d'expression d'un auteur).

c) A analyser enfin les *grilles de spécification :* il s'agit des systèmes selon lesquels on sépare, on oppose, on apparente, on regroupe, on classe, on dérive les unes des autres les différentes « folies » comme objets du discours psychiatrique (ces grilles de différenciation ont été au XIXe siècle : l'âme, comme groupe de facultés hiérarchisées, voisines et plus ou moins interpénétrables; le corps, comme volume trimensionnel d'organes qui sont reliés par des schèmes de dépendance et de communication; la vie et l'histoire des individus, comme suite linéaire de phases, enchevêtrement de traces, ensemble de réactivations virtuelles, répétitions cycliques; les jeux des corrélations neuro-psychologiques comme systèmes de projections réciproques, et champ de causalité circulaire).

Une telle description est par elle-même encore insuffisante. Et ceci pour deux motifs. Les plans d'émergence qu'on vient de repérer, ces instances de délimitation ou ces formes de spécification ne fournissent pas, entièrement constitués et tout armés, des objets que le discours de la psychopathologie n'aurait plus, ensuite, qu'à inventorier, à classer et nommer, à élire, à recouvrir enfin d'un treillis de mots et de phrases : ce ne sont pas les familles — avec leurs normes, leurs interdits, leurs seuils de sensibilité — qui déterminent les fous et proposent des « malades » à l'analyse ou à la décision des psychiatres; ce n'est pas la jurisprudence qui dénonce d'elle-même à la médecine mentale, sous tel assassinat, un délire paranoïaque, ou qui soupçonne une névrose dans un délit sexuel. Le discours est tout autre chose que le lieu où viennent se déposer et se superposer, comme en une simple surface d'inscription, des objets qui auraient été instaurés à l'avance. Mais l'énumération de tout à l'heure est insuffisante aussi pour une seconde raison. Elle a repéré, les uns après les autres, plusieurs plans de différenciation où les objets du discours peuvent apparaître. Mais entre eux, quels rapports? Pourquoi cette énumération, et pas une autre? Quel ensemble défini et fermé croit-on circonscrire de cette manière? Et comment peut-on parler d'un « système de formation » si on ne connaît qu'une série de déterminations différentes et hétérogènes, sans liens ni rapports assignables?

En fait ces deux séries de questions renvoient au même point. Pour le saisir, restreignons encore l'exemple précédent. Dans le domaine auquel la psychopathologie a eu affaire au XIXe siècle, on voit apparaître, très tôt (dès Esquirol), toute une série d'objets appartenant au registre de la délinquance : l'homicide (et le suicide), les crimes passionnels, les délits sexuels, certaines formes de vol, le vagabondage, — et puis à travers eux l'hérédité, le milieu névrogène, les comportements d'agression ou d'autopunition, les perversités, les impulsions criminelles, la suggestibilité, etc. Il ne serait pas adéquat de dire qu'on a affaire là aux conséquences d'une découverte : déchiffrement, un beau jour, par un psychiatre, d'une ressemblance entre conduites criminelles et comportement pathologique; mise au jour d'une présence des signes classiques de l'aliénation chez certains délinquants. De tels faits sont au-delà de la recherche actuelle : le problème en effet est de savoir ce qui les a rendus possibles, et comment ces « découvertes » ont pu être suivies d'autres qui les ont reprises, rectifiées, modifiées, ou éventuellement annulées. De même, il ne serait pas pertinent d'attribuer l'apparition de ces objets nouveaux aux normes propres à la société bourgeoise du XIXe siècle, à un quadrillage policier et pénal renforcé, à l'établissement d'un nouveau code de justice criminel, à l'introduction et à l'usage des circonstances atténuantes, à l'augmentation de la criminalité. Sans doute, tous ces processus se sont-ils effectivement déroulés; mais ils n'ont pas pu à eux seuls former des objets pour le discours psychiatrique; à poursuivre la description à ce niveau on demeurerait, cette fois, en deçà de ce qu'on cherche.

Si dans notre société, à une époque déterminée, le délinquant a été psychologisé et pathologisé, si la conduite transgressive a pu donner lieu à toute une série d'objets de savoir c'est que, dans le discours psychiatrique fut mis en œuvre un ensemble de rapports déterminés. Rapport entre des plans de spécification comme les catégories pénales et les degrés de responsabilité diminuée, et des plans de caractérisation psychologiques (les facultés, les aptitudes, les degrés de développement ou d'involution, les modes de réactions au milieu, les types de caractères, acquis, innés ou héréditaires). Rapport entre l'instance de décision médicale et l'instance de décision judiciaire (rapport complexe à vrai dire puisque la décision médicale reconnaît absolument l'instance judiciaire pour la définition du crime, l'établissement de ses circonstances et la sanction qu'il mérite; mais se réserve l'analyse de sa genèse et l'estimation de la responsabilité engagée). Rapport entre le filtre constitué par l'interrogation judiciaire, les renseignements policiers, l'enquête et tout l'appareil de l'information juridique, et le filtre constitué par le questionnaire médical, les examens cliniques, la recherche des antécédences, et les récits biographiques. Rapport entre les normes familiales, sexuelles, pénales du comportement des individus, et le tableau des symptômes pathologiques et des maladies dont ils sont les signes. Rapport entre la restriction thérapeutique dans le milieu hospitalier (avec ses seuils particuliers, ses critères de guérison, sa manière de délimiter le normal et le pathologique) et la restriction punitive dans la prison (avec son système de châtiment et de pédagogie, ses critères de bonne conduite, d'amendement, et de libération). Ce sont ces rapports qui, à l'œuvre dans le discours psychiatrique, ont permis la formation de tout un ensemble d'objets divers.

Généralisons : le discours psychiatrique, au XIXe siècle, se caractérise non point par des objets privilégiés mais par la manière dont il forme ses objets, au demeurant fort dispersés. Cette formation est assurée par un ensemble de relations établies entre des instances d'émergence, de délimitation et de spécification. On dira donc qu'une formation discursive se définit (au moins quant à ses objets) si on peut établir un pareil ensemble; si on peut montrer comment n'importe quel objet du discours en question y trouve son lieu et sa loi d'apparition; si on peut montrer qu'il peut donner naissance simultanément ou successivement à des objets qui s'excluent, sans qu'il ait lui-même à se modifier.

De là un certain nombre de remarques et de conséquences.

1. Les conditions pour qu'apparaisse un objet de discours, les conditions historiques pour qu'on puisse en « dire quelque chose », et que plusieurs personnes puissent en dire des choses différentes, les conditions pour qu'il s'inscrive dans un domaine de parenté avec d'autres objets, pour qu'il puisse établir avec eux des rapports de ressemblance, de voisinage, d'éloignement, de différence, de transformation — ces conditions, on le voit, sont nombreuses, et lourdes. Ce qui veut dire qu'on ne peut pas parler à n'importe quelle époque de n'importe quoi; il n'est pas facile de dire quelque chose de nouveau; il ne suffit pas d'ouvrir les yeux, de faire attention, ou de prendre conscience, pour que de nouveaux objets, aussitôt, s'illuminent, et qu'au ras du sol ils poussent leur première clarté. Mais cette difficulté n'est pas seulement négative; il ne faut pas la rattacher à quelque obstacle dont le pouvoir serait, exclusivement, d'aveugler, de gêner, d'empêcher la découverte, de masquer la pureté de l'évidence ou l'obstination muette des choses mêmes; l'objet n'attend pas dans les limbes l'ordre qui va le libérer et lui permettre de s'incarner dans une visible et bavarde objectivité; il ne se préexiste pas à lui-même, retenu par quelque obstacle aux bords premiers de la lumière. Il existe sous les conditions positives d'un faisceau complexe de rapports.

2. Ces relations sont établies entre des institutions, des processus économiques et sociaux, des formes de comportements, des systèmes de normes, des techniques, des types de classification, des modes de caractérisation; et ces relations ne sont pas présentes dans l'objet; ce ne sont pas elles qui sont déployées lorsqu'on en fait l'analyse; elles n'en dessinent pas la trame, la rationalité

immanente, cette nervure idéale qui réapparaît totalement ou en partie lorsqu'on le pense dans la vérité de son concept. Elles ne définissent pas sa constitution interne, mais ce qui lui permet d'apparaître, de se juxtaposer à d'autres objets, de se situer par rapport à eux, de définir sa différence, son irréductibilité, et éventuellement son hétérogénéité, bref d'être placé dans un champ d'extériorité.

3. Ces relations se distinguent d'abord des relations qu'on pourrait dire « primaires » et qui, indépendamment de tout discours ou de tout objet de discours, peuvent être décrites entre des institutions, des techniques, des formes sociales, etc. Après tout, on sait bien qu'entre la famille bourgeoise et le fonctionnement des instances et des catégories judiciaires au XIXe siècle, il y a des rapports, qu'on peut analyser pour eux-mêmes. Or, ils ne sont pas toujours superposables aux relations qui sont formatrices d'objets : les relations de dépendance qu'on peut assigner à ce niveau primaire ne s'expriment pas forcément dans la mise en relations qui rend possibles des objets de discours. Mais il faut distinguer en outre les rapports seconds qu'on peut trouver formulés dans le discours lui-même : ce que, par exemple, les psychiatres du XIXe siècle ont pu dire sur les rapports entre la famille et la criminalité, ne reproduit pas, on le sait bien, le jeu des dépendances réelles; mais il ne reproduit pas non plus le jeu des relations qui rendent possibles et soutiennent les objets du discours psychiatrique. Ainsi s'ouvre tout un espace articulé de descriptions possibles : système des *relations primaires* ou *réelles*, système des *relations secondes* ou *réflexives*, et système des *relations* qu'on peut appeler proprement *discursives*. Le problème est de faire apparaître la spécificité de ces dernières et leur jeu avec les deux autres.

4. Les relations discursives, on le voit, ne sont pas internes au discours : elles ne relient pas entre eux les concepts ou les mots; elles n'établissent pas entre les phrases ou les propositions une architecture déductive

ou rhétorique. Mais ce ne sont pas pourtant des relations extérieures au discours qui le limiteraient, ou lui imposeraient certaines formes, ou le contraindraient, dans certaines circonstances, à énoncer certaines choses. Elles sont en quelque sorte à la limite du discours : elles lui offrent les objets dont il peut parler, ou plutôt (car cette image de l'offre suppose que les objets sont formés d'un côté et le discours de l'autre), elles déterminent le faisceau de rapports que le discours doit effectuer pour pouvoir parler de tels et tels objets, pour pouvoir les traiter, les nommer, les analyser, les classer, les expliquer, etc. Ces relations caractérisent non pas la langue qu'utilise le discours, non pas les circonstances dans lesquelles il se déploie, mais le discours lui-même en tant que pratique.

On peut maintenant boucler l'analyse et mesurer en quoi elle accomplit, en quoi également elle modifie le projet initial.

A propos de ces figures d'ensemble qui, d'une manière insistante mais confuse, se donnaient comme *la* psychopathologie, *l*'économie, *la* grammaire, *la* médecine, on s'était demandé quelle sorte d'unité pouvait bien les constituer : n'étaient-elles qu'une reconstruction d'après coup, à partir d'œuvres singulières, de théories successives, de notions ou de thèmes dont les uns avaient été abandonnés, les autres maintenus par la tradition, d'autres encore recouverts par l'oubli puis remis au jour? N'étaient-elles qu'une série d'entreprises liées?

On avait cherché l'unité du discours du côté des objets eux-mêmes, de leur distribution, du jeu de leurs différences, de leur proximité ou de leur éloignement — bref du côté de ce qui est donné au sujet parlant : et on est renvoyé finalement à une mise en relations qui caractérise la pratique discursive elle-même; et on découvre ainsi non pas une configuration ou une forme, mais un ensemble de *règles* qui sont immanentes à une pratique et la définissent dans sa spécificité. D'autre part, on s'était servi à titre de repère d'une « unité » comme *la* psychopathologie : si on avait voulu lui fixer une date de naissance et un domaine précis, il aurait fallu sans doute retrouver l'apparition du mot, définir à quel style d'analyse il pouvait s'appliquer et comment s'établissait son partage avec la neurologie d'un côté, la psychologie de l'autre. Ce qu'on a mis au jour, c'est une unité d'un autre type qui n'a pas vraisemblablement les mêmes dates, ni la même surface ou les mêmes articulations, mais qui peut rendre compte d'un ensemble d'objets pour lesquels le terme de psychopathologie n'était qu'une rubrique réflexive, seconde et classificatoire. Enfin la psychopathologie se donnait comme une discipline, sans cesse en voie de renouvellement, sans cesse marquée de découvertes, de critiques, d'erreurs corrigées; le système de formation qu'on a défini reste stable. Mais entendons-nous : ce ne sont pas les objets qui restent constants, ni le domaine qu'ils forment; ce ne sont même pas leur point d'émergence ou leur mode de caractérisation; mais la mise en relation des surfaces où ils peuvent apparaître, où ils peuvent se délimiter, où ils peuvent s'analyser et se spécifier.

On le voit : dans les descriptions dont je viens d'essayer de donner la théorie, il n'est pas question d'interpréter le discours pour faire à travers lui une histoire du référent. Dans l'exemple choisi, on ne cherche pas à savoir qui était fou à telle époque, en quoi consistait sa folie, ni si ses troubles étaient bien identiques à ceux qui nous sont familiers aujourd'hui. On ne se demande pas si les sorciers étaient des fous ignorés et persécutés, ou si, à un autre moment, une expérience mystique ou esthétique n'a pas été indûment médicalisée. On ne cherche pas à reconstituer ce que pouvait être la folie elle-même, telle qu'elle se serait donnée d'abord à quelque expérience primitive, fondamentale, sourde, à peine articulée [1], et telle qu'elle aurait été ensuite organisée (traduite, déformée, travestie, réprimée peut-être) par les discours et le jeu oblique, souvent retors, de leurs opérations. Sans doute une telle histoire du référent est-elle possible; on n'exclut pas d'entrée de jeu l'effort

1. Ceci est écrit contre un thème explicite dans l'*Histoire de la Folie*, et présent à plusieurs reprises singulièrement dans la Préface.

pour désensabler et libérer du texte ces expériences « prédiscursives ». Mais ce dont il s'agit ici, ce n'est pas de neutraliser le discours, d'en faire le signe d'autre chose et d'en traverser l'épaisseur pour rejoindre ce qui demeure silencieusement en deçà de lui, c'est au contraire de le maintenir dans sa consistance, de le faire surgir dans la complexité qui lui est propre. En un mot, on veut, bel et bien, se passer des « choses ». Les « dé-présentifier ». Conjurer leur riche, lourde et immédiate plénitude, dont on a coutume de faire la loi primitive d'un discours qui ne s'en écarterait que par l'erreur, l'oubli, l'illusion, l'ignorance, ou l'inertie des croyances et des traditions, ou encore le désir, inconscient peut-être, de ne pas voir et de ne pas dire. Substituer au trésor énigmatique des « choses » d'avant le discours, la formation régulière des objets qui ne se dessinent qu'en lui. Définir ces *objets* sans référence au *fond des choses*, mais en les rapportant à l'ensemble des règles qui permettent de les former comme objets d'un discours et constituent ainsi leurs conditions d'apparition historique. Faire une histoire des objets discursifs qui ne les enfoncerait pas dans la profondeur commune d'un sol originaire, mais déploierait le nexus des régularités qui régissent leur dispersion.

Toutefois élider le moment des « choses mêmes », ce n'est pas se reporter nécessairement à l'analyse linguistique de la signification. Quand on décrit la formation des objets d'un discours, on essaie de repérer les mises en relations caractérisant une pratique discursive, on ne détermine pas une organisation lexicale ni les scansions d'un champ sémantique : on n'interroge pas le sens donné à une époque aux mots de « mélancolie » ou de « folie sans délire », ni l'opposition de contenu entre « psychose » et « névrose ». Non pas, là encore, que de pareilles analyses soient considérées comme illégitimes ou impossibles; mais elles ne sont pas pertinentes lorsqu'il s'agit de savoir par exemple comment la criminalité a pu devenir objet d'expertise médicale, ou la déviation sexuelle se dessiner comme un objet possible du discours psychiatrique. L'analyse des contenus lexicaux définit soit les éléments de signification dont disposent les sujets parlants à une époque donnée, soit la structure sémantique qui apparaît à la surface des discours déjà prononcés; elle ne concerne pas la pratique discursive comme lieu où se forment et se déforment, où apparaissent et s'effacent une pluralité enchevêtrée — à la fois superposée et lacunaire — d'objets.

La sagacité des commentateurs ne s'y est pas trompée : d'une analyse comme celle que j'entreprends, les *mots* sont aussi délibérément absents que les *choses* elles-mêmes; pas plus de description d'un vocabulaire que de recours à la plénitude vivante de l'expérience. On ne revient pas à l'en deçà du discours — là où rien encore n'a été dit et où les choses, à peine, pointent dans une lumière grise; on ne passe pas au-delà pour retrouver les formes qu'il a disposées et laissées derrière lui; on se maintient, on essaie de se maintenir au niveau du discours lui-même. Puisqu'il faut parfois mettre des points sur les iota des absences pourtant les plus manifestes, je dirai que dans toutes ces recherches où je suis encore si peu avancé, je voudrais montrer que les « discours », tels qu'on peut les entendre, tels qu'on peut les lire dans leur forme de textes, ne sont pas, comme on pourrait s'y attendre, un pur et simple entrecroisement de choses et de mots : trame obscure des choses, chaîne manifeste, visible et colorée des mots; je voudrais montrer que le discours n'est pas une mince surface de contact, ou d'affrontement, entre une réalité et une langue, l'intrication d'un lexique et d'une expérience; je voudrais montrer sur des exemples précis, qu'en analysant les discours eux-mêmes, on voit se desserrer l'étreinte apparemment si forte des mots et des choses, et se dégager un ensemble de règles propres à la pratique discursive. Ces règles définissent non point l'existence muette d'une réalité, non point l'usage canonique d'un vocabulaire, mais le régime des objets. « Les mots et les choses », c'est le titre — sérieux — d'un problème; c'est le titre — ironique — du travail qui en modifie la forme, en déplace les données, et révèle, au bout du compte, une tout autre tâche. Tâche qui consiste à ne pas — à ne plus — traiter les discours comme des ensembles de signes (d'éléments signifiants renvoyant à des contenus ou à des représentations) mais comme des pratiques qui forment systématiquement les objets dont ils parlent. Certes, les discours sont faits de signes; mais ce qu'ils font, c'est plus que d'utiliser ces signes pour désigner des choses. C'est ce *plus*, qui les rend irréductibles à la langue et à la parole. C'est ce « plus » qu'il faut faire apparaître et qu'il faut décrire.

IV

La formation des modalités énonciatives

Descriptions qualitatives, récits biographiques, repérage, interprétation et recoupement des signes, raisonnements par analogie, déduction, estimations statistiques, vérifications expérimentales, et bien d'autres formes d'énoncés, voilà ce qu'on peut trouver, au XIXe siècle, dans le discours des médecins. Des uns aux autres quel enchaînement, quelle nécessité? Pourquoi ceux-ci, et pas d'autres? Il faudrait trouver la loi de toutes ces énonciations diverses, et le lieu d'où elles viennent.

a) Première question : qui parle? Qui, dans l'ensemble de tous les individus parlants, est fondé à tenir cette sorte de langage? Qui en est titulaire? Qui reçoit de lui sa singularité, ses prestiges, et de qui, en retour, reçoit-il sinon sa garantie, du moins sa présomption de vérité? Quel est le statut des individus qui ont — et eux seuls — le droit réglementaire ou traditionnel, juridiquement défini ou spontanément accepté, de proférer un pareil discours? Le statut du médecin comporte des critères de compétence et de savoir; des institutions, des systèmes, des normes pédagogiques; des conditions légales qui donnent droit — non sans lui fixer des bornes — à la pratique et à l'expérimentation du savoir. Il comporte aussi un système de différenciation et de rapports (partage des attributions, subordination hiérarchique, complémentarité fonctionnelle, demande, transmission et échange d'informations) avec d'autres individus ou d'autres groupes qui ont eux-mêmes leur statut (avec le pouvoir politique et ses représentants, avec le pouvoir judiciaire, avec différents corps professionnels, avec les groupements religieux et le cas échéant les prêtres. Il comporte aussi un certain nombre de traits qui définissent son fonctionnement par rapport à l'ensemble de la société (le rôle qui est reconnu au médecin selon qu'il est appelé par une personne privée ou requis d'une façon plus ou moins contraignante par la société, selon qu'il exerce un métier ou qu'il est chargé d'une fonction; les droits d'intervention et de décision qui lui sont reconnus dans ces différents cas; ce qui lui est demandé comme surveillant, gardien et garant de la santé d'une population, d'un groupe, d'une famille, d'un individu; la part qu'il prélève sur la richesse publique ou sur celle des particuliers; la forme de contrat, explicite ou implicite, qu'il passe soit avec le groupe dans lequel il exerce, soit avec le pouvoir qui lui a confié une tâche, soit avec le client qui lui a demandé un conseil, une thérapeutique, une guérison). Ce statut des médecins est en général assez singulier dans toutes les formes de société et de civilisation : il n'est presque jamais un personnage indifférencié ou interchangeable. La parole médicale ne peut pas venir de n'importe qui; sa valeur, son efficacité, ses pouvoirs thérapeutiques eux-mêmes, et d'une façon générale son existence comme parole médicale ne sont pas dissociables du personnage statutairement défini qui a le droit de l'articuler, en revendiquant pour elle le pouvoir de conjurer la souffrance et la mort. Mais on sait aussi que ce statut dans la civilisation occidentale a été profondément modifié à la fin du XVIIIe siècle, au début du XIXe lorsque la santé des populations est devenue une des normes économiques requises par les sociétés industrielles.

b) Il faut décrire aussi les *emplacements* institutionnels d'où le médecin tient son discours, et où celui-ci trouve son origine légitime et son point d'application (ses objets spécifiques et ses instruments de vérification). Ces emplacements, ce sont pour nos sociétés : l'hôpital, lieu d'une observation constante, codée, systématique, assurée par un personnel médical différencié et hiérarchisé, et pouvant constituer ainsi un champ quantifiable de fréquences; la pratique privée qui offre un domaine d'observations plus aléatoires, plus lacunaires, beaucoup moins nombreuses, mais qui permettent parfois des constatations de portée chronologique plus large, avec une meilleure connaissance des antécédents et du milieu; le laboratoire, lieu autonome, longtemps distinct de l'hôpital, où s'établissent certaines vérités d'ordre général sur le corps humain, la vie, la maladie, les lésions, qui fournit certains éléments du diagnostic, certains signes de l'évolution, certains critères de la guérison, et qui permet des expérimentations thérapeutiques; enfin ce qu'on pourrait appeler la « bibliothèque » ou le champ documentaire qui comprend non seulement les livres ou traités, traditionnellement reconnus comme valables, mais aussi l'ensemble des comptes rendus et observations publiés et transmis, mais aussi la masse des informations statistiques (concernant le milieu social, le climat, les épidémies, le taux de mortalité, la fréquence des maladies, les foyers de contagion, les maladies professionnelles) qui peuvent être fournies au médecin par les administrations, par d'autres médecins, par des sociologues, par des géographes. Là encore, ces divers « emplacements » du discours médical ont été profondément modifiés au XIXe siècle : l'importance du document ne cesse de croître (diminuant d'autant l'autorité du livre ou de la tradition); l'hôpital qui n'avait été qu'un lieu d'appoint pour le discours sur les maladies et qui le cédait en importance et en valeur à la pratique privée (où les maladies laissées à leur milieu naturel devaient, au XVIIIe siècle, se révéler dans leur vérité végétale), devient alors le lieu des observations systématiques et homogènes, des confrontations sur une large échelle, de l'établissement des fréquences et des probabilités, de l'annulation des variantes individuelles, bref le lieu d'apparition de la maladie, non plus comme espèce singulière déployant ses traits essentiels sous le regard du médecin, mais comme processus moyen avec ses repères significatifs, ses limites, ses chances d'évolution. De même, c'est au XIXe siècle que la pratique médicale quotidienne s'est intégré le laboratoire comme lieu d'un discours qui a les mêmes normes expérimentales que la physique, la chimie ou la biologie.

c) Les positions du sujet se définissent également par la situation qu'il lui est possible d'occuper par rapport aux divers domaines ou groupes d'objets : il est sujet questionnant selon une certaine grille d'interrogations explicites ou non, et écoutant selon un certain programme d'information; il est sujet regardant d'après une table de traits caractéristiques, et notant selon un type descriptif; il est situé à une distance perceptive optima dont les bornes délimitent le grain de l'information pertinente; il utilise des intermédiaires instrumentaux qui modifient l'échelle de l'information, déplacent le sujet par rapport au niveau perceptif moyen ou immédiat, assurent son passage d'un niveau superficiel à un niveau profond, le font circuler dans l'espace intérieur du corps — des symptômes manifestes aux organes, des organes aux tissus, et des tissus finalement aux cellules. A ces situations perceptives, il faut ajouter les positions que le sujet peut occuper dans le réseau des informations (dans l'enseignement théorique ou dans la pédagogie hospitalière; dans le système de la communication orale ou de la documentation écrite : comme émetteur et récepteur d'observations, de comptes rendus, de données statistiques, de propositions théoriques générales, de projets ou de décisions). Les diverses situations que peut occuper le sujet du discours médical ont été redéfinies au début du XIXe siècle avec l'organisation d'un champ perceptif tout autre (disposé en profondeur, manifesté par des relais instrumentaux, déployé par les techniques chirurgicales ou les méthodes de l'autopsie, centré autour des foyers lésionnels), et avec la mise en place de nouveaux systèmes d'enregistrement, de notation, de description, de classement, d'intégration dans des séries numériques et dans des statistiques, avec l'institution de nouvelles formes d'enseignement, de mise en circuit des informations, de rapport avec les autres domaines théoriques (sciences ou philosophie) et avec les autres institutions (qu'elles soient d'ordre administratif, politique ou économique).

Si dans le discours clinique, le médecin est tour à tour le questionneur souverain et direct, l'œil qui regarde, le doigt qui touche, l'organe de déchiffrement des signes, le point d'intégration de descriptions déjà faites, le technicien de laboratoire, c'est que tout un faisceau de relations se trouve mis en jeu. Relations entre l'espace hospitalier comme lieu à la fois d'assistance, d'observation purifiée et systématique et de thérapeutique, partiellement éprouvée, partiellement expérimentale, et tout un groupe de techniques et de codes de perception du corps humain — tel qu'il est défini par l'anatomie pathologique; relations entre le champ des observations immédiates et le domaine des informations déjà acquises; relations entre le rôle du médecin comme thérapeute, son rôle de pédagogue, son rôle de relais dans la diffusion du savoir médical, et son rôle de responsable de la santé publique dans l'espace social. Entendue comme renouvellement des points de vue, des contenus, des formes et du style même de la description, de l'utilisation des raisonnements inductifs ou probabilitaires, des types d'assignation de la causalité, bref comme renouvellement des modalités d'énonciation, la médecine clinique ne doit pas être prise comme le résultat d'une nouvelle technique d'observation, — celle de l'autopsie qui était pratiquée depuis bien longtemps avant le XIXe siècle; ni comme le résultat de la recherche des causes pathogènes dans les profondeurs de l'organisme — Morgagni s'y exerçait déjà au milieu du XVIIIe siècle; ni comme l'effet de cette nouvelle institution qu'était la clinique hospitalière — il en existait depuis des dizaines d'années en Autriche et en Italie; ni comme le résultat de l'introduction du concept de tissu dans le *Traité des Membranes* de Bichat. Mais comme la mise en rapport, dans le discours médical, d'un certain nombre d'éléments distincts, dont les uns concernaient le statut des médecins, d'autres le lieu institutionnel et technique d'où ils parlaient, d'autres leur position comme sujets percevant, observant, décrivant, enseignant, etc. On peut dire que cette mise en relation d'éléments différents (dont certains sont nouveaux, d'autres préexistants) est effectuée par le discours clinique : c'est lui en tant que pratique qui instaure entre eux tous un système de relations qui n'est pas « réellement » donné ni constitué par avance; et s'il a une unité, si les modalités d'énonciation qu'il utilise, ou auxquelles il donne lieu, ne sont pas simplement juxtaposées par une série de contingences historiques, c'est qu'il met en œuvre de façon constante ce faisceau de relations.

Une remarque encore. Après avoir constaté la disparité des types d'énonciation dans le discours clinique, on n'a pas essayé de la réduire en faisant apparaître les structures formelles, les catégories, les modes d'enchaînement logique, les types de raisonnement et d'induction, les formes d'analyse et de synthèse qui ont pu être mis en œuvre dans un discours; on n'a pas voulu dégager l'organisation rationnelle qui est capable de donner à des énoncés comme ceux de la médecine ce qu'ils comportent de nécessité intrinsèque. On n'a pas voulu non plus rapporter à un acte fondateur, ou à une conscience constituante l'horizon général de rationalité sur lequel se sont détachés peu à peu les progrès de la médecine, ses efforts pour s'aligner sur les sciences exactes, le resserrement de ses méthodes d'observation, la lente, la difficile expulsion des images ou des fantasmes qui l'habitent, la purification de son système de raisonnement. Enfin on n'a pas essayé de décrire la genèse empirique ni les diverses composantes de la mentalité médicale : comment s'est déplacé l'intérêt des médecins, par quel modèle théorique ou expérimental ils ont été influencés, quelle philosophie ou quelle thématique morale a défini le climat de leur réflexion, à quelles questions, à quelles demandes ils avaient à répondre, quels efforts il leur a fallu faire pour se libérer des préjugés traditionnels, par quelles voies ils ont cheminé vers l'unification et la cohérence jamais achevées, jamais atteintes de leur savoir. En somme, on ne réfère pas les modalités diverses de l'énonciation à l'unité d'un sujet — qu'il s'agisse du sujet pris comme pure instance fondatrice de rationalité, ou du sujet pris comme fonction empirique de synthèse. Ni le « connaître », ni les « connaissances ».

Dans l'analyse proposée, les diverses modalités d'énonciation au lieu de renvoyer à *la* synthèse ou à *la* fonction unifiante d'*un* sujet, manifestent sa dispersion [1]. Aux divers statuts, aux divers emplacements, aux diverses positions qu'il peut occuper ou recevoir quand il tient un discours. A la discontinuité des plans d'où il parle. Et si ces plans sont reliés par un système de rapports, celui-ci n'est pas établi par l'activité synthétique d'une conscience identique à soi, muette et préalable à toute parole mais par la spécificité d'une pratique discursive. On renoncera donc à voir dans le discours un phénomène d'expression — la traduction verbale d'une synthèse opérée par ailleurs; on y cherchera plutôt un champ de régularité pour diverses positions de subjectivité. Le discours, ainsi conçu, n'est pas la manifestation, majestueusement déroulée, d'un sujet qui pense, qui connaît, et qui le dit : c'est au contraire un ensemble où peuvent se déterminer la dispersion du sujet et sa discontinuité avec lui-même. Il est un espace d'extériorité où se déploie un réseau d'emplacements distincts. Tout à l'heure, on a montré que ce n'était ni par les « mots » ni par les « choses » qu'il fallait définir le régime des objets propres à une formation discursive; de la même façon, il faut reconnaître maintenant que ce n'est ni par le recours à un sujet transcendantal ni par le recours à une subjectivité psychologique qu'il faut définir le régime de ses énonciations.

1. A ce titre, l'expression de « regard médical » employée dans la *Naissance de la Clinique* n'était pas très heureuse.

V

La formation des concepts

Peut-être la famille de concepts qui se dessine dans l'œuvre de Linné (mais aussi bien celle qu'on trouve chez Ricardo, ou dans la grammaire de Port-Royal) peut-elle s'organiser en un ensemble cohérent. Peut-être pourrait-on restituer l'architecture déductive qu'elle forme. L'expérience en tout cas mérite d'être tentée — et elle l'a été plusieurs fois. En revanche si on prend une échelle plus large, et qu'on choisisse pour repères des disciplines comme la grammaire, ou l'économie, ou l'étude des vivants, le jeu des concepts qu'on voit apparaître n'obéit pas à des conditions aussi rigoureuses : leur histoire n'est pas, pierre à pierre, la construction d'un édifice. Faut-il laisser cette dispersion à l'apparence de son désordre? Y voir une suite de systèmes conceptuels ayant chacun son organisation propre, et s'articulant seulement soit sur la permanence des problèmes, soit sur la continuité de la tradition, soit sur le mécanisme des influences? Ne pourrait-on pas trouver une loi qui rende compte de l'émergence successive ou simultanée de concepts disparates? Ne peut-on pas trouver entre eux un système d'occurrence qui ne soit point une systématicité logique? Plutôt que de vouloir replacer les concepts dans un édifice déductif virtuel, il faudrait décrire l'organisation du champ d'énoncés où ils apparaissent et circulent.

a) Cette organisation comporte d'abord des formes de *succession*. Et parmi elles, les diverses *ordonnances des séries énonciatives* (que ce soit l'ordre des inférences, des implications successives, et des raisonnements démonstratifs ; ou l'ordre des descriptions, les schèmes de généralisation ou de spécification progressive auxquels elles obéissent, les distributions spatiales qu'elles parcourent ; ou l'ordre des récits et la manière dont les événements du temps sont répartis dans la suite linéaire des énoncés) ; les divers *types de dépendance* des énoncés (qui ne sont pas toujours identiques ni superposables aux successions manifestes de la série énonciative : ainsi pour la dépendance hypothèse-vérification ; assertion-critique ; loi générale-application particulière) ; les divers *schémas* rhétoriques selon lesquels on peut *combiner* des groupes d'énoncés (comment s'enchaînent les unes aux autres descriptions, déductions, définitions, dont la suite caractérise l'architecture d'un texte). Soit par exemple le cas de l'Histoire naturelle à l'époque classique : elle ne se sert pas des mêmes concepts qu'au XVIe siècle ; certains qui sont anciens (genre, espèce, signes) changent d'utilisation ; d'autres (comme celui de structure) apparaissent ; d'autres encore (celui d'organisme) se formeront plus tard. Mais ce qui a été modifié au XVIIe siècle, et va régir l'apparition et la récurrence des concepts, pour toute l'Histoire naturelle, c'est la disposition générale des énoncés, et leur mise en série dans des ensembles déterminés ; c'est la façon de transcrire ce qu'on observe et de restituer, au fil des énoncés, un parcours perceptif ; c'est le rapport et le jeu de subordinations entre décrire, articuler en traits distinctifs, caractériser et classer ; c'est la position réciproque des observations particulières et des principes généraux ; c'est le système de dépendance entre ce qu'on a appris, ce qu'on a vu, ce qu'on déduit, ce qu'on admet comme probable, ce qu'on postule. L'Histoire naturelle, au XVIIe et au XVIIIe siècle, ce n'est pas simplement une forme de connaissance qui a donné une nouvelle définition aux concepts de « genre » ou de « caractère », et qui a introduit des concepts nouveaux comme celui de « classification naturelle » ou de « mammifère » ; c'est, avant tout, un ensemble de règles pour mettre en série des énoncés, un ensemble de schémas obligatoire de dépendances, d'ordre et de successions où se distribuent les éléments récurrents qui peuvent valoir comme concepts.

b) La configuration du champ énonciatif comporte aussi des formes de *coexistence*. Celles-ci dessinent d'abord un *champ de présence* (et par là il faut entendre tous les énoncés déjà formulés ailleurs et qui sont repris dans un discours à titre de vérité admise, de description exacte, de raisonnement fondé ou de présupposé nécessaire; il faut entendre aussi ceux qui sont critiqués, discutés et jugés, comme ceux qui sont rejetés ou exclus); dans ce champ de présence, les rapports instaurés peuvent être de l'ordre de la vérification expérimentale, de la validation logique, de la répétition pure et simple, de l'acceptation justifiée par la tradition et l'autorité, du commentaire, de la recherche des significations cachées, de l'analyse de l'erreur; ces rapports peuvent être explicites (et parfois même formulés dans des types d'énoncés spécialisés : références, discussions critiques) ou implicites et investis dans les énoncés ordinaires. Là encore, il est facile de constater que le champ de présence de l'Histoire naturelle à l'époque classique n'obéit pas aux mêmes formes, ni aux mêmes critères de choix, ni aux mêmes principes d'exclusion qu'à l'époque où Aldrovandi recueillait en un seul et même texte tout ce qui avait pu, sur les monstres, être vu, observé, raconté, mille fois rapporté de bouche à oreille, imaginé même par les poètes. Distinct de ce champ de présence, on peut décrire en outre un *champ de concomitance* (il s'agit alors des énoncés qui concernent de tout autres domaines d'objets et qui appartiennent à des types de discours tout à fait différents; mais qui prennent activité parmi les énoncés étudiés soit qu'ils servent de confirmation analogique, soit qu'ils servent de principe général et de prémisses acceptés pour un raisonnement, soit qu'ils servent de modèles qu'on peut transférer à d'autres contenus, soit qu'ils fonctionnent comme instance supérieure à laquelle il faut confronter et soumettre au moins certaines des propositions qu'on affirme) : ainsi le champ de concomitance de l'Histoire naturelle à l'époque de Linné et de Buffon se définit par un certain nombre de rapports à la cosmologie, à l'histoire de la terre, à la philosophie, à la théologie, à l'Écriture et à l'exégèse biblique, aux mathématiques (sous la forme très générale d'une science de l'ordre); et tous ces rapports l'opposent aussi bien au discours des naturalistes du XVIe siècle qu'à celui des biologistes du XIXe. Enfin le champ énonciatif comporte ce qu'on pourrait appeler un *domaine de mémoire* (il s'agit des énoncés qui ne sont plus ni admis ni discutés, qui ne définissent plus par conséquent ni un corps de vérités ni un domaine de validité, mais à l'égard desquels s'établissent des rapports de filiation, de genèse, de transformation, de continuité et de discontinuité historique) : c'est ainsi que le champ de mémoire de l'Histoire naturelle, depuis Tournefort, apparaît comme singulièrement étroit, et pauvre dans ses formes, lorsqu'on le compare au champ de mémoire, si large, si cumulatif, si bien spécifié, que s'est donné la biologie à partir du XIXe siècle; il apparaît en revanche comme beaucoup mieux défini et mieux articulé que le champ de mémoire qui entoure à la Renaissance l'histoire des plantes et des animaux : car alors il se distinguait à peine du champ de présence; il avait la même extension et la même forme que lui; il impliquait les mêmes rapports.

c) On peut enfin définir les *procédures d'intervention* qui peuvent être légitimement appliquées aux énoncés. Ces procédures en effet ne sont pas les mêmes pour toutes les formations discursives; celles qui s'y trouvent utilisées (à l'exclusion de toutes les autres), les rapports qui les lient et l'ensemble qu'elles constituent de cette manière permettent de spécifier chacune. Ces procédures peuvent apparaître : dans des *techniques de réécriture* (comme celles, par exemple, qui ont permis aux naturalistes de l'âge classique de réécrire des descriptions linéaires dans des tableaux classificatoires qui n'ont ni les mêmes lois ni la même configuration que les listes et les groupes de parenté établis au Moyen Age ou pendant la Renaissance); dans des *méthodes de transcription* des énoncés (articulés dans la langue naturelle) selon une langue plus ou moins formalisée et artificielle (on en trouve le projet et jusqu'à un certain point la réalisation chez Linné et chez Adanson); les *modes de traduction* des énoncés quantitatifs en formulations qualitatives et réciproquement (mise en rapport des mesures et des descriptions purement perceptives); les moyens utilisés pour faire croître l'*approximation* des énoncés et raffiner leur exactitude (l'analyse structurale selon la forme, le nombre, la disposition et la grandeur des éléments a permis, à partir de Tournefort, une approximation plus grande et surtout plus constante des énoncés descriptifs); la manière dont on *délimite* à nouveau — par extension ou restriction — le domaine de validité des énoncés (l'énonciation des caractères structuraux a été limitée de Tournefort à Linné, puis élargie à nouveau de Buffon à Jussieu); la manière dont on *transfère* un type d'énoncé d'un champ d'application à l'autre (comme le transfert de la caractérisation végétale à la taxinomie animale; ou de la description des traits superficiels aux éléments internes de l'organisme); les méthodes de *systématisation* de propositions qui existent déjà, pour avoir été formulées auparavant, mais à l'état séparé; ou encore les méthodes de redistribution d'énoncés déjà liés les uns aux autres, mais qu'on recompose dans un nouvel ensemble systématique (ainsi Adanson reprenant les caractérisations naturelles qui avaient pu être faites avant lui ou par lui-même, dans un ensemble de descriptions artificielles dont il s'était donné le schéma préalable par une combinatoire abstraite).

Ces éléments dont on propose l'analyse sont assez hétérogènes. Certains constituent des règles de construction formelle, d'autres des habitudes rhétoriques; certains définissent la configuration interne d'un texte; d'autres les modes de rapports et d'interférence entre des textes différents; certains sont caractéristiques d'une époque déterminée, d'autres ont une origine lointaine et une portée chronologique très grande. Mais ce qui appartient en propre à une formation discursive et ce qui permet de délimiter le groupe de concepts, pourtant disparates, qui lui sont spécifiques, c'est la manière dont ces différents éléments sont mis en rapport les uns avec les autres : la manière par exemple dont l'ordonnance des descriptions ou des récits est liée aux techniques de réécriture; la manière dont le champ de mémoire est lié aux formes de hiérarchie et de subordination qui régissent les énoncés d'un texte; la manière dont sont liés les modes d'approximation et de développement des énoncés et les modes de critique, de commentaires, d'interprétation d'énoncés déjà formulés, etc. C'est ce faisceau de rapports qui constitue un système de formation conceptuelle.

La description d'un tel système ne saurait valoir pour une description directe et immédiate des concepts eux-mêmes. Il ne s'agit pas d'en faire le relevé exhaustif, d'établir les traits qu'ils peuvent avoir en commun, d'en entreprendre le classement, d'en mesurer la cohérence interne ou d'en éprouver la compatibilité mutuelle; on ne prend pas pour objet d'analyse l'architecture conceptuelle d'un texte isolé, d'une œuvre individuelle, ou d'une science en un moment donné. On se place en retrait par rapport à ce jeu conceptuel manifeste; et on essaie de déterminer selon quels schèmes (de mise en série, de groupements simultanés, de modification linéaire ou réciproque) les énoncés peuvent être liés les uns aux autres dans un type de discours; on essaie de repérer ainsi comment les éléments récurrents des énoncés peuvent réapparaître, se dissocier, se recomposer, gagner en extension ou en détermination, être repris à l'intérieur de nouvelles structures logiques, acquérir en revanche de nouveaux contenus sémantiques, constituer entre eux des organisations partielles. Ces schèmes permettent de décrire — non point les lois de construction interne des concepts, non point leur genèse progressive et individuelle dans l'esprit d'un homme — mais leur dispersion anonyme à travers textes, livres, et œuvres. Dispersion qui caractérise un type de discours et qui définit, entre les concepts, des formes de déduction, de dérivation, de cohérence, mais aussi d'incompatibilité, d'entrecroisement, de substitution, d'exclusion, d'altération réciproque, de déplacement, etc. Une pareille analyse concerne donc, à un niveau en quelque sorte *préconceptuel*, le champ où les concepts peuvent coexister et les règles auxquelles ce champ est soumis.

Pour préciser ce qu'il faut entendre ici par « préconceptuel », je reprendrai l'exemple des quatre « schèmes théoriques », étudiés dans *Les Mots et les Choses* et qui caractérisent, au XVIIe et au XVIIIe siècle, la Grammaire générale. Ces quatre schèmes — attribution, articulation, désignation et dérivation — ne désignent pas des concepts effectivement utilisés par les grammairiens classiques; ils ne permettent pas non plus de reconstituer, au-dessus des différentes œuvres grammaticales, une sorte de système plus général, plus abstrait, plus pauvre, mais qui découvrirait par là même la compatibilité profonde de ces différents systèmes apparemment opposés. Ils permettent de décrire :

1. Comment peuvent se mettre en ordre et se dérouler les différentes analyses grammaticales; et quelles formes de succession sont possibles entre les analyses du nom, celles du verbe, et celles des adjectifs, celles qui concernent la phonétique et celles qui concernent la syntaxe, celles qui concernent la langue originaire, et celles qui projettent une langue artificielle. Ces différents ordres possibles sont prescrits par les rapports de dépendance qu'on peut repérer entre les théories de l'attribution, de l'articulation, de la désignation et de la dérivation.

2. Comment la grammaire générale se définit un domaine de *validité* (selon quels critères on peut discuter de la vérité ou de la fausseté d'une proposition); comment elle se constitue un domaine de *normativité* (selon quels critères on exclut certains énoncés comme non pertinents pour le discours, ou comme inessentiels et marginaux, ou comme non scientifiques); comment elle se constitue un domaine d'*actualité* (comprenant les solutions acquises, définissant les problèmes présents, situant les concepts et les affirmations tombés en désuétude).

3. Quels rapports la grammaire générale entretient avec la Mathesis (avec l'algèbre cartésienne et post-cartésienne, avec le projet d'une science générale de l'ordre), avec l'analyse philosophique de la représentation et la théorie des signes, avec l'Histoire naturelle, les problèmes de la caractérisation et de la taxinomie, avec l'analyse des richesses et les problèmes des signes arbitraires de mesure et d'échange : en repérant ces rapports on peut déterminer les voies qui d'un domaine à l'autre assurent la circulation, le transfert, les modifications des concepts, l'altération de leur forme ou le changement de leur terrain d'application. Le réseau constitué par les quatre segments théoriques ne définit pas l'architecture logique de tous les concepts utilisés par les grammairiens; il dessine l'espace régulier de leur formation.

4. Comment ont été simultanément ou successivement possibles (sous la forme du choix alternatif, de la modification ou de la substitution) les diverses conceptions du verbe être, de la copule, du radical verbal et de la désinence (ceci pour le schème théorique de l'*attribution*); les diverses conceptions des éléments phonétiques, de l'alphabet, du nom, des substantifs et des adjectifs (ceci pour le schème théorique de l'*articulation*); les divers concepts de nom propre et de nom commun, de démonstratif, de racine nominale, de syllabe ou de sonorité expressive (ceci, pour le segment théorique de la *désignation*); les divers concepts de langage originaire et dérivé, de métaphore et de figure, de langage poétique (ceci pour le segment théorique de la *dérivation*).

Le niveau « préconceptuel » qu'on a ainsi détaché ne renvoie ni à un horizon d'idéalité ni à une genèse empirique des abstractions. D'un côté, ce n'est pas un horizon d'idéalité, posé, découvert ou instauré par un geste fondateur, — et à ce point originaire qu'il échapperait à toute insertion chronologique; ce n'est pas, aux confins de l'histoire, un *a priori* inépuisable, à la fois en retrait puisqu'il échapperait à tout commencement, à toute restitution génétique, et en recul puisqu'il ne pourrait jamais être contemporain de lui-même dans une totalité explicite. En fait on pose la question au niveau du discours lui-même qui n'est plus traduction extérieure mais lieu d'émergence des concepts; on ne rattache pas les constantes du discours aux structures idéales du concept, mais on décrit le réseau conceptuel à partir des régularités intrinsèques du discours; on ne soumet pas la multiplicité des énonciations à la cohérence des concepts, et celle-ci au recueillement silencieux d'une idéalité méta-historique; on établit la série inverse : on replace les visées pures de non-contradiction dans un réseau enchevêtré de compatibilité et d'incompatibilité conceptuelles; et on rapporte cet enchevêtrement aux règles qui caractérisent une pratique discursive. Par là même, il n'est plus nécessaire de faire appel aux thèmes de l'origine indéfiniment reculée et de l'horizon inépuisable : l'organisation d'un ensemble de règles, dans la pratique du discours, même si elle ne constitue pas un événement aussi facile à situer qu'une formulation ou une découverte, peut être cependant déterminée dans l'élément de l'histoire; et s'il est inépuisable, c'est en ceci que le système, parfaitement descriptible, qu'il constitue rend compte d'un jeu très considérable de concepts et d'un nombre très important de transformations qui affectent à la fois ces concepts et leurs rapports. Le « préconceptuel » ainsi décrit, au lieu de dessiner un horizon qui viendrait du fond de l'histoire et se maintiendrait à travers elle, est au contraire, au niveau le plus « superficiel » (au niveau des discours), l'ensemble des règles qui s'y trouvent effectivement appliquées.

On voit qu'il ne s'agit pas non plus d'une genèse des abstractions, essayant de retrouver la série des opérations qui ont permis de les constituer : intuitions globales, découvertes de cas particuliers, mise hors circuit des thèmes imaginaires, rencontre d'obstacles théoriques ou techniques, emprunts successifs à des modèles traditionnels, définition de la structure formelle adéquate, etc. Dans l'analyse qu'on propose ici, les règles de formation ont leur lieu non pas dans la « mentalité » ou la conscience des individus, mais dans le discours lui-même; elles s'imposent par conséquent, selon une sorte d'anonymat uniforme, à tous les individus qui entreprennent de parler dans ce champ discursif. D'autre part, on ne les suppose pas universellement valables pour tous les domaines quels qu'ils soient; on les décrit toujours dans des champs discursifs déterminés, et on ne leur reconnaît pas d'entrée de jeu de possibilités indéfinies d'extension. Tout au plus peut-on, par une comparaison systématique, confronter, d'une région à l'autre, les règles de formation des concepts : c'est ainsi qu'on a essayé de relever les identités et les différences que ces ensembles de règles peuvent présenter, à l'époque classique, dans la Grammaire générale, l'Histoire naturelle, et l'Analyse des richesses. Ces ensembles de règles sont assez spécifiques en chacun de ces domaines pour caractériser une formation discursive singulière et bien individualisée; mais ils présentent assez d'analogies pour qu'on voie ces diverses formations constituer un groupement discursif plus vaste et d'un niveau plus élevé. En tout cas les règles de formation des concepts, quelle que soit leur généralité, ne sont pas le résultat, déposé dans l'histoire et sédimenté dans l'épaisseur des habitudes collectives, d'opérations effectuées par les individus; elles ne constituent pas le schéma décharné de tout un travail obscur, au cours duquel les concepts se seraient fait jour à travers les illusions, les préjugés, les erreurs, les traditions. Le champ préconceptuel laisse apparaître les régularités et contraintes discursives qui ont rendu possible la multiplicité hétérogène des concepts, puis au-delà encore le foisonnement de ces thèmes, de ces croyances, de ces représentations auxquelles on s'adresse volontiers quand on fait l'histoire des idées.

Pour analyser les règles de formation des objets, on a vu qu'il ne fallait ni les enraciner dans les choses, ni les rapporter au domaine des mots; pour analyser la formation des types énonciatifs, il ne fallait les rapporter ni au sujet connaissant, ni à une individualité psychologique. De même, pour analyser la formation des concepts, il ne faut les rapporter ni à l'horizon de l'*idéalité*, ni au cheminement empirique des *idées*.

VI

La formation des stratégies

Des discours comme l'économie, la médecine, la grammaire, la science des êtres vivants donnent lieu à certaines organisations de concepts, à certains regroupements d'objets, à certains types d'énonciation, qui forment selon leur degré de cohérence, de rigueur et de stabilité, des thèmes ou des théories : thème, dans la grammaire du XVIIIe siècle, d'une langue originaire dont toutes les autres dériveraient et porteraient le souvenir parfois déchiffrable; théorie, dans la philologie du XIXe, d'une parenté — filiation ou cousinage — entre toutes les langues indo-européennes, et d'un idiome archaïque qui leur aurait servi de point de départ commun; thème, au XVIIIe siècle, d'une évolution des espèces qui déroule dans le temps la continuité de la nature et explique les lacunes actuelles du tableau taxinomique; théorie, chez les Physiocrates, d'une circulation des richesses à partir de la production agricole. Quel que soit leur niveau formel, on appellera, conventionnellement, « stratégies » ces thèmes et ces théories. Le problème est de savoir comment elles se distribuent dans l'histoire. Nécessité qui les enchaîne, les rend inévitables, les appelle exactement à leur place les unes après les autres, et en fait comme les solutions successives d'un seul et même problème? Ou rencontres aléatoires entre des idées d'origine diverse, des influences, des découvertes, des climats spéculatifs, des modèles théoriques que la patience ou le génie des individus disposerait

en des ensembles plus ou moins bien constitués? A moins qu'il ne soit possible de trouver entre elles une régularité et qu'on ne soit à même de définir le système commun de leur formation.

Pour l'analyse de ces stratégies, il m'est assez difficile d'entrer dans le détail. La raison en est simple : dans les différents domaines discursifs dont j'ai fait l'inventaire, d'une manière sans doute bien tâtonnante et, au début surtout, sans contrôle méthodique suffisant, il s'agissait, chaque fois, de décrire la formation discursive dans toutes ses dimensions, et selon ses caractéristiques propres : il fallait donc définir chaque fois les règles de formation des objets, des modalités énonciatives, des concepts, des choix théoriques. Mais il s'est trouvé que le point difficile de l'analyse et ce qui réclamait le plus d'attention n'étaient pas chaque fois les mêmes. Dans l'*Histoire de la Folie*, j'avais affaire à une formation discursive dont les points de choix théoriques étaient assez faciles à repérer, dont les systèmes conceptuels étaient relativement peu nombreux et sans complexité, dont le régime énonciatif enfin était assez homogène et monotone; en revanche ce qui faisait problème, c'était l'émergence de tout un ensemble d'objets, fort enchevêtrés et complexes; il s'agissait de décrire avant tout, pour repérer dans sa spécificité l'ensemble du discours psychiatrique, la formation de ces objets. Dans la *Naissance de la Clinique*, le point essentiel de la recherche c'était la manière dont s'étaient modifiées, à la fin du XVIIIe et au début du XIXe siècle, les formes d'énonciation du discours médical; l'analyse avait donc moins porté sur la formation des systèmes conceptuels, ou sur celle des choix théoriques, que sur le statut, l'emplacement institutionnel, la situation et les modes d'insertion du sujet discourant. Enfin dans *Les Mots et les Choses*, l'étude portait, pour sa part principale, sur les réseaux de concepts et leurs règles de formation (identiques ou différentes), tels qu'on pouvait les repérer dans la Grammaire générale, l'Histoire naturelle et l'Analyse des richesses. Quant aux choix stratégiques, leur place et leurs implications ont été indiqués (que ce soit par exemple à propos de Linné et de Buffon, ou des Physiocrates et des Utilitaristes); mais leur repérage est demeuré sommaire, et l'analyse ne s'est guère attardée sur leur formation. Disons que l'analyse des choix théoriques demeure encore en chantier jusqu'à une étude ultérieure où elle pourrait retenir l'essentiel de l'attention.

Pour l'instant, il est tout juste possible d'indiquer les directions de la recherche. Elles pourraient se résumer ainsi :

1. Déterminer les *points de diffraction* possibles du discours. Ces points se caractérisent d'abord comme *points d'incompatibilité :* deux objets, ou deux types d'énonciation, ou deux concepts peuvent apparaître, dans la même formation discursive, sans pouvoir entrer — sous peine de contradiction manifeste ou inconséquence — dans une seule et même série d'énoncés. Ils se caractérisent ensuite comme *points d'équivalence :* les deux éléments incompatibles sont formés de la même façon et à partir des mêmes règles; leurs conditions d'apparition sont identiques; ils se situent à un même niveau; et au lieu de constituer un pur et simple défaut de cohérence, ils forment une alternative : même si, selon la chronologie, ils n'apparaissent pas en même temps, même s'ils n'ont pas eu la même importance, et s'ils n'ont pas été représentés de façon égale dans la population des énoncés effectifs, ils se présentent sous la forme du « ou bien... ou bien ». Enfin ils se caractérisent comme *points d'accrochage d'une systématisation:* à partir de chacun de ces éléments à la fois équivalents et incompatibles, une série cohérente d'objets, de formes énonciatives, de concepts ont été dérivés (avec, éventuellement, dans chaque série, de nouveaux points d'incompatibilité). En d'autres termes, les dispersions étudiées aux niveaux précédents ne constituent pas simplement des écarts, des non-identités, des séries discontinues, des lacunes; il leur arrive de former des sous-ensembles discursifs — ceux-là mêmes auxquels d'ordinaire on attache une importance majeure comme s'ils étaient l'unité immédiate et le matériau premier dont sont faits les ensem-

bles discursifs plus vastes (« théories », « conceptions », « thèmes »). Par exemple, on ne considère pas, dans une analyse comme celle-ci, que l'Analyse des richesses, au XVIIIe siècle, est la résultante (par voie de composition simultanée ou de succession chronologique) de plusieurs conceptions différentes de la monnaie, de l'échange des objets de besoin, de la formation de la valeur et des prix, ou de la rente foncière; on ne considère pas qu'elle soit faite des idées de Cantillon prenant la relève de celles de Petty, de l'expérience de Law réfléchie tour à tour par des théoriciens divers, et du système physiocratique s'opposant aux conceptions utilitaristes. On la décrit plutôt comme une unité de distribution qui ouvre un champ d'options possibles et permet à des architectures diverses et exclusives les unes des autres d'apparaître côte à côte ou à tour de rôle.

2. Mais tous les jeux possibles ne sont pas effectivement réalisés : il y a bien des ensembles partiels, des compatibilités régionales, des architectures cohérentes qui auraient pu voir le jour et qui ne se sont pas manifestés. Pour rendre compte des choix qui ont été réalisés parmi tous ceux qui auraient pu l'être (et de ceux-là seulement), il faut décrire des instances spécifiques de décision. Au premier rang d'entre elles, le rôle que joue le discours étudié par rapport à ceux qui lui sont contemporains et qui l'avoisinent. Il faut donc étudier l'*économie de la constellation discursive* à laquelle il appartient. Il peut jouer en effet le rôle d'un système formel dont d'autres discours seraient les applications à des champs sémantiques divers; il peut être au contraire celui d'un modèle concret qu'il faut apporter à d'autres discours d'un niveau d'abstraction plus élevé (ainsi la Grammaire générale, au XVIIe et au XVIIIe siècle apparaît comme un modèle particulier de la théorie générale des signes et de la représentation). Le discours étudié peut être aussi dans un rapport d'analogie, d'opposition, ou de complémentarité avec certains autres discours (il y a par exemple rapport d'analogie, à l'époque classique, entre l'Analyse des richesses et

l'Histoire naturelle; la première est à la représentation du besoin et du désir ce que la seconde est à la représentation des perceptions et des jugements; on peut noter aussi que l'Histoire naturelle et la Grammaire générale s'opposent entre elles comme une théorie des caractères naturels et une théorie des signes de convention; toutes deux, à leur tour, s'opposent à l'analyse des richesses comme l'étude des signes qualitatifs à celle des signes quantitatifs de mesure; chacune enfin développe l'un des trois rôles complémentaires du signe représentatif : désigner, classer, échanger). On peut enfin décrire entre plusieurs discours des rapports de délimitation réciproque, chacun d'eux se donnant les marques distinctives de sa singularité par la différenciation de son domaine, de ses méthodes, de ses instruments, de son domaine d'application (ainsi pour la psychiatrie et la médecine organique qui n'étaient pratiquement pas distinguées l'une de l'autre avant la fin du XVIIIe siècle, et qui établissent à partir de ce moment un écart qui les caractérise). Tout ce jeu de rapports constitue un principe de détermination qui permet ou exclut, à l'intérieur d'un discours donné, un certain nombre d'énoncés : il y a des systématisations conceptuelles, des enchaînements énonciatifs, des groupes et des organisations d'objets qui auraient été possibles (et dont rien ne peut justifier l'absence au niveau de leurs règles propres de formation), mais qui sont exclus par une constellation discursive d'un niveau plus élevé et d'une extension plus large. Une formation discursive n'occupe donc pas tout le volume possible que lui ouvrent en droit les systèmes de formation de ses objets, de ses énonciations, de ses concepts; elle est essentiellement lacunaire, et ceci par le système de formation de ses choix stratégiques. De là le fait que reprise, placée et interprétée dans une nouvelle constellation, une formation discursive donnée peut faire apparaître des possibilités nouvelles (ainsi dans la distribution actuelle des discours scientifiques, la Grammaire de Port-Royal ou la Taxinomie de Linné peuvent libérer des éléments qui sont, par rapport à elles, à la fois intrinsèques et inédits); mais il ne s'agit pas alors d'un contenu silencieux qui serait demeuré implicite, qui aurait été dit sans l'être, et qui constituerait au-dessous des énoncés manifestes une sorte de sous-discours plus fondamental, revenant enfin maintenant à la lumière du jour; il s'agit d'une modification dans le principe d'exclusion et de possibilité des choix; modification qui est due à l'insertion dans une nouvelle constellation discursive.

3. La détermination des choix théoriques réellement effectués relève aussi d'une autre instance. Cette instance se caractérise d'abord par la *fonction* que doit exercer le discours étudié *dans un champ de pratiques non discursives.* Ainsi la Grammaire générale a joué un rôle dans la pratique pédagogique; d'une façon beaucoup plus manifeste et beaucoup plus importante, l'analyse des richesses a joué un rôle non seulement dans les décisions politiques et économiques des gouvernements, mais dans les pratiques quotidiennes, à peine conceptualisées, à peine théorétisées, du capitalisme naissant, et dans les luttes sociales et politiques qui ont caractérisé l'époque classique. Cette instance comporte aussi *le régime et les processus d'appropriation* du discours : car dans nos sociétés (et dans beaucoup d'autres sans doute) la propriété du discours — entendue à la fois comme droit à parler, compétence à comprendre, accès licite et immédiat au corpus des énoncés déjà formulés, capacité enfin à investir ce discours dans des décisions, des institutions ou des pratiques — est réservée en fait (parfois même sur le mode réglementaire) à un groupe déterminé d'individus; dans les sociétés bourgeoises qu'on a connues depuis le XVIe siècle, le discours économique n'a jamais été un discours commun (pas plus que le discours médical, ou le discours littéraire, quoique sur un autre mode). Enfin cette instance se caractérise par *les positions possibles du désir par rapport au discours :* celui-ci en effet peut être lieu de mise en scène fantasmatique, élément de symbolisation, forme de l'interdit, instrument de satisfaction dérivée (cette possibilité d'être en rapport avec le désir n'est pas simplement le fait de l'exercice

poétique, romanesque ou imaginaire du discours : les discours sur la richesse, sur le langage, sur la nature, sur la folie, sur la vie et sur la mort, et bien d'autres, peut-être, qui sont beaucoup plus abstraits, peuvent occuper par rapport au désir des positions bien déterminées). En tout cas l'analyse de cette instance doit montrer que ni le rapport du discours au désir, ni les processus de son appropriation, ni son rôle parmi les pratiques non discursives ne sont extrinsèques à son unité, à sa caractérisation et aux lois de sa formation. Ce ne sont pas des éléments perturbateurs qui, se superposant à sa forme pure, neutre, intemporelle et silencieuse, la refouleraient et feraient parler à sa place un discours travesti, mais bien des éléments formateurs.

Une formation discursive sera individualisée si on peut définir le système de formation des différentes stratégies qui s'y déploient; en d'autres termes, si on peut montrer comment elles dérivent toutes (malgré leur diversité parfois extrême, malgré leur dispersion dans le temps) d'un même jeu de relations. Par exemple, l'analyse des richesses, au XVIIe et au XVIIIe siècle, est caractérisée par le système qui a pu former à la fois le mercantilisme de Colbert et le « néo-mercantilisme » de Cantillon; la stratégie de Law et celle de Paris-Duverney; l'option physiocratique et l'option utilitariste. Et ce système, on l'aura défini, si on peut décrire comment les points de diffraction du discours économique dérivent les uns des autres, se commandent et s'impliquent (comment d'une décision à propos du concept de valeur dérive un point de choix à propos des prix); comment les choix effectués dépendent de la constellation générale où figure le discours économique (le choix en faveur de la monnaie-signe est lié à la place occupée par l'analyse des richesses, à côté de la théorie du langage, de l'analyse des représentations, de la mathesis et de la science de l'ordre); comment ces choix sont liés à la fonction qu'occupe le discours économique dans la pratique du capitalisme naissant, au processus d'appropriation dont il est l'objet de la part de la bourgeoisie, au rôle qu'il peut jouer dans la réalisation des intérêts et des désirs. Le discours économique, à l'époque classique, se définit par une certaine manière constante de mettre en rapport des possibilités de systématisation intérieures à un discours, d'autres discours qui lui sont extérieurs et tout un champ, non discursif, de pratiques, d'appropriation, d'intérêts et de désirs.

Il faut noter que les stratégies ainsi décrites ne s'enracinent pas, en deçà du discours, dans la profondeur muette d'un choix à la fois préliminaire et fondamental. Tous ces groupements d'énoncés qu'on a à décrire ne sont pas l'expression d'une vision du monde qui aurait été monnayée sous les espèces des mots, ni la traduction hypocrite d'un intérêt s'abritant sous le prétexte d'une théorie : l'histoire naturelle à l'époque classique, c'est autre chose que l'affrontement, dans les limbes qui précèdent l'histoire manifeste, entre une vision (linnéenne) d'un univers statique, ordonné, compartimenté et sagement offert dès son origine au quadrillage classificatoire, et la perception encore un peu confuse d'une nature héritière du temps, avec le poids de ses accidents, et ouverte à la possibilité d'une évolution; de même l'analyse des richesses est autre chose que le conflit d'intérêt entre une bourgeoisie, devenue propriétaire terrienne, exprimant ses revendications économiques ou politiques par la voix des Physiocrates, et une bourgeoisie commerçante qui demandait des mesures protectionnistes ou libérales par le truchement des Utilitaristes. Ni l'Analyse des richesses, ni l'Histoire naturelle si on les interroge au niveau de leur existence, de leur unité, de leur permanence, et de leurs transformations, ne peuvent être considérées comme la somme de ces options diverses. Celles-ci, au contraire, doivent être décrites comme des manières systématiquement différentes de traiter des objets de discours (de les délimiter, de les regrouper ou de les séparer, de les enchaîner et de les faire dériver les uns des autres), de disposer des formes d'énonciation (de les choisir, de les mettre en place, de constituer des séries, de les composer en grandes unités rhétoriques), de manipuler des concepts (de leur donner des règles d'utilisation, de les faire entrer dans des cohérences régionales, et de constituer ainsi des architectures conceptuelles). Ces options ne sont pas des germes de discours (où ceux-ci seraient déterminés à l'avance et préfigurés sous une forme quasi microscopique); ce sont des manières réglées (et descriptibles comme telles) de mettre en œuvre des possibilités de discours.

Mais ces stratégies ne doivent pas être analysées non plus comme des éléments seconds qui viendraient se surimposer à une rationalité discursive qui serait, de droit, indépendante d'eux. Il n'y a pas (ou du moins, pour la description historique dont on trace ici la possibilité, on ne peut admettre) une sorte de discours idéal, à la fois ultime et intemporel, que des choix, d'origine extrinsèque, auraient perverti, bousculé, réprimé, repoussé vers un avenir peut-être fort lointain; on ne doit pas supposer par exemple qu'il se tient sur la nature ou sur l'économie deux discours superposés et enchevêtrés : l'un, qui se poursuit lentement, qui accumule ses acquis et peu à peu se complète (discours vrai, mais qui n'existe en sa pureté qu'aux confins téléologiques de l'histoire); l'autre, toujours ruiné, toujours recommencé, en perpétuelle rupture avec lui-même, composé de fragments hétérogènes (discours d'opinion que l'histoire, au fil du temps, rejette dans le passé). Il n'y a pas une taxinomie naturelle qui aurait été exacte, au fixisme près; il n'y a pas une économie de l'échange et de l'utilité qui aurait été vraie, sans les préférences et les illusions d'une bourgeoisie marchande. La taxinomie classique ou l'analyse des richesses telles qu'elles ont existé effectivement, et telles qu'elles ont constitué des figures historiques, comportent, en un système articulé mais indissociable, objets, énonciations, concepts *et* choix théoriques. Et tout comme il ne fallait rapporter la formation des objets ni aux mots ni aux choses, celle des énonciations ni à la forme pure de la connaissance ni au sujet psychologique, celle des concepts ni à la structure de l'idéalité ni à la succession des idées, il ne faut rapporter la formation des choix théoriques ni à un *projet* fondamental ni au jeu secondaire des *opinions*.

VII

Remarques et conséquences

Il faut maintenant reprendre un certain nombre d'indications éparses dans les analyses précédentes, répondre à quelques-unes des questions qu'elles ne manquent pas de poser, et envisager avant tout l'objection qui menace de se présenter, car le paradoxe de l'entreprise apparaît aussitôt.

D'entrée de jeu, j'avais mis en question ces unités préétablies selon lesquelles on scande traditionnellement le domaine indéfini, monotone, foisonnant du discours. Il ne s'agissait point de contester toute valeur à ces unités ou de vouloir en interdire l'usage; mais de montrer qu'elles réclament, pour être définies exactement, une élaboration théorique. Cependant — et c'est là que toutes les analyses précédentes apparaissent bien problématiques — était-il nécessaire de superposer, à ces unités peut-être en effet un peu incertaines, une autre catégorie d'unités moins visibles, plus abstraites et à coup sûr bien plus problématiques? Même dans le cas où leurs limites historiques et la spécificité de leur organisation sont assez faciles à percevoir (témoin la Grammaire générale ou l'Histoire naturelle), ces formations discursives posent des problèmes de repérage bien plus difficiles que le livre, ou l'œuvre. Pourquoi donc procéder à des regroupements si douteux au moment même où on problématise ceux qui paraissaient les plus évidents? Quel domaine nouveau espère-t-on découvrir? Quels rapports demeurés jusque-là obscurs ou implicites? Quelles transformations encore restées hors de portée des historiens? Bref quelle efficacité descriptive peut-on accorder à ces nouvelles analyses? Toutes ces questions, j'essaierai d'y donner réponse plus loin. Mais il faut dès maintenant répondre à une interrogation qui est première par rapport à ces analyses ultérieures, terminale par rapport aux précédentes : à propos de ces formations discursives que j'ai tenté de définir est-on véritablement en droit de parler d'unités? La découpe qu'on propose est-elle capable d'individualiser des ensembles? Et quelle est la nature de l'unité ainsi découverte ou construite?

On était parti d'une constatation : avec l'unité d'un discours comme celui de la médecine clinique ou de l'économie politique, ou de l'histoire naturelle, on a affaire à une dispersion d'éléments. Or cette dispersion elle-même — avec ses lacunes, ses déchirures, ses enchevêtrements, ses superpositions, ses incompatibilités, ses remplacements et ses substitutions — peut être décrite dans sa singularité si on est capable de déterminer les règles spécifiques selon lesquelles ont été formés objets, énonciations, concepts, options théoriques : si unité il y a, elle n'est point dans la cohérence visible et horizontale des éléments formés; elle réside, bien en deçà, dans le système qui rend possible et régit leur formation. Mais à quel titre peut-on parler d'unités et de systèmes? Comment affirmer qu'on a bien individualisé des ensembles discursifs? Alors que d'une manière bien hasardeuse, on a mis en jeu, derrière la multiplicité apparemment irréductible des objets, des énonciations, des concepts et des choix, une masse d'éléments, qui n'étaient pas moins nombreux ni moins dispersés, mais qui de plus étaient hétérogènes les uns avec les autres? Alors qu'on a réparti tous ces éléments en quatre groupes distincts dont le mode d'articulation n'a guère été défini? Et en quel sens peut-on dire que tous ces éléments, mis au jour derrière les objets, les énonciations, les concepts et les stratégies des discours, assurent l'existence d'ensembles non moins individualisables que des œuvres ou des livres?

1. On l'a vu — et il n'est sans doute pas besoin d'y revenir : quand on parle d'un système de formation, on

n'entend pas seulement la juxtaposition, la coexistence ou l'interaction d'éléments hétérogènes (institutions, techniques, groupes sociaux, organisations perceptives, rapports entre des discours divers) mais leur mise en relation — et sous une forme bien déterminée — par la pratique discursive. Mais qu'en est-il à leur tour de ces quatre systèmes ou plutôt de ces quatre faisceaux de relations? Comment peuvent-ils définir à eux tous un système unique de formation?

C'est que les différents niveaux ainsi définis ne sont pas indépendants les uns des autres. On a montré que les choix stratégiques ne surgissent pas directement d'une vision du monde ou d'une prédominance d'intérêts qui appartiendraient en propre à tel ou tel sujet parlant; mais que leur possibilité même est déterminée par des points de divergence dans le jeu des concepts; on a montré aussi que les concepts n'étaient point formés directement sur le fond approximatif, confus et vivant des idées, mais à partir des formes de coexistence entre les énoncés; quant aux modalités d'énonciation, on a vu qu'elles étaient décrites à partir de la position qu'occupe le sujet par rapport au domaine d'objets dont il parle. De cette manière, il existe un système vertical de dépendances : toutes les positions du sujet, tous les types de coexistence entre énoncés, toutes les stratégies discursives ne sont pas également possibles, mais seulement ceux qui sont autorisés par les niveaux antérieurs; étant donné par exemple le système de formation qui régit, au XVIIIe siècle, les objets de l'Histoire naturelle (comme individualités porteuses de caractères et par là classables; comme éléments structuraux susceptibles de variation; comme surfaces visibles et analysables; comme champ de différences continues et régulières), certaines modalités de l'énonciation sont exclues (par exemple le déchiffrement des signes), d'autres sont impliquées (par exemple la description selon un code déterminé); de même étant donné les différentes positions que le sujet discourant peut occuper (comme sujet regardant sans médiation instrumentale, comme sujet prélevant, sur la pluralité perceptive, les seuls éléments de la structure, comme sujet transcrivant ces éléments dans un vocabulaire codé, etc.), il y a un certain nombre de coexistences entre les énoncés qui sont exclues (comme par exemple la réactivation érudite du déjà-dit, ou le commentaire exégétique d'un texte sacralisé), d'autres au contraire qui sont possibles ou requises (comme l'intégration d'énoncés totalement ou partiellement analogues dans un tableau classificatoire). Les niveaux ne sont donc pas libres les uns par rapport aux autres, et ne se déploient pas selon une autonomie sans limite : de la différenciation primaire des objets à la formation des stratégies discursives, il existe toute une hiérarchie de relations.

Mais les relations s'établissent également dans une direction inverse. Les niveaux inférieurs ne sont pas indépendants de ceux qui leur sont supérieurs. Les choix théoriques excluent ou impliquent, dans les énoncés qui les effectuent, la formation de certains concepts, c'est-à-dire certaines formes de coexistence entre les énoncés : ainsi dans les textes des Physiocrates, on ne trouvera pas les mêmes modes d'intégration des données quantitatives et des mesures que dans les analyses faites par les Utilitaristes. Ce n'est point que l'option physiocratique puisse modifier l'ensemble des règles qui assurent la formation des concepts économiques au XVIIIe siècle; mais elle peut mettre en jeu ou exclure telles ou telles de ces règles et par conséquent faire apparaître certains concepts (comme celui, par exemple, de produit net) qui n'apparaissent nulle part ailleurs. Ce n'est pas le choix théorique qui a réglé la formation du concept; mais il l'a produit par l'intermédiaire des règles spécifiques de formation des concepts, et par le jeu des relations qu'il entretient avec ce niveau.

2. Ces systèmes de formation ne doivent pas être pris pour des blocs d'immobilité, des formes statiques qui s'imposeraient de l'extérieur au discours, et en définiraient une fois pour toutes les caractères et les possibilités. Ce ne sont point des contraintes qui auraient leur origine dans les pensées des hommes, ou dans le jeu de leurs représentations; mais ce ne sont pas non plus des déterminations qui, formées au niveau des institutions,

ou des rapports sociaux ou de l'économie, viendraient se transcrire de force à la surface des discours. Ces systèmes — on y a déjà insisté — résident dans le discours lui-même; ou plutôt (puisqu'il ne s'agit pas de son intériorité et de ce qu'elle peut contenir, mais de son existence spécifique et de ses conditions) à sa frontière, à cette limite où se définissent les règles spécifiques qui le font exister comme tel. Par système de formation, il faut donc entendre un faisceau complexe de relations qui fonctionnent comme règle : il prescrit ce qui a dû être mis en rapport, dans une pratique discursive, pour que celle-ci réfère à tel et tel objet, pour qu'elle mette en jeu telle et telle énonciation, pour qu'elle utilise tel et tel concept, pour qu'elle organise telle et telle stratégie. Définir dans son individualité singulière un système de formation, c'est donc caractériser un discours ou un groupe d'énoncés par la régularité d'une pratique.

Ensemble de règles pour une pratique discursive, le système de formation n'est pas étranger au temps. Il ne ramasse pas tout ce qui peut apparaître à travers une série séculaire d'énoncés en un point initial, qui serait à la fois commencement, origine, fondement, système d'axiomes, et à partir duquel les péripéties de l'histoire réelle n'auraient plus qu'à se dérouler d'une façon tout à fait nécessaire. Ce qu'il dessine, c'est le système de règles qui a dû être mis en œuvre pour que tel objet se transforme, telle énonciation nouvelle apparaisse, tel concept s'élabore, soit métamorphosé ou importé, telle stratégie soit modifiée, — sans cesser d'appartenir pour autant à ce même discours; et ce qu'il dessine aussi, c'est le système de règles qui a dû être mis en œuvre pour qu'un changement dans d'autres discours (dans d'autres pratiques, dans les institutions, les rapports sociaux, les processus économiques) puisse se transcrire à l'intérieur d'un discours donné, constituant ainsi un nouvel objet, suscitant une nouvelle stratégie, donnant lieu à de nouvelles énonciations ou de nouveaux concepts. Une formation discursive ne joue donc pas le rôle d'une figure qui arrête le temps et le gèle pour des décennies ou des siècles; elle détermine une régularité propre à des processus temporels; elle pose le principe d'articulation entre une série d'événements discursifs et d'autres séries d'événements, de transformations, de mutations et de processus. Non point forme intemporelle, mais schème de correspondance entre plusieurs séries temporelles.

Cette mobilité du système de formation se donne de deux façons. Au niveau d'abord des éléments qui sont mis en relation : ceux-ci en effet peuvent subir un certain nombre de mutations intrinsèques qui sont intégrées à la pratique discursive sans que soit altérée la forme générale de sa régularité ; ainsi, tout au long du XIXe siècle, la jurisprudence criminelle, la pression démographique, la demande de main-d'œuvre, les formes de l'assistance, le statut et les conditions juridiques de l'internement n'ont pas cessé de se modifier ; pourtant la pratique discursive de la psychiatrie a continué à établir entre ces éléments un même ensemble de relations ; de sorte que le système a conservé les caractères de son individualité ; à travers les mêmes lois de formation, de nouveaux objets apparaissent (de nouveaux types d'individus, de nouvelles classes de comportement sont caractérisés comme pathologiques), de nouvelles modalités d'énonciation sont mises en œuvre (notations quantitatives et calculs statistiques), de nouveaux concepts sont dessinés (comme ceux de dégénérescence, de perversité, de névrose) et bien sûr de nouveaux édifices théoriques peuvent être bâtis. Mais inversement, les pratiques discursives modifient les domaines qu'elles mettent en relation. Elles ont beau instaurer des rapports spécifiques qui ne peuvent être analysés qu'à leur propre niveau, ces rapports ne prennent pas leurs effets dans le seul discours : ils s'inscrivent aussi dans les éléments qu'ils articulent les uns sur les autres. Le champ hospitalier par exemple n'est pas resté immuable, une fois que par le discours clinique il a été mis en relation avec le laboratoire : son ordonnancement, le statut qu'y reçoit le médecin, la fonction de son regard, le niveau d'analyse qu'on peut y effectuer se sont trouvés nécessairement modifiés.

3. Ce qu'on décrit comme des « systèmes de formation » ne constitue pas l'étage terminal des discours, si

par ce terme on entend les textes (ou les paroles) tels qu'ils se donnent avec leur vocabulaire, leur syntaxe, leur structure logique ou leur organisation rhétorique. L'analyse reste en deçà de ce niveau manifeste, qui est celui de la construction achevée : en définissant le principe de distribution des objets dans un discours, elle ne rend pas compte de toutes leurs connexions, de leur structure fine, ni de leurs subdivisions internes; en cherchant la loi de dispersion des concepts, elle ne rend pas compte de tous les processus d'élaboration, ni de toutes les chaînes déductives dans lesquelles ils peuvent figurer; si elle étudie les modalités d'énonciation, elle ne met en question ni le style ni l'enchaînement des phrases; bref, elle laisse en pointillé la mise en place finale du *texte*. Mais il faut bien s'entendre : si elle demeure en retrait par rapport à cette construction dernière, ce n'est pas pour se détourner du discours et faire appel au travail muet de la pensée; ce n'est pas non plus pour se détourner du systématique et mettre au jour le désordre « vivant » des essais, des tentatives, des erreurs et des recommencements.

En cela, l'analyse des formations discursives s'oppose à beaucoup de descriptions habituelles. On a coutume en effet de considérer que les discours et leur ordonnance systématique ne sont que l'état ultime, le résultat en dernière instance d'une élaboration longtemps sinueuse où sont en jeu la langue et la pensée, l'expérience empirique et les catégories, le vécu et les nécessités idéales, la contingence des événements et le jeu des contraintes formelles. Derrière la façade visible du système, on suppose la riche incertitude du désordre; et sous la mince surface du discours, toute la masse d'un devenir pour une part silencieux : un « présystématique » qui n'est pas de l'ordre du système; un « prédiscursif » qui relève d'un essentiel mutisme. Discours et système ne se produiraient — et conjointement — qu'à la crête de cette immense réserve. Or ce qui est analysé ici, ce ne sont certes point les états terminaux du discours; mais ce sont des systèmes qui rendent possibles les formes systématiques dernières; ce sont des *régularités préter-*

minales par rapport auxquelles l'état ultime, loin de constituer le lieu de naissance du système, se définit plutôt par ses variantes. Derrière le système achevé, ce que découvre l'analyse des formations, ce n'est pas, bouillonnante, la vie elle-même, la vie non encore capturée; c'est une épaisseur immense de systématicités, un ensemble serré de relations multiples. Et de plus, ces relations ont beau n'être pas la trame même du texte, elles ne sont pas par nature étrangères au discours. On peut bien les qualifier de « prédiscursives », mais à condition d'admettre que ce prédiscursif est encore du discursif, c'est-à-dire qu'elles ne spécifient pas une pensée, ou une conscience ou un ensemble de représentations qui seraient, après coup et d'une façon jamais tout à fait nécessaire, transcrits dans un discours, mais qu'elles caractérisent certains niveaux du discours, qu'elles définissent des règles qu'il actualise en tant que pratique singulière. On ne cherche donc pas à passer du texte à la pensée, du bavardage au silence, de l'extérieur à l'intérieur, de la dispersion spatiale au pur recueillement de l'instant, de la multiplicité superficielle à l'unité profonde. On demeure dans la dimension du discours.

III

L'ÉNONCÉ ET L'ARCHIVE

I

Définir l'énoncé

Je suppose maintenant qu'on a accepté le risque; qu'on a bien voulu supposer, pour articuler la grande surface des discours, ces figures un peu étranges, un peu lointaines que j'ai appelées formations discursives; qu'on a mis de côté, non point de façon définitive mais pour un temps et par souci de méthode, les unités traditionnelles du livre et de l'œuvre; qu'on cesse de prendre comme principe d'unité les lois de construction du discours (avec l'organisation formelle qui en résulte), ou la situation du sujet parlant (avec le contexte et le noyau psychologique qui la caractérisent); qu'on ne rapporte plus le discours au sol premier d'une expérience ni à l'instance *a priori* d'une connaissance; mais qu'on l'interroge en lui-même sur les règles de sa formation. Je suppose qu'on accepte d'entreprendre ces longues enquêtes sur le système d'émergence des objets, d'apparition et de distribution des modes énonciatifs, de mise en place et de dispersion des concepts, de déploiement des choix stratégiques. Je suppose qu'on veuille bien construire des unités aussi abstraites et aussi problématiques, au lieu d'accueillir celles qui étaient données sinon à une indubitable évidence, du moins à une familiarité quasi perceptive.

Mais, au fait, de quoi ai-je parlé jusqu'ici? Quel a été l'objet de mon enquête? Et il était dans mon propos de décrire quoi? Des « énoncés » — à la fois dans cette discontinuité qui les libère de toutes les formes où, si facilement, on acceptait qu'ils soient pris, et dans le champ général, illimité, apparemment sans forme, du discours. Or, de définition préliminaire de l'énoncé, je me suis gardé d'en donner. Je n'ai pas essayé d'en construire une à mesure que j'avançais, pour donner une justification à la naïveté de mon point de départ. Bien plus — et c'est là sans doute la sanction de tant d'insouciance — je me demande si en cours de route je n'ai pas changé d'orientation ; si je n'ai pas substitué à l'horizon premier une autre recherche ; si, analysant des « objets » ou des « concepts », à plus forte raison des « stratégies », c'est bien encore des énoncés que je parlais ; si les quatre ensembles de règles par quoi je caractérisais une formation discursive définissent bien des groupes d'énoncés. Enfin au lieu de resserrer peu à peu la signification si flottante du mot « discours », je crois bien en avoir multiplié les sens : tantôt domaine général de tous les énoncés, tantôt groupe individualisable d'énoncés, tantôt pratique réglée rendant compte d'un certain nombre d'énoncés ; et ce même mot de discours qui aurait dû servir de limite et comme d'enveloppe au terme d'énoncé, ne l'ai-je pas fait varier à mesure que je déplaçais mon analyse ou son point d'application, à mesure que je perdais de vue l'énoncé lui-même ?

Voici donc la tâche de maintenant : reprendre à sa racine la définition de l'énoncé. Et voir si elle est bien effectivement mise en œuvre dans les descriptions qui précèdent ; voir si c'est bien de l'énoncé qu'il s'agit dans l'analyse des formations discursives.

A plusieurs reprises, j'ai utilisé le terme d'énoncé, soit pour parler (comme s'il s'agissait d'individus ou d'événements singuliers) d'une « population d'énoncés », soit pour l'opposer (comme la partie se distingue du tout) à ces ensembles qui seraient les « discours ». Au premier regard l'énoncé apparaît comme un élément dernier, indécomposable, susceptible d'être isolé en lui-même et capable d'entrer dans un jeu de relations avec d'autres éléments semblables à lui. Point sans surface mais qui peut être repéré dans des plans de répartition et dans des formes spécifiques de groupements. Grain qui apparaît à la surface d'un tissu dont il est l'élément constituant. Atome du discours.

Et aussitôt le problème se pose : si l'énoncé est bien l'unité élémentaire du discours, en quoi consiste-t-il? Quels sont ses traits distinctifs? Quelles limites doit-on lui reconnaître? Cette unité est-elle ou non identique à celle que les logiciens ont désignée par le terme de proposition, à celle que les grammairiens caractérisent comme phrase, ou à celle encore que les « analystes » essaient de repérer sous le titre de *speech act?* Quelle place occupe-t-elle parmi toutes ces unités que l'investigation du langage a déjà mises au jour, mais dont la théorie est bien souvent loin d'être achevée tant les problèmes qu'elles posent sont difficiles, tant il est malaisé dans beaucoup de cas de les délimiter d'une façon rigoureuse?

Je ne pense pas que la condition nécessaire et suffisante pour qu'il y ait énoncé soit la présence d'une structure propositionnelle définie, et qu'on puisse parler d'énoncé toutes les fois qu'il y a proposition et dans ce cas seulement. On peut en effet avoir deux énoncés parfaitement distincts, relevant de groupements discursifs bien différents, là où on ne trouve qu'une proposition, susceptible d'une seule et même valeur, obéissant à un seul et même ensemble de lois de construction, et comportant les mêmes possibilités d'utilisation. « Personne n'a entendu » et « Il est vrai que personne n'a entendu » sont indiscernables du point de vue logique et ne peuvent pas être considérées comme deux propositions différentes. Or en tant qu'énoncés, ces deux formulations ne sont pas équivalentes ni interchangeables. Elles ne peuvent pas se trouver à la même place dans le plan du discours, ni appartenir exactement au même groupe d'énoncés. Si on trouve la formule « Personne n'a entendu » à la première ligne d'un roman, on sait, jusqu'à nouvel ordre, qu'il s'agit d'une constatation faite soit par l'auteur, soit par un personnage (à haute voix ou sous forme d'un monologue intérieur); si on trouve la seconde formulation « Il est vrai que personne n'a entendu », on ne peut être alors que dans un jeu d'énoncés constituant un monologue intérieur, une discussion muette, une contestation avec soi-même, ou un fragment de dialogue, un ensemble de questions et de réponses. Ici et là, même structure propositionnelle, mais caractères énonciatifs bien distincts. Il peut y avoir en revanche des formes propositionnelles complexes et redoublées, ou au contraire des propositions fragmentaires et inachevées, là où manifestement on a affaire à un énoncé simple, complet et autonome (même s'il fait partie de tout un ensemble d'autres énoncés) : on connaît l'exemple « L'actuel roi de France est chauve » (qui ne peut être analysé du point de vue logique que si on reconnaît, sous les espèces d'un énoncé unique, deux propositions distinctes, susceptibles chacune d'être vraie ou fausse pour son propre compte), ou encore l'exemple d'une proposition comme « Je mens » qui ne peut avoir de vérité que dans son rapport à une assertion de niveau inférieur. Les critères qui permettent de définir l'identité d'une proposition, d'en distinguer plusieurs sous l'unité d'une formulation, de caractériser son autonomie ou sa complétude ne valent pas pour décrire l'unité singulière d'un énoncé.

Et la phrase? Ne faut-il pas admettre une équivalence entre phrase et énoncé? Partout où il y a une phrase grammaticalement isolable, on peut reconnaître l'existence d'un énoncé indépendant; mais en revanche, on ne peut plus parler d'énoncé lorsque au-dessous de la phrase elle-même, on accède au niveau de ses constituants. Il ne servirait à rien d'objecter, contre cette équivalence, que certains énoncés peuvent être composés, en dehors de la forme canonique sujet-copule-prédicat, d'un simple syntagme nominal (« Cet homme! ») ou d'un adverbe (« Parfaitement »), ou d'un pronom personnel (« Vous! »). Car les grammairiens eux-mêmes reconnaissent dans de pareilles formulations des phrases indépendantes, même si elles ont été obtenues par une série de transformations à partir du schéma sujet-prédicat. Bien plus : ils accordent le statut de phrases « acceptables » à des ensembles d'éléments linguistiques qui n'ont pas été correctement construits, pourvu qu'ils soient interprétables; ils accordent en revanche le statut de phrases grammaticales à des ensembles interprétables à condition toutefois qu'ils aient été correctement formés. Avec une définition si large — et, en un sens, si laxiste — de la phrase, on voit mal comment reconnaître des phrases qui ne seraient pas des énoncés, ou des énoncés qui ne seraient pas des phrases.

Pourtant l'équivalence est loin d'être totale; et il est relativement facile de citer des énoncés qui ne correspondent pas à la structure linguistique des phrases. Quand on trouve dans une grammaire latine une série de mots disposés en colonne : *amo*, *amas*, *amat*, on n'a pas affaire à une phrase, mais à l'énoncé des différentes flexions personnelles de l'indicatif présent du verbe *amare*. Peut-être trouvera-t-on l'exemple discutable; peut-être dira-t-on qu'il s'agit là d'un simple artifice de présentation, que cet énoncé est une phrase elliptique, abrégée, spatialisée sur un mode relativement inhabituel, et qu'il faut le lire comme la phrase « Le présent de l'indicatif du verbe *amare* est *amo* pour la première personne », etc. D'autres exemples, en tout cas, sont moins ambigus : un tableau classificatoire des espèces botaniques est constitué d'énoncés, il n'est pas fait de phrases (les *Genera Plantarum* de Linné sont un livre entier d'énoncés, où on ne peut reconnaître qu'un nombre restreint de phrases); un arbre généalogique, un livre comptable, les estimations d'une balance commerciale sont des énoncés : où sont les phrases? On peut aller plus loin : une équation du $n^{ième}$ degré, ou la formule algébrique de la loi de la réfraction doivent être considérées comme des énoncés : et si elles possèdent une grammaticalité fort rigoureuse (puisqu'elles sont composées de symboles dont le sens est déterminé par des règles d'usage et la succession régie par des lois de construction), il ne s'agit pas des mêmes critères qui permettent, dans une langue naturelle, de définir une phrase acceptable ou interprétable. Enfin un graphique, une courbe de croissance, une pyramide d'âges, un nuage de répartition forment des énoncés : quant aux phrases dont ils peuvent être accompagnés, elles en sont l'interprétation ou le commentaire; elles n'en sont pas l'équivalent : la preuve en est que dans bien des cas, seul un nombre infini de phrases pourrait équivaloir à tous les éléments qui sont explicitement formulés dans cette sorte d'énoncés. Il ne semble donc pas possible, au total, de définir un énoncé par les caractères grammaticaux de la phrase.

Demeure une dernière possibilité : au premier regard, la plus vraisemblable de toutes. Ne peut-on pas dire qu'il y a énoncé partout où on peut reconnaître et isoler un acte de formulation, — quelque chose comme ce « *speech act* », cet acte « illocutoire » dont parlent les analystes anglais? Il est entendu que par là on ne vise pas l'acte matériel qui consiste à parler (à voix haute ou basse) et à écrire (à la main ou à la machine); on ne vise pas non plus l'intention de l'individu qui est en train de parler (le fait qu'il veuille convaincre, qu'il désire être obéi, qu'il cherche à découvrir la solution d'un problème, ou qu'il souhaite donner de ses nouvelles); on ne désigne pas non plus par là le résultat éventuel de ce qu'il a dit (s'il a convaincu ou suscité la méfiance; si on l'a écouté et si ses ordres ont été accomplis; si sa prière a été entendue); on décrit l'opération qui a été effectuée par la formule elle-même, dans son émergence : promesse, ordre, décret, contrat, engagement, constatation. L'acte illocutoire, ce n'est pas ce qui s'est déroulé avant le moment même de l'énoncé (dans la pensée de l'auteur ou dans le jeu de ses intentions); ce n'est point ce qui a pu se produire, après l'énoncé lui-même, dans le sillage qu'il a laissé derrière lui, et les conséquences qu'il a provoquées; mais bien ce qui s'est produit par le fait même qu'il y a eu énoncé — et cet énoncé précisément (nul autre que lui) dans des circonstances bien déterminées. On peut donc supposer que l'individualisation des énoncés relève des mêmes critères que le repérage des actes de formulation : chaque acte prendrait corps dans un énoncé et chaque énoncé serait, de l'intérieur, habité par l'un de ces actes. Ils existeraient l'un par l'autre, et dans une exacte réciprocité.

Une telle corrélation, pourtant, ne résiste pas à l'examen. C'est qu'il faut souvent plus d'un énoncé pour effectuer un « *speech act* » : serment, prière, contrat, promesse, démonstration, demandent la plupart du temps un certain nombre de formules distinctes ou de phrases séparées : il serait difficile de contester à chacune d'elles le statut d'énoncé sous prétexte qu'elles sont toutes traversées par un seul et même acte illocutoire. On dira peut-être que, dans ce cas, l'acte lui-même ne demeure pas unique tout au long de la série des énoncés; qu'il y a dans une prière autant d'actes de prière limités, successifs et juxtaposés que de demandes formulées par des énoncés distincts; et qu'il y a dans une promesse autant d'engagements que de séquences individualisables en énoncés séparés. De cette réponse, pourtant, on ne saurait se satisfaire : d'abord parce que l'acte de formulation ne servirait plus à définir l'énoncé, mais devrait être, au contraire, défini par celui-ci — qui justement fait problème et demande des critères d'individualisation. En outre, certains actes illocutoires ne peuvent être considérés comme achevés en leur unité singulière que si plusieurs énoncés ont été articulés, chacun à la place qui lui convient. Ces actes sont donc constitués par la série ou la somme de ces énoncés, par leur nécessaire juxtaposition; on ne peut pas considérer qu'ils sont tout entiers présents dans le moindre d'entre eux, et qu'avec chacun ils se renouvellent. Là non plus, on ne saurait établir une relation bi-univoque entre l'ensemble des énoncés et celui des actes illocutoires.

Lorsqu'on veut individualiser les énoncés, on ne peut donc admettre sans réserve aucun des modèles empruntés à la grammaire, à la logique, ou à l' « Analyse ». Dans les trois cas, on s'aperçoit que les critères proposés sont trop nombreux et trop lourds, qu'ils ne laissent pas à l'énoncé toute son extension, et que si parfois l'énoncé prend bien les formes décrites et s'y ajuste exactement, il arrive aussi qu'il ne leur obéisse pas : on trouve des énoncés sans structure propositionnelle légitime; on trouve des énoncés là où on ne peut pas reconnaître de phrase; on trouve plus d'énoncés qu'on ne peut isoler de « *speech acts* ». Comme si l'énoncé était plus ténu, moins chargé de déterminations, moins fortement structuré, plus omniprésent aussi que toutes ces figures; comme si ses caractères étaient en nombre moindre, et moins difficiles à réunir; mais comme si, par là même, il récusait toute possibilité de description. Et ceci d'autant plus qu'on voit mal à quel niveau le situer, ni par quelle méthode l'aborder : pour toutes les analyses qu'on vient d'évoquer, il n'est jamais que support, ou substance accidentelle : dans l'analyse logique, il est ce qui « reste » lorsqu'on a extrait et défini la structure de proposition; pour l'analyse grammaticale, il est la série d'éléments linguistiques dans laquelle on peut reconnaître ou non la forme d'une phrase; pour l'analyse des actes de langage, il apparaît comme le corps visible dans lequel ils se manifestent. Par rapport à toutes ces approches descriptives, il joue le rôle d'un élément résiduel, de fait pur et simple, de matériau non pertinent.

Faut-il admettre finalement que l'énoncé ne peut pas avoir de caractère propre et qu'il n'est pas susceptible de définition adéquate, dans la mesure où il est, pour toutes les analyses du langage, la matière extrinsèque à partir de laquelle elles déterminaient l'objet qui est le leur? Faut-il admettre que n'importe quelle série de signes, de figures, de graphismes ou de traces — quelle qu'en soit l'organisation ou la probabilité — suffit à constituer un énoncé; et que c'est à la grammaire de dire s'il s'agit ou non d'une phrase, à la logique de définir si elle comporte ou non une forme propositionnelle, à l'Analyse de préciser quel est l'acte de langage qui peut la traverser? Dans ce cas il faudrait admettre qu'il y a énoncé dès qu'il y a plusieurs signes juxtaposés — et pourquoi pas peut-être? — dès qu'il y en a un et un seul. Le seuil de l'énoncé serait le seuil de l'existence des signes. Pourtant, là encore, les choses ne sont pas aussi simples et le sens qu'il faut donner à une expression comme « l'existence des signes » demande à être élucidé. Que veut-on dire lorsqu'on dit qu'il y a des signes, et qu'il suffit qu'*il y ait* des signes pour qu'*il y ait* énoncé? Quel statut singulier donner à cet « il y a »?

Car il est évident que les énoncés n'existent pas au sens où une langue existe et, avec elle, un ensemble de signes définis par leurs traits oppositionnels et leurs règles d'utilisation; la langue en effet n'est jamais donnée en elle-même et dans sa totalité; elle ne pourrait l'être que d'une façon seconde et par le biais d'une description qui la prendrait pour objet; les signes qui en constituent les éléments sont des formes qui s'imposent aux énoncés et qui les régissent de l'intérieur. S'il n'y avait pas d'énoncés, la langue n'existerait pas; mais aucun énoncé n'est indispensable pour que la langue existe (et on peut toujours supposer, à la place de n'importe quel énoncé, un autre énoncé qui ne modifierait pas la langue pour autant). La langue n'existe qu'à titre de système de construction pour des énoncés possibles; mais d'un autre côté, elle n'existe qu'à titre de description (plus ou moins exhaustive) obtenue sur un ensemble d'énoncés réels. Langue et énoncé ne sont pas au même niveau d'existence; et on ne peut pas dire qu'il y a des énoncés, comme on dit qu'il y a des langues. Mais suffit-il alors que les signes d'une langue constituent un énoncé, s'ils ont été produits (articulés, dessinés, fabriqués, tracés) d'une manière ou d'une autre, s'ils sont apparus en un moment du temps et en un point de l'espace, si la voix qui les a prononcés ou le geste qui les a façonnés leur ont donné les dimensions d'une existence matérielle? Est-ce que les lettres de l'alphabet écrites par moi au hasard sur une feuille de papier, comme exemple de ce qui n'est pas un énoncé, est-ce que les caractères de plomb qu'on utilise pour imprimer les livres — et on ne peut nier leur matérialité qui a espace et volume —, est-ce que ces signes, étalés, visibles, manipulables, peuvent être raisonnablement considérés comme des énoncés?

A regarder d'un peu plus près pourtant, ces deux exemples (des caractères de plomb et des signes tracés par moi) ne sont pas tout à fait superposables. Cette poignée de caractères d'imprimerie que je peux tenir dans la main, ou encore les lettres qui sont indiquées sur le clavier d'une machine à écrire ne constituent pas des énoncés : ce sont tout au plus des instruments avec lesquels on pourra écrire des énoncés. En revanche, ces lettres que je trace au hasard sur une feuille de papier, comme elles me viennent à l'esprit et pour montrer qu'elles ne peuvent pas, dans leur désordre, constituer un énoncé, que sont-elles, quelle figure forment-elles? Sinon un tableau de lettres choisies de manière contingente, l'énoncé d'une série alphabétique n'ayant d'autres lois que l'aléa? De la même façon, la table des nombres au hasard qu'il arrive aux statisticiens d'utiliser, c'est une suite de symboles numériques qui ne sont reliés entre eux par aucune structure de syntaxe; elle est pourtant un énoncé : celui d'un ensemble de chiffres obtenus par des procédés éliminant tout ce qui pourrait faire croître la probabilité des issues successives. Resserrons encore l'exemple : le clavier d'une machine à écrire n'est pas un énoncé; mais cette même série de lettres A, Z, E, R, T, énumérée dans un manuel de dactylographie, est l'énoncé de l'ordre alphabétique adopté par les machines françaises. Nous voici donc en présence d'un certain nombre de conséquences négatives : une construction linguistique régulière n'est pas requise pour former un énoncé (celui-ci peut être constitué d'une série à probabilité minimale); mais il ne suffit pas non plus de n'importe quelle effectuation matérielle d'éléments linguistiques, il ne suffit pas de n'importe quelle émergence de signes dans le temps et l'espace, pour qu'un énoncé apparaisse et se mette à exister. L'énoncé n'existe donc ni sur le même mode que la langue (bien qu'il soit composé de signes qui ne sont définissables, en leur individualité, qu'à l'intérieur d'un système linguistique naturel ou artificiel), ni sur le même mode que des objets quelconques donnés à la perception (bien qu'il soit toujours doté d'une certaine matérialité et qu'on puisse toujours le situer selon des coordonnées spatio-temporelles).

Il n'est pas encore temps de donner réponse à la question générale de l'énoncé, mais on peut désormais cerner le problème : l'énoncé n'est pas une unité du même genre que la phrase, la proposition, ou l'acte de langage; il ne relève donc pas des mêmes critères; mais ce n'est pas non plus une unité comme pourrait l'être un objet matériel ayant ses limites et son indépendance. Il est, dans son mode d'être singulier (ni tout à fait linguistique, ni exclusivement matériel), indispensable pour qu'on puisse dire s'il y a ou non phrase, proposition, acte de langage; et pour qu'on puisse dire si la phrase est correcte (ou acceptable, ou interprétable), si la proposition est légitime et bien formée, si l'acte est conforme aux requisits et s'il a été bel et bien effectué. Il ne faut pas chercher dans l'énoncé une unité longue ou brève, fortement ou faiblement structurée, mais prise comme les autres dans un nexus logique, grammatical ou locutoire. Plutôt qu'un élément parmi d'autres, plutôt qu'une découpe repérable à un certain niveau d'analyse, il s'agit plutôt d'une fonction qui s'exerce verticalement par rapport à ces diverses unités, et qui permet de dire, à propos d'une série de signes, si elles y sont présentes ou non. L'énoncé, ce n'est donc pas une structure (c'est-à-dire un ensemble de relations entre des éléments variables, autorisant ainsi un nombre peut-être infini de modèles concrets); c'est une fonction d'existence qui appartient en propre aux signes et à partir de laquelle on peut décider, ensuite, par l'analyse ou l'intuition, s'ils « font sens » ou non, selon quelle règle ils se succèdent ou se juxtaposent, de quoi ils sont signe, et quelle sorte d'acte se trouve effectué par leur formulation (orale ou écrite). Il ne faut donc pas s'étonner si on n'a pas pu trouver pour l'énoncé des critères structuraux d'unité; c'est qu'il n'est point en lui-même une unité, mais une fonction qui croise un domaine de structures et d'unités possibles et qui les fait apparaître, avec des contenus concrets, dans le temps et l'espace.

C'est cette fonction qu'il faut maintenant décrire comme telle, c'est-à-dire dans son exercice, dans ses conditions, dans les règles qui la contrôlent et le champ où elle s'effectue.

II

La fonction énonciative

L'énoncé, — inutile donc de le chercher du côté des groupements unitaires de signes. Ni syntagme, ni règle de construction, ni forme canonique de succession et de permutation, l'énoncé, c'est ce qui fait exister de tels ensembles de signes, et permet à ces règles ou ces formes de s'actualiser. Mais s'il les fait exister, c'est sur un mode singulier qu'on ne saurait confondre avec l'existence des signes en tant qu'éléments d'une langue, ni non plus avec l'existence matérielle de ces marques qui occupent un fragment et durent un temps plus ou moins long. C'est ce mode singulier d'existence, caractéristique de toute série de signes pourvu qu'elle soit énoncée, qu'il s'agit maintenant d'interroger.

a) Soit derechef l'exemple de ces signes façonnés ou dessinés dans une matérialité définie, et groupés sur un mode, arbitraire ou non, mais qui, de toute façon, n'est pas grammatical. Tel le clavier d'une machine à écrire; telle une poignée de caractères d'imprimerie. Il suffit que les signes ainsi donnés, je les recopie sur une feuille de papier (et dans l'ordre même où ils se succèdent sans produire aucun mot) pour qu'ils constituent un énoncé : énoncé des lettres de l'alphabet dans un ordre qui facilite la frappe, énoncé d'un groupe aléatoire de lettres. Que s'est-il donc passé pour qu'il y ait énoncé? Qu'est-ce que ce second ensemble peut avoir de nouveau par rapport au premier?

La reduplication, le fait qu'il soit une copie? Sans doute pas, puisque les claviers des machines à écrire recopient tous un certain modèle et ne sont pas pour autant des énoncés. L'intervention d'un sujet? Réponse qui serait deux fois insatisfaisante : car il ne suffit pas que la réitération d'une série soit due à l'initiative d'un individu pour qu'elle se transforme, par le fait même, en un énoncé; et que, de toute façon, le problème n'est pas dans la cause ou l'origine de la reduplication, mais dans la relation singulière entre ces deux séries identiques. La seconde série en effet n'est pas un énoncé par le seul fait qu'on peut établir une relation bi-univoque entre chacun de ses éléments de la première série (cette relation caractérise soit le fait de la duplication s'il s'agit d'une pure et simple copie, soit l'exactitude de l'énoncé si on a précisément franchi le seuil de l'énonciation; mais elle ne permet pas de définir ce seuil et le fait même de l'énoncé). Une série de signes deviendra énoncé à condition qu'elle ait à « autre chose » (qui peut lui être étrangement semblable, et quasi identique comme dans l'exemple choisi) un rapport spécifique qui la concerne elle-même, — et non point sa cause, non point ses éléments.

On dira sans doute qu'il n'y a rien d'énigmatique dans ce rapport; qu'il est au contraire bien familier, qu'il n'a cessé d'être analysé : qu'il s'agit du rapport du signifiant au signifié, et du nom à ce qu'il désigne; du rapport de la phrase à son sens; ou du rapport de la proposition à son référent. Or je crois qu'on peut montrer que la relation de l'énoncé à ce qui est énoncé n'est superposable à aucun de ces rapports.

L'énoncé, même s'il est réduit à un syntagme nominal (« Le bateau! »), même s'il est réduit à un nom propre (« Pierre! »), n'a pas le même rapport à ce qu'il énonce que le nom à ce qu'il désigne ou ce qu'il signifie. Le nom est un élément linguistique qui peut occuper différentes places dans des ensembles grammaticaux : son sens est défini par ses règles d'utilisation (qu'il s'agisse des individus qui peuvent être valablement désignés par lui, ou des structures syntaxiques dans lesquelles il peut correctement entrer); un nom se définit par sa possibilité de récurrence. Un énoncé existe en dehors de toute possibilité de réapparaître; et le rapport qu'il entretient avec ce qu'il énonce n'est pas identique à un ensemble de règles d'utilisation. Il s'agit d'un rapport singulier : et si dans ces conditions une formulation identique réapparaît — ce sont bien les mêmes mots qui sont utilisés, ce sont substantiellement les mêmes noms, c'est au total la même phrase, mais ce n'est pas forcément le même énoncé.

Il ne faut pas non plus confondre le rapport entre un énoncé et ce qu'il énonce, avec le rapport entre une proposition et son référent. Les logiciens, on le sait, disent qu'une proposition comme « La montagne d'or est en Californie » ne peut pas être vérifiée parce qu'elle n'a pas de référent : sa négation n'est alors ni plus vraie ni moins vraie que son affirmation. Faudra-t-il dire de la même façon qu'un énoncé ne se rapporte à rien si la proposition, à qui il donne existence, n'a pas de référent? Il faudrait plutôt affirmer l'inverse. Et dire, non pas que l'absence de référent entraîne avec soi l'absence de corrélat pour l'énoncé, mais que c'est le corrélat de l'énoncé — ce à quoi il se rapporte, ce qui est mis en jeu par lui, non seulement ce qui est dit, mais ce dont il parle, son « thème » — qui permet de dire si la proposition a un référent ou pas : c'est lui qui permet d'en décider de façon définitive. Supposons en effet que la formulation « La montagne d'or est en Californie » ne se trouve pas dans un manuel de géographie ni dans un récit de voyage, mais dans un roman, ou dans une fiction quelconque, on pourra lui reconnaître une valeur de vérité ou d'erreur (selon que le monde imaginaire auquel elle se rapporte autorise ou non une pareille fantaisie géologique et géographique). Il faut savoir à quoi se rapporte l'énoncé, quel est son espace de corrélations, pour pouvoir dire si une proposition a, ou non, un référent. « L'actuel roi de France est chauve » ne manque de référent que dans la mesure où on suppose que l'énoncé se rapporte au monde de l'information historique d'aujourd'hui. La relation de la proposition au référent ne peut servir de modèle et de loi au rapport de l'énoncé à ce qu'il énonce. Ce dernier non seulement n'est pas de même niveau qu'elle, mais il apparaît comme lui étant antérieur.

Enfin, il n'est pas non plus superposable au rapport qui peut exister entre une phrase et son sens. L'écart entre ces deux formes de rapport apparaît clairement à propos de ces fameuses phrases qui n'ont pas de sens, malgré leur structure grammaticale parfaitement correcte (comme dans l'exemple : « D'incolores idées vertes dorment furieusement »). En fait, dire qu'une phrase comme celle-ci n'a pas de sens suppose qu'on a exclu déjà un certain nombre de possibilités : on admet qu'il ne s'agit pas du récit d'un rêve, qu'il ne s'agit pas d'un texte poétique, qu'il ne s'agit pas d'un message codé, ou de la parole d'un drogué, mais bien d'un certain type d'énoncé qui doit avoir rapport, sur un mode défini, à une réalité visible. C'est à l'intérieur d'une relation énonciative déterminée et bien stabilisée que le rapport d'une phrase à son sens peut être assigné. De plus ces phrases, même si on les prend au niveau énonciatif où elles n'ont pas de sens, ne sont pas, en tant qu'énoncés, privées de corrélations : celles d'abord qui permettent de dire que, par exemple, des idées ne sont jamais ni colorées ni incolores, donc que la phrase n'a pas de sens (et ces corrélations concernent un plan de réalité où les idées sont invisibles, où les couleurs sont données au regard, etc.); celles d'autre part qui font valoir la phrase en question comme mention d'un type d'organisation syntaxique correcte, mais dépourvue de sens (et ces corrélations concernent le plan de la langue, de ses lois et de ses propriétés). Une phrase a beau être non signifiante, elle se rapporte à quelque chose, en tant qu'elle est un énoncé.

Quant à cette relation qui caractériserait en propre l'énoncé — relation qui semble implicitement supposée par la phrase ou la proposition, et qui leur apparaît comme préalable — comment la définir? Comment la dégager, pour elle-même, de ces rapports de sens ou de ces valeurs de vérité, avec lesquels d'ordinaire on la confond? Un énoncé quel qu'il soit, et aussi simple qu'on l'imagine, n'a pas pour *corrélat* un individu ou objet singulier qui serait désigné par tel mot de la phrase : dans le cas d'un énoncé comme « La montagne d'or est en Californie », le *corrélat* n'est pas cette formation réelle ou imaginaire, possible ou absurde qui est désignée par le syntagme nominal qui fait fonction de sujet. Mais le *corrélat* de l'énoncé n'est pas non plus un état de choses ou une relation susceptible de vérifier la proposition (dans l'exemple choisi, ce serait l'inclusion spatiale d'une certaine montagne dans une région déterminée). En revanche ce qu'on peut définir comme le *corrélat* de l'énoncé, c'est un ensemble de domaines où de tels objets peuvent apparaître et où de telles relations peuvent être assignées : ce sera par exemple un domaine d'objets matériels possédant un certain nombre de propriétés physiques constatables, des relations de grandeur perceptible, — ou au contraire ce sera un domaine d'objets fictifs, dotés de propriétés arbitraires (même si elles ont une certaine constance et une certaine cohérence), sans instance de vérifications expérimentales ou perceptives ; ce sera un domaine de localisations spatiales et géographiques, avec des coordonnées, des distances, des relations de voisinage et d'inclusion — ou au contraire un domaine d'appartenances symboliques et de parentés secrètes ; ce sera un domaine d'objets qui existent dans ce même instant et sur cette même échelle du temps où se formule l'énoncé, ou bien ce sera un domaine d'objets qui appartient à un tout autre présent — celui qui est indiqué et constitué par l'énoncé lui-même, et non pas celui auquel l'énoncé appartient lui aussi. Un énoncé n'a pas en face de lui (et dans une sorte de tête-à-tête) un *corrélat* — ou une absence de *corrélat*, comme une proposition a un référent (ou n'en a pas), comme un nom propre désigne un individu (ou personne). Il est lié plutôt à un « référentiel » qui n'est point constitué de « choses », de « faits », de « réalités », ou d' « êtres », mais de lois de possibilité, de règles d'existence pour les objets qui s'y trouvent nommés, désignés ou décrits, pour les relations qui s'y trouvent affirmées ou niées. Le référentiel de l'énoncé forme le lieu, la condition, le champ d'émergence, l'instance de différenciation des individus ou des objets, des états de choses et des relations qui sont mises en jeu par l'énoncé lui-même; il définit les possibilités d'apparition et de délimitation de ce qui donne à la phrase son sens, à la proposition sa valeur de vérité. C'est cet ensemble qui caractérise le niveau *énonciatif* de la formulation, par opposition à son niveau grammatical et à son niveau logique : par le rapport à ces divers domaines de possibilité, l'énoncé fait d'un syntagme, ou d'une série de symboles, une phrase à laquelle on peut, ou non, assigner un sens, une proposition qui peut recevoir ou non une valeur de vérité.

On voit en tout cas que la description de ce niveau énonciatif ne peut se faire ni par une analyse formelle, ni par une investigation sémantique, ni par une vérification, mais par l'analyse des rapports entre l'énoncé et les espaces de différenciation, où il fait lui-même apparaître les différences.

b) Un énoncé, en outre, se distingue d'une série quelconque d'éléments linguistiques par le fait qu'il entretient avec un sujet un rapport déterminé. Rapport dont il faut préciser la nature et qu'il faut dégager surtout des relations avec lesquelles on pourrait le confondre.

Il ne faut pas en effet réduire le sujet de l'énoncé à ces éléments grammaticaux en première personne qui sont présents à l'intérieur de cette phrase. D'abord parce que le sujet de l'énoncé n'est pas intérieur au syntagme linguistique; ensuite parce qu'un énoncé qui ne comporte pas de première personne a tout de même un sujet; enfin et surtout, tous les énoncés qui ont une forme grammaticale fixée (que ce soit en première ou en seconde personne) n'ont pas un seul et même type de rapport avec le sujet de l'énoncé. On conçoit facilement que cette relation n'est pas la même dans un énoncé du type « Le soir est en train de tomber », et « Tout effet a une cause »; quant à un énoncé du type « Longtemps je me suis couché de bonne heure », le rapport au sujet qui énonce n'est pas le même, si on l'entend articulé au cours d'une conversation, et si on le lit à la première ligne d'un livre qui s'appelle *A la Recherche du temps perdu.*

Ce sujet extérieur à la phrase, n'est-il pas tout simplement cet individu réel qui l'a articulée ou écrite? Point de signes, on le sait, sans quelqu'un pour les proférer, en tout cas sans quelque chose comme un élément émetteur. Pour qu'une série de signes existe il faut bien — selon le système des causalités — un « auteur » ou une instance productrice. Mais cet « auteur » n'est pas identique au sujet de l'énoncé; et le rapport de production qu'il entretient avec la formulation n'est pas superposable au rapport qui unit le sujet énonçant et ce qu'il énonce. Ne prenons pas, parce qu'il serait trop simple, le cas d'un ensemble de signes matériellement façonnés ou tracés : leur production implique bien un auteur, il n'y a pourtant ni énoncé ni sujet de l'énoncé. On pourrait évoquer aussi, pour montrer la dissociation entre l'émetteur de signes et le sujet d'un énoncé, le cas d'un texte lu par une tierce personne, ou de l'acteur récitant son rôle. Mais ce sont des cas limites. D'une façon générale il semble bien, au premier regard du moins, que le sujet de l'énoncé soit précisément celui qui en a produit les différents éléments dans une intention de signification. Pourtant les choses ne sont pas aussi simples. Dans un roman, on sait bien que l'auteur de la formulation est cet individu réel dont le nom figure sur la couverture du livre (encore se pose le problème des éléments dialogués, et des phrases rapportées à la pensée d'un personnage; encore se pose le problème des textes publiés sous un pseudonyme : et on sait toutes les difficultés que ces dédoublements suscitent aux tenants de l'analyse interprétative lorsqu'ils veulent rapporter, tout d'un bloc, ces formulations à l'auteur du texte, à ce qu'il voulait dire, à ce qu'il pensait, bref à ce grand discours muet, inapparent et uniforme sur lequel ils rabattent toute cette pyramide de niveaux différents); mais, en dehors même de ces instances de formulation qui ne sont pas identiques à l'individu-auteur, les énoncés du roman n'ont pas le même sujet selon qu'ils donnent, comme de l'extérieur, les repères historiques et spatiaux de l'histoire racontée, selon qu'ils décrivent les choses comme les verrait un individu anonyme, invisible et neutre magiquement mêlé aux figures de la fiction, ou selon qu'ils donnent, comme par un déchiffrement intérieur et immédiat, la version verbale de ce que, silencieusement, éprouve un personnage. Ces énoncés, bien que l'auteur en soit le même, bien qu'il ne les attribue à personne d'autre qu'à soi, bien qu'il n'invente pas de relais supplémentaire entre ce qu'il est lui-même et le texte qu'on lit, ne supposent pas, pour le sujet énonçant, les mêmes caractères; ils n'impliquent pas le même rapport entre ce sujet et ce qu'il est en train d'énoncer.

On dira peut-être que l'exemple, si souvent cité, du texte romanesque n'a pas de valeur probante; ou plutôt qu'il met en question l'essence même de la littérature, et non pas le statut du sujet des énoncés en général. Ce serait le propre de la littérature que l'auteur s'y absente, s'y cache, s'y délègue ou s'y divise; et de cette dissociation, on ne devrait pas conclure d'une façon universelle que le sujet de l'énoncé est distinct en tout — nature, statut, fonction, identité — de l'auteur de la formulation. Pourtant, ce décalage n'est pas limité à la seule littérature. Il est absolument général dans la mesure où le sujet de l'énoncé est une fonction déterminée, mais qui n'est pas forcément la même d'un énoncé à l'autre; dans la mesure où c'est une fonction vide, pouvant être remplie par des individus, jusqu'à un certain point, indifférents, lorsqu'ils viennent à formuler l'énoncé; dans la mesure encore où un seul et même individu peut occuper tour à tour, dans une série d'énoncés, différentes positions et prendre le rôle de différents sujets. Soit l'exemple d'un traité de mathématiques. Dans la phrase de la préface où on explique pourquoi ce traité a été écrit, dans quelles circonstances, pour répondre à quel problème non résolu, ou à quel souci pédagogique, en utilisant quelles méthodes, après quels tâtonnements et quels échecs, la position de sujet énonciatif ne peut être occupée que par l'auteur ou les auteurs de la formulation : les conditions d'individualisation du sujet sont en effet très strictes, très nombreuses et n'autorisent dans ce cas qu'un seul sujet possible. En revanche si, dans le corps même du traité, on rencontre une proposition comme « Deux quantités égales à une troisième sont égales entre elles », le sujet de l'énoncé, c'est la position absolument neutre, indifférente au temps, à l'espace, aux circonstances, identique dans n'importe quel système linguistique, et dans n'importe quel code d'écriture ou de symbolisation, que peut occuper tout individu pour affirmer une telle proposition. D'autre part, des phrases du type « On a déjà démontré que... » comportent pour pouvoir être énoncées des conditions contextuelles précises qui n'étaient pas impliquées par la formulation précédente : la position est alors fixée à l'intérieur d'un domaine constitué par un ensemble fini d'énoncés; elle est localisée dans une série d'événements énonciatifs qui doivent s'être déjà produits; elle est établie dans un temps démonstratif dont les moments antérieurs ne se perdent jamais, et qui n'ont donc pas besoin d'être recommencés et répétés identiquement pour être rendus à nouveau présents (une mention suffit à les réactiver dans leur validité d'origine); elle est déterminée par l'existence préalable d'un certain nombre d'opérations effectives qui n'ont peut-être pas été faites par un seul et même individu (celui qui parle actuellement), mais qui appartiennent de droit au sujet énonçant, qui sont à sa disposition et qu'il peut remettre en jeu lorsqu'il en a besoin. On définira le sujet d'un tel énoncé par l'ensemble de ces requisits et de ces possibilités; et on ne le décrira pas comme individu qui aurait effectué réellement des opérations, qui vivrait dans un temps sans oubli ni rupture, qui aurait intériorisé, dans l'horizon de sa conscience, tout un ensemble de propositions vraies, et qui en retiendrait, dans le présent vivant de sa pensée, la réapparition virtuelle (ce n'est là tout au plus, chez les individus, que l'aspect psychologique et « vécu » de leur position en tant que sujets énonçants).

De la même façon, on pourrait décrire quelle est la position spécifique du sujet énonçant dans des phrases comme « J'appelle droite tout ensemble de points qui... » ou comme « Soit un ensemble fini d'éléments quelconques »; ici et là la position du sujet est liée à l'existence d'une opération à la fois déterminée et actuelle; ici et là, le sujet de l'énoncé est aussi le sujet de l'opération (celui qui établit la définition est aussi celui qui l'énonce; celui qui pose l'existence est aussi, et dans le même temps, celui qui pose l'énoncé); ici et là enfin, le sujet lie, par cette opération et l'énoncé où elle prend corps, ses énoncés et ses opérations futurs (en tant que sujet énonçant, il accepte cet énoncé comme sa propre loi). Il existe cependant une différence : dans le premier cas, ce qui est énoncé c'est une convention de langage, — de ce langage que doit utiliser le sujet énonçant et à l'intérieur duquel il se définit : le sujet énonçant et ce qui est énoncé sont donc de même niveau (alors que pour une analyse formelle un énoncé comme celui-ci implique la dénivellation propre au méta-langage); dans le second cas au contraire, le sujet énonçant fait exister hors de lui un objet qui appartient à un domaine déjà défini, dont les lois de possibilité ont déjà été articulées et dont les caractères sont antérieurs à l'énonciation qui le pose. On a vu tout à l'heure que la position du sujet énonçant n'est pas toujours identique, lorsqu'il s'agit d'affirmer une proposition vraie; on voit maintenant qu'elle n'est pas non plus la même lorsqu'il s'agit d'effectuer, dans l'énoncé lui-même, une opération.

Il ne faut donc pas concevoir le sujet de l'énoncé comme identique à l'auteur de la formulation. Ni substantiellement, ni fonctionnellement. Il n'est pas en effet cause, origine ou point de départ de ce phénomène qu'est l'articulation écrite ou orale d'une phrase; il n'est point non plus cette visée significative qui, anticipant silencieusement sur les mots, les ordonne comme le corps visible de son intuition; il n'est pas le foyer constant, immobile et identique à soi d'une série d'opérations que les énoncés, à tour de rôle, viendraient manifester à la surface du discours. Il est une place déterminée et vide qui peut être effectivement remplie par des individus différents; mais cette place, au lieu d'être définie une fois pour toutes et de se maintenir telle quelle tout au long d'un texte, d'un livre ou d'une œuvre, varie — ou plutôt elle est assez variable pour pouvoir soit persévérer, identique à elle-même, à travers plusieurs phrases, soit pour se modifier avec chacune. Elle est une dimension qui caractérise toute formulation en tant qu'énoncé. Elle est un des traits qui appartiennent en propre à la fonction énonciative et permettent de la décrire. Si une proposition, une phrase, un ensemble de signes peuvent être dits « énoncés », ce n'est donc pas dans la mesure où il y a eu, un jour, quelqu'un pour les proférer ou pour en déposer quelque part la trace provisoire; c'est dans la mesure où peut être assignée la position du sujet. Décrire une formulation en tant qu'énoncé ne consiste pas à analyser les rapports entre l'auteur et ce qu'il a dit (ou voulu dire, ou dit sans le vouloir), mais à déterminer quelle est la position que peut et doit occuper tout individu pour en être le sujet.

c) Troisième caractère de la fonction énonciative : elle ne peut s'exercer sans l'existence d'un domaine associé. Cela fait de l'énoncé autre chose et plus qu'un pur assemblage de signes qui n'aurait besoin pour exister que d'un support matériel — surface d'inscription, substance sonore, matière façonnable, incision creuse d'une trace. Mais cela le distingue, aussi et surtout, de la phrase et de la proposition.

Soit un ensemble de mots ou de symboles. Pour décider s'ils constituent bien une unité grammaticale comme la phrase ou une unité logique comme la proposition, il est nécessaire et suffisant de déterminer selon quelles règles il a été construit. « Pierre est arrivé hier » forme une phrase, mais non pas « Hier est Pierre arrivé »; A + B = C + D constitue une proposition, mais non pas ABC + = D. Le seul examen des éléments et de leur distribution, en référence au système — naturel ou artificiel — de la langue permet de faire la différence entre ce qui est proposition et ce qui ne l'est pas, entre ce qui est phrase et ce qui est simple accumulation de mots. Bien plus cet examen suffit à déterminer à quel type de structure grammaticale appartient la phrase en question (phrase affirmative, au passé, comportant un sujet nominal, etc.), ou à quel type de proposition répond la série de signes envisagée (une équivalence entre deux additions). A la limite, on peut concevoir une phrase ou une proposition qui se détermine « toute seule », sans aucune autre pour lui servir de contexte, sans aucun ensemble de phrases ou de propositions associées : qu'elles soient, dans ces conditions, inutiles et inutilisables, n'empêche pas qu'on pourrait les reconnaître, même ainsi, dans leur singularité.

Sans doute, on peut faire un certain nombre d'objections. Dire, par exemple, qu'une proposition ne peut être établie et individualisée comme telle qu'à la condition de connaître le système d'axiomes auquel elle obéit : ces définitions, ces règles, ces conventions d'écriture ne forment-elles pas un champ associé qu'on peut séparer de la proposition (de même les règles de la grammaire, implicitement à l'œuvre dans la compétence du sujet, sont nécessaires pour qu'on puisse reconnaître une phrase, et une phrase d'un certain type)? Cependant il faut remarquer que cet ensemble — actuel ou virtuel — n'est pas de même niveau que la proposition ou la phrase : mais qu'il porte sur leurs éléments, leur enchaînement et leur distribution possibles. Il ne leur est pas associé : il est supposé par elle. On pourra objecter aussi que bien des propositions (non tautologiques) ne peuvent pas être vérifiées à partir de leurs seules règles de construction, et que le recours au référent est nécessaire pour décider si elles sont vraies ou fausses : mais vraie ou fausse, une proposition demeure une proposition et ce n'est pas le recours au référent qui décide si elle est ou non une proposition. De même pour les phrases : dans bien des cas, elles ne peuvent produire leur sens que par rapport au contexte (soit qu'elles comportent des éléments « déictiques » qui renvoient à une situation concrète; soit qu'elles fassent usage de pronoms en première ou en seconde personne qui désignent le sujet parlant et ses interlocuteurs; soit qu'elles se servent d'éléments pronominaux ou de particules de liaison qui se réfèrent à des phrases antérieures ou futures); mais que son sens ne puisse être achevé n'empêche pas la phrase d'être grammaticalement complète et autonome. Certes on ne sait pas très bien ce que « veut dire » un ensemble de mots comme « Cela, je vous le dirai demain »; en tout cas, on ne peut ni dater ce lendemain, ni nommer les interlocuteurs, ni deviner ce qui doit être dit. Il n'en reste pas moins qu'il s'agit d'une phrase parfaitement délimitée, conforme aux règles de construction du français. On pourra enfin objecter que, sans contexte, il est parfois difficile de définir la structure d'une phrase (« S'il est mort, je ne le saurai jamais » peut être construit : « Dans le cas où il est mort, j'ignorerai toujours telle chose »; ou bien « Je ne serai jamais averti de sa mort »). Mais il s'agit là d'une ambiguïté qui est parfaitement définissable, dont on peut dénombrer les possibilités simultanées, et qui fait partie de la structure propre de la phrase. D'une façon générale, on peut dire qu'une phrase ou une proposition — même isolée, même coupée du contexte naturel qui l'éclaire, même libérée ou amputée de tous les éléments auxquels, implicitement ou non, elle peut renvoyer — demeure toujours une phrase ou une proposition et il est toujours possible de la reconnaître comme telle.

En revanche, la fonction énonciative — montrant bien par là qu'elle n'est pas pure et simple construction d'éléments préalables — ne peut s'exercer sur une phrase ou une proposition à l'état libre. Il ne suffit pas de dire une phrase, il ne suffit même pas de la dire dans un rapport déterminé à un champ d'objets ou dans un rapport déterminé à un sujet, pour qu'il y ait énoncé — pour qu'il s'agisse d'un énoncé : il faut la mettre en rapport avec tout un champ adjacent. Ou plutôt, car il ne s'agit pas là d'un rapport supplémentaire qui vient se surimprimer aux autres, on ne peut dire une phrase, on ne peut la faire accéder à une existence d'énoncé sans que se trouve mis en œuvre un espace collatéral. Un énoncé a toujours des marges peuplées d'autres énoncés. Ces marges se distinguent de ce qu'on entend d'ordinaire par « contexte » — réel ou verbal — c'est-à-dire de l'ensemble des éléments de situation ou de langage qui motivent une formulation et en déterminent le sens. Et elles s'en distinguent dans la mesure même où elles le rendent possible : le rapport contextuel n'est pas le même entre une phrase et celles qui l'entourent si on a affaire à un roman ou à un traité de physique; il ne sera pas le même entre une formulation et le milieu objectif s'il s'agit d'une conversation ou d'un compte rendu d'expérience. C'est sur fond d'un rapport plus général entre les formulations, sur fond de tout un réseau verbal que l'effet de contexte peut se déterminer. Ces marges ne sont pas identiques non plus aux différents textes, aux différentes phrases que le sujet peut avoir présents à l'esprit lorsqu'il parle; là encore elles sont plus extensives que cet entour psychologique; et jusqu'à un certain point elles le déterminent, car selon la position, le statut et le rôle d'une formulation parmi toutes les autres, — selon qu'elle s'inscrit dans le champ de la littérature ou qu'elle doit se dissiper comme un propos indifférent, selon qu'elle fait partie d'un récit ou qu'elle commande une démonstration — le mode de présence des autres énoncés dans la conscience du sujet ne sera pas le même : ce n'est ni le même niveau, ni la même forme d'expérience linguistique, de mémoire verbale, d'évocation du déjà dit qui sont mis en œuvre ici et là. Le halo psychologique d'une formulation est commandé de loin par la disposition du champ énonciatif.

Le champ associé qui fait d'une phrase ou d'une série de signes un énoncé, et qui leur permet d'avoir un contexte déterminé, un contenu représentatif spécifié, forme une trame complexe. Il est constitué d'abord par la série des autres formulations à l'intérieur desquelles l'énoncé s'inscrit et forme un élément (un jeu de répliques formant une conversation, l'architecture d'une démonstration, bornée par ses prémisses d'une part, sa conclusion de l'autre, la suite des affirmations qui constituent un récit). Il est constitué aussi par l'ensemble des formulations auxquelles l'énoncé se réfère (implicitement ou non) soit pour les répéter, soit pour les modifier ou les adapter, soit pour s'y opposer, soit pour en parler à son tour; il n'y a pas d'énoncé qui d'une manière ou d'une autre n'en réactualise d'autres (éléments rituels dans un récit; propositions déjà admises dans une démonstration; phrases conventionnelles dans une conversation). Il est constitué encore par l'ensemble des formulations dont l'énoncé ménage la possibilité ultérieure, et qui peuvent venir après lui comme sa conséquence, ou sa suite naturelle, ou sa réplique (un ordre n'ouvre pas les mêmes possibilités énonciatives que les propositions d'une axiomatique ou le début d'un récit). Il est constitué enfin par l'ensemble des formulations dont l'énoncé en question partage le statut, parmi lesquelles il prend place sans considération d'ordre linéaire, avec lesquelles il s'effacera, ou avec lesquelles au contraire il sera valorisé, conservé, sacralisé et offert, comme objet possible, à un discours futur (un énoncé n'est pas dissociable du statut qu'il peut recevoir comme « littérature », ou comme propos inessentiel tout juste bon à être oublié, ou comme vérité scientifique acquise pour toujours, ou comme parole prophétique, etc.). D'une façon générale, on peut dire qu'une séquence d'éléments linguistiques n'est un énoncé que si elle est immergée dans un champ énonciatif où elle apparaît alors comme élément singulier.

L'énoncé n'est pas la projection directe sur le plan du langage d'une situation déterminée ou d'un ensemble de représentations. Il n'est pas simplement la mise en œuvre par un sujet parlant d'un certain nombre d'éléments et de règles linguistiques. D'entrée de jeu, dès sa racine, il se découpe dans un champ énonciatif où il a place et statut, qui dispose pour lui des rapports possibles avec le passé et qui lui ouvre un avenir éventuel. Tout énoncé se trouve ainsi spécifié : il n'y a pas d'énoncé en général, d'énoncé libre, neutre et indépendant; mais toujours un énoncé faisant partie d'une série ou d'un ensemble, jouant un rôle au milieu des autres, s'appuyant sur eux et se distinguant d'eux : il s'intègre toujours à un jeu énonciatif, où il a sa part aussi légère, aussi infime qu'elle soit. Alors que la construction grammaticale, pour s'effectuer, n'a besoin que d'éléments et de règles; alors qu'on pourrait concevoir à la limite une langue (artificielle bien sûr) qui ne servirait à construire en tout et pour tout qu'une seule phrase; alors que l'alphabet, les règles de construction et de transformation d'un système formel étant donnés, on peut parfaitement définir la première proposition de ce langage, il n'en est pas de même pour l'énoncé. Il n'y a pas d'énoncé qui n'en suppose d'autres; il n'y en a pas un qui n'ait autour de soi un champ de coexistences, des effets de série et de succession, une distribution de fonctions et de rôles. Si on peut parler d'un énoncé, c'est dans la mesure où une phrase (une proposition) figure en un point défini, avec une position déterminée, dans un jeu énonciatif qui la déborde.

Sur ce fond de la coexistence énonciative se détachent, à un niveau autonome et descriptible les rapports grammaticaux entre des phrases, les rapports logiques entre des propositions, les rapports métalinguistiques entre un langage objet et celui qui en définit les règles, les rapports rhétoriques entre des groupes (ou des éléments) de phrases. Il est loisible, certes, d'analyser tous ces rapports sans qu'on prenne pour thème le champ énonciatif lui-même, c'est-à-dire le domaine de coexistence où s'exerce la fonction énonciative. Mais ils ne peuvent exister et ne sont susceptibles d'une analyse que dans la mesure où ces phrases ont été « énoncées »; en d'autres termes, dans la mesure où elles se déploient dans un champ énonciatif qui leur permet de se succéder, de s'ordonner, de coexister et de jouer un rôle les unes par rapport aux autres. L'énoncé, loin d'être le principe d'individualisation des ensembles signifiants (l' « atome » significatif, le minimum à partir duquel il y a sens), c'est ce qui situe ces unités significatives dans un espace où elles se multiplient et s'accumulent.

d) Enfin, pour qu'une séquence d'éléments linguistiques puisse être considérée et analysée comme un énoncé, il faut qu'elle remplisse une quatrième condition : elle doit avoir une existence matérielle. Pourrait-on parler d'énoncé si une voix ne l'avait pas articulé, si une surface n'en portait pas les signes, s'il n'avait pris corps dans un élément sensible et s'il n'avait laissé trace — ne serait-ce que quelques instants — dans une mémoire ou dans un espace? Pourrait-on parler d'un énoncé comme d'une figure idéale et silencieuse? L'énoncé est toujours donné au travers d'une épaisseur matérielle, même si elle est dissimulée, même si, à peine apparue, elle est condamnée à s'évanouir. Et non seulement l'énoncé a besoin de cette matérialité; mais elle ne lui est pas donnée en supplément, une fois toutes ses déterminations bien fixées : pour une part, elle le constitue. Composée des mêmes mots, chargée exactement du même sens, maintenue dans son identité syntaxique et sémantique, une phrase ne constitue pas le même énoncé, si elle est articulée par quelqu'un au cours d'une conversation, ou imprimée dans un roman; si elle a été écrite un jour, il y a des siècles, et si elle réapparaît maintenant dans une formulation orale. Les coordonnées et le statut matériel de l'énoncé font partie de ses caractères intrinsèques. C'est là une évidence. Ou presque. Car dès qu'on y prête un peu attention, les choses se brouillent et les problèmes se multiplient.

Bien sûr, on est tenté de dire que si l'énoncé est, au moins en partie, caractérisé par son statut matériel, et si son identité est sensible à une modification de ce statut, il en est de même pour les phrases ou les propositions : la matérialité des signes en effet n'est pas tout à fait indifférente à la grammaire ou même à la logique. On sait les problèmes théoriques que pose à celle-ci la constance matérielle des symboles utilisés (comment définir l'identité d'un symbole à travers les différentes substances où il peut prendre corps et les variations de forme qu'il tolère? Comment le reconnaître et assurer qu'il est le même, s'il faut le définir comme « un corps physique concret »?); on sait bien aussi les problèmes que lui pose la notion même d'une suite de symboles (Que veut dire précéder et suivre? Venir « avant » et « après »? En quel espace se situe une pareille ordonnance?). Beaucoup mieux connus encore les rapports de la matérialité et de la langue, — le rôle de l'écriture et de l'alphabet, le fait que ce ne sont ni la même syntaxe, ni le même vocabulaire qui sont mis en œuvre dans un texte écrit et dans une conversation, sur un journal et dans un livre, dans une lettre et sur une affiche; bien plus, il y a des suites de mots qui forment des phrases bien individualisées et parfaitement acceptables, si elles figurent dans les gros titres d'un journal, et qui pourtant, au fil d'une conversation, ne pourraient jamais valoir comme une phrase ayant un sens. Pourtant la matérialité joue dans l'énoncé un rôle beaucoup plus important : elle n'est pas simplement principe de variation, modification des critères de reconnaissance, ou détermination de sous-ensembles linguistiques. Elle est constitutive de l'énoncé lui-même : il faut qu'un énoncé ait une substance, un support, un lieu et une date. Et quand ces requisits se modifient, il change lui-même d'identité. Aussitôt, une foule de questions surgit : Une même phrase répétée à voix haute et à voix même basse, forme-t-elle un seul énoncé, ou plusieurs? Quand on apprend un texte par cœur, chaque récitation donne-t-elle lieu à un énoncé, ou faut-il considérer que c'est le même qui se répète? Une phrase est fidèlement traduite dans une langue étrangère : deux énoncés distincts ou un seul? Et dans une récitation collective — prière ou leçon — combien faut-il compter d'énoncés? A travers ces occurrences multiples, ces répétitions, ces transcriptions comment établir l'identité de l'énoncé?

Le problème est obscurci sans doute de ce qu'on y confond souvent des niveaux différents. Il faut mettre à part, d'abord, la multiplicité des énonciations. On dira qu'il y a énonciation chaque fois qu'un ensemble de signes se trouve émis. Chacune de ces articulations a son individualité spatio-temporelle. Deux personnes peuvent bien dire en même temps la même chose; puisqu'elles sont deux, il y aura deux énonciations distinctes. Un seul et même sujet peut bien répéter plusieurs fois la même phrase; il y aura autant d'énonciations distinctes dans le temps. L'énonciation est un événement qui ne se répète pas; elle a une singularité située et datée qu'on ne peut pas réduire. Cette singularité pourtant laisse passer un certain nombre de constantes : grammaticales, sémantiques, logiques, par lesquelles on peut, en neutralisant le moment de l'énonciation et les coordonnées qui l'individualisent, reconnaître la forme générale d'une phrase, d'une signification, d'une proposition. Le temps et le lieu de l'énonciation, le support matériel qu'elle utilise deviennent alors indifférents au moins pour une grande part : et ce qui se détache, c'est une forme qui est indéfiniment répétable et qui peut donner lieu aux énonciations les plus dispersées. Or l'énoncé lui-même ne peut être réduit à ce pur événement de l'énonciation, car malgré sa matérialité, il peut être répété : on n'aura pas de peine à dire qu'une même phrase prononcée par deux personnes dans des circonstances pourtant un peu différentes ne constitue qu'un énoncé. Et cependant il ne se réduit pas à une forme grammaticale ou logique dans la mesure où, plus qu'elle et sur un mode différent, il est sensible à des différences de matière, de substance, de temps et de lieu. Quelle est donc cette matérialité propre à l'énoncé et qui autorise certains types singuliers de répétition? Comment peut-il se faire qu'on puisse parler du même énoncé là où il y a plusieurs énonciations distinctes, — alors qu'on doit bien parler de plusieurs énoncés là où on peut reconnaître des formes, des structures, des règles de construction, des visées identiques? Quel est donc ce régime de *matérialité répétable* qui caractérise l'énoncé?

Sans doute n'est-ce pas une matérialité sensible, qualitative, donnée sous la forme de la couleur, du son ou de la solidité et quadrillée par le même repérage spatio-temporel que l'espace perceptif. Soit un exemple très simple : un texte reproduit plusieurs fois, les éditions successives d'un livre, mieux encore, les différents exemplaires d'un même tirage ne donnent pas lieu à autant d'énoncés distincts : dans toutes les éditions des *Fleurs du Mal* (sous réserve des variantes et des textes condamnés) on retrouve le même jeu d'énoncés; pourtant ni les caractères, ni l'encre, ni le papier, ni de toute façon la localisation du texte et l'emplacement des signes ne sont les mêmes : tout le grain de la matérialité a changé. Mais ici ces « petites » différences ne sont pas efficaces pour altérer l'identité de l'énoncé et pour en faire surgir un autre : elles sont toutes neutralisées dans l'élément général — matériel, bien sûr, mais également institutionnel et économique — du « livre » : un livre, quel qu'en soit le nombre d'exemplaires ou d'éditions, quelles que soient les substances diverses qu'il peut utiliser, c'est un lieu d'équivalence exacte pour les énoncés, c'est pour eux une instance de répétition sans changement d'identité. On voit sur ce premier exemple que la matérialité de l'énoncé n'est point définie par l'espace occupé ou la date de formulation; mais plutôt par un statut de chose ou d'objet. Statut qui n'est jamais définitif, mais modifiable, relatif et toujours susceptible d'être remis en question : on sait bien par exemple que pour les historiens de la littérature, l'édition d'un livre publié par les soins de l'auteur n'a pas le même statut que les éditions posthumes, que les énoncés y ont une valeur singulière, qu'ils ne sont pas l'une des manifestations d'un seul et même ensemble, qu'ils sont ce par rapport à quoi il y a et il doit y avoir répétition. De la même façon entre le texte d'une Constitution, ou d'un testament, ou d'une révélation religieuse, et tous les manuscrits ou imprimés qui les reproduisent exactement avec la même écriture, dans les mêmes caractères et sur des substances analogues, on ne peut pas dire qu'il y ait équivalence : d'un côté il y a les énoncés eux-mêmes, de l'autre leur reproduction. L'énoncé ne s'identifie pas à un fragment de matière; mais son identité varie avec un régime complexe d'institutions matérielles.

Car un énoncé peut être le même, manuscrit sur une feuille de papier ou publié dans un livre; il peut être le même prononcé oralement, imprimé sur une affiche, reproduit par un magnétophone; en revanche quand un romancier prononce une phrase quelconque dans la vie quotidienne, puis qu'il la replace telle quelle dans le manuscrit qu'il rédige, en l'attribuant à un personnage, ou même en la laissant prononcer par cette voix anonyme qui passe pour celle de l'auteur, on ne peut pas dire qu'il s'agisse dans les deux cas du même énoncé. Le régime de matérialité auquel obéissent nécessairement les énoncés est donc de l'ordre de l'institution plus que de la localisation spatio-temporelle; il définit des *possibilités de réinscription et de transcription* (mais aussi des seuils et des limites) plus que des individualités limitées et périssables.

L'identité d'un énoncé est soumise à un second ensemble de conditions et de limites : celles qui lui sont imposées par l'ensemble des autres énoncés au milieu desquels il figure, par le domaine dans lequel on peut l'utiliser ou l'appliquer, par le rôle ou les fonctions qu'il a à jouer. L'affirmation que la terre est ronde ou que les espèces évoluent ne constitue pas le même énoncé, avant et après Copernic, avant et après Darwin; ce n'est pas, pour des formulations aussi simples, que le sens des mots ait changé; ce qui a été modifié, c'est le rapport de ces affirmations à d'autres propositions, ce sont leurs conditions d'utilisation et de réinvestissement, c'est le champ d'expérience, de vérifications possibles, de problèmes à résoudre auquel on peut les référer. La phrase que « les rêves réalisent les désirs » peut bien être répétée à travers les siècles; elle n'est point le même énoncé chez Platon et chez Freud. Les schèmes d'utilisation, les règles d'emploi, les constellations où ils peuvent jouer un rôle, leurs virtualités stratégiques constituent pour les énoncés un *champ de stabilisation* qui permet, malgré toutes les différences d'énonciation, de les répéter dans leur identité; mais ce même champ peut aussi bien, sous les identités sémantiques, grammaticales ou formelles les plus manifestes, définir un seuil à partir duquel il n'y a plus équivalence et il faut bien reconnaître l'apparition d'un nouvel énoncé. Mais il est possible, sans doute, d'aller plus loin : on peut considérer qu'il n'y a qu'un seul et même énoncé là où pourtant les mots, la syntaxe, la langue elle-même ne sont pas identiques. Soit un discours et sa traduction simultanée; soit un texte scientifique en anglais et sa version française; soit un avis sur trois colonnes en trois langues différentes : il n'y a pas autant d'énoncés que de langues mises en jeu, mais un seul ensemble d'énoncés dans des formes linguistiques différentes. Mieux encore : une information donnée peut être retransmise avec d'autres mots, avec une syntaxe simplifiée, ou dans un code convenu; si le contenu informatif et les possibilités d'utilisation sont les mêmes, on pourra dire que c'est bien ici et là le même énoncé.

Là encore, il ne s'agit pas d'un critère d'individualisation de l'énoncé; mais plutôt de son principe de variation : il est tantôt plus divers que la structure de la phrase (et son identité est alors plus fine, plus fragile, plus facilement modifiable que celle d'un ensemble sémantique ou grammatical), tantôt plus constant que cette structure (et son identité est alors plus large, plus stable, moins accessible aux variations). Bien plus : non seulement cette identité de l'énoncé ne peut pas être une fois pour toutes située par rapport à celle de la phrase, mais elle est elle-même relative et oscille selon l'usage qu'on fait de l'énoncé et la manière dont on le manipule. Quand on utilise un énoncé pour en faire ressortir la structure grammaticale, la configuration rhétorique ou les connotations dont il est porteur, il est évident qu'on ne peut pas le considérer comme identique dans sa langue originale et dans sa traduction. En revanche, si on veut le faire entrer dans une procédure de vérification expérimentale, alors texte et traduction constituent bien le même ensemble énonciatif. Ou encore, à une certaine échelle de la macro-histoire, on peut considérer qu'une affirmation comme « Les espèces évoluent » forme le même énoncé chez Darwin et chez Simpson; à un niveau plus fin et en considérant des champs d'utilisation plus limités (le « néo-darwinisme » par opposition au système darwinien proprement dit), on a affaire à deux énoncés différents. La constance de l'énoncé, le maintien de son identité à travers les événements singuliers des énonciations, ses dédoublements à travers l'identité des formes, tout cela est fonction du *champ d'utilisation* dans lequel il se trouve investi.

On voit que l'énoncé ne doit pas être traité comme un événement qui se serait produit en un temps et en un lieu déterminés, et qu'il serait tout juste possible de rappeler — et de célébrer de loin — dans un acte de mémoire. Mais on voit qu'il n'est pas non plus une forme idéale qu'on peut toujours actualiser dans un corps quelconque, dans un ensemble indifférent et sous des conditions matérielles qui n'importent pas. Trop répétable pour être entièrement solidaire des coordonnées spatio-temporelles de sa naissance (il est autre chose que la date et le lieu de son apparition), trop lié à ce qui l'entoure et le supporte pour être aussi libre qu'une pure forme (il est autre chose qu'une loi de construction portant sur un ensemble d'éléments), il est doté d'une certaine lourdeur modifiable, d'un poids relatif au champ dans lequel il est placé, d'une constance qui permet des utilisations diverses, d'une permanence temporelle qui n'a pas l'inertie d'une simple trace, et qui ne sommeille pas sur son propre passé. Alors qu'une énonciation peut être *recommencée* ou *ré-évoquée*, alors qu'une forme (linguistique ou logique) peut être *réactualisée*, l'énoncé, lui, a en propre de pouvoir être *répété :* mais toujours dans des conditions strictes.

Cette matérialité répétable qui caractérise la fonction énonciative fait apparaître l'énoncé comme un objet spécifique et paradoxal, mais comme un objet tout de même parmi tous ceux que les hommes produisent, manipulent, utilisent, transforment, échangent, combinent, décomposent et recomposent, éventuellement détruisent. Au lieu d'être une chose dite une fois pour toutes — et perdue dans le passé comme la décision d'une bataille, une catastrophe géologique ou la mort d'un roi — l'énoncé, en même temps qu'il surgit dans sa matérialité, apparaît avec un statut, entre dans des réseaux, se place dans des champs d'utilisation, s'offre à des transferts et à des modifications possibles, s'intègre à des opérations et à des stratégies où son identité se maintient ou s'efface. Ainsi l'énoncé circule, sert, se dérobe, permet ou empêche de réaliser un désir, est docile ou rebelle à des intérêts, entre dans l'ordre des contestations et des luttes, devient thème d'appropriation ou de rivalité.

III

La description des énoncés

Le front de l'analyse se trouve considérablement déplacé; j'avais voulu reprendre cette définition de l'énoncé qui avait été, au départ, laissée en suspens. Tout s'était passé et tout avait été dit comme si l'énoncé était une unité facile à établir et dont il s'agissait de décrire les possibilités et les lois de groupement. Or, en revenant sur mes pas, je me suis aperçu que je ne pouvais pas définir l'énoncé comme une unité de type linguistique (supérieure au phonème et au mot, inférieure au texte); mais que j'avais affaire plutôt à une fonction énonciative, mettant en jeu des unités diverses (elles peuvent coïncider parfois avec des phrases, parfois avec des propositions; mais elles sont faites parfois de fragments de phrases, de séries ou de tableaux de signes, d'un jeu de propositions ou de formulations équivalentes); et cette fonction, au lieu de donner un « sens » à ces unités, les met en rapport avec un champ d'objets; au lieu de leur conférer un sujet, leur ouvre un ensemble de positions subjectives possibles; au lieu de fixer leurs limites, les place dans un domaine de coordination et de coexistence; au lieu de déterminer leur identité, les loge dans un espace où elles sont investies, utilisées et répétées. Bref ce qui s'est découvert, ce n'est pas l'énoncé atomique — avec son effet de sens, son origine, ses bornes et son individualité — c'est le champ d'exercice de la fonction énonciative et les conditions selon lesquelles elle fait apparaître des unités diverses (qui peuvent être, mais pas d'une manière nécessaire, d'ordre grammatical ou logique). Mais je me trouve maintenant devant l'obligation de répondre à deux questions : que faut-il entendre désormais par la tâche, initialement proposée, de décrire des énoncés? Comment cette théorie de l'énoncé peut-elle s'ajuster à l'analyse des formations discursives qui avait été esquissée sans elle?

A

1. Premier soin : fixer le vocabulaire. Si on accepte d'appeler *performance verbale*, ou peut-être mieux *performance linguistique*, tout ensemble de signes effectivement produits à partir d'une langue naturelle (ou artificielle), on pourra appeler *formulation* l'acte individuel (ou à la rigueur collectif) qui fait apparaître, sur un matériau quelconque et selon une forme déterminée, ce groupe de signes : la formulation est un événement qui, en droit au moins, est toujours repérable selon des coordonnées spatio-temporelles, qui peut toujours être rapporté à un auteur, et qui éventuellement peut constituer par elle-même un acte spécifique (un acte « performatif », disent les analystes anglais); on appellera *phrase* ou *proposition* les unités que la grammaire ou la logique peuvent reconnaître dans un ensemble de signes : ces unités peuvent toujours être caractérisées par les éléments qui y figurent, et par les règles de construction qui les unissent; par rapport à la phrase et à la proposition, les questions d'origine, de temps et de lieu, et de contexte, ne sont que subsidiaires; la question décisive est celle de leur correction (ne serait-ce que sous la forme de l' « acceptabilité »). On appellera *énoncé* la modalité d'existence propre à cet ensemble de signes : modalité qui lui permet d'être autre chose qu'une série de traces, autre chose qu'une succession de marques sur une substance, autre chose qu'un objet quelconque fabriqué par un être humain; modalité qui lui permet d'être en rapport avec un domaine d'objets, de prescrire une position définie à tout sujet possible, d'être situé parmi d'autres performances verbales, d'être doté enfin d'une

matérialité répétable. Quant au terme de *discours* dont on a ici usé et abusé dans des sens bien différents, on peut maintenant comprendre la raison de son équivoque : de la façon la plus générale et la plus indécise il désignait un ensemble de performances verbales; et par discours, on entendait alors ce qui avait été produit (éventuellement tout ce qui avait été produit) en fait d'ensembles de signes. Mais on entendait aussi un ensemble d'actes de formulation, une série de phrases ou de propositions. Enfin — et c'est ce sens-là qui a été finalement privilégié (avec le premier qui lui sert d'horizon) — le discours est constitué par un ensemble de séquences de signes, en tant qu'elles sont des énoncés, c'est-à-dire en tant qu'on peut leur assigner des modalités d'existence particulières. Et si je parviens à montrer, comme je m'y emploierai tout à l'heure, que la loi d'une pareille série, c'est précisément ce que j'ai appelé jusqu'ici une *formation discursive*, si je parviens à montrer que celle-ci est bien le principe de dispersion et de répartition, non des formulations, non des phrases, non des propositions, mais des énoncés (au sens que j'ai donné à ce mot), le terme de discours pourra être fixé : ensemble des énoncés qui relèvent d'un même système de formation; et c'est ainsi que je pourrai parler du discours clinique, du discours économique, du discours de l'histoire naturelle, du discours psychiatrique.

Je sais bien que ces définitions ne sont pas pour la plupart conformes à l'usage courant : les linguistes ont l'habitude de donner au mot discours un sens tout à fait différent; logiciens et analystes utilisent autrement le terme d'énoncé. Mais je n'entends pas ici transférer à un domaine, qui n'attendrait que cette lumière, un jeu de concepts, une forme d'analyse, une théorie qui auraient été formés ailleurs; je n'entends pas utiliser un modèle en l'appliquant, avec l'efficacité qui lui est propre, à des contenus nouveaux. Non, certes, que je veuille contester la valeur d'un pareil modèle; non pas que je veuille, avant même de l'avoir éprouvé, en limiter la portée, et indiquer impérieusement le seuil qu'il ne devrait pas franchir. Mais je voudrais faire apparaître une possibilité descriptive, esquisser le domaine dont elle est susceptible, définir ses limites et son autonomie. Cette possibilité descriptive s'articule sur d'autres, elle n'en dérive pas.

On voit en particulier que l'analyse des énoncés ne prétend pas être une description totale, exhaustive du « langage », ou de « ce qui a été dit ». Dans toute l'épaisseur impliquée par les performances verbales, elle se situe à un niveau particulier qui doit être dégagé des autres, caractérisé par rapport à eux, et abstrait. En particulier, elle ne prend pas la place d'une analyse logique des propositions, d'une analyse grammaticale des phrases, d'une analyse psychologique ou contextuelle des formulations : elle constitue une autre manière d'attaquer les performances verbales, d'en dissocier la complexité, d'isoler les termes qui s'y entrecroisent et de repérer les diverses régularités auxquelles elles obéissent. En mettant en jeu l'énoncé en face de la phrase ou de la proposition, on n'essaie pas de retrouver une totalité perdue, ni de ressusciter, comme y invitent tant de nostalgies qui ne veulent pas se taire, la plénitude de la parole vivante, la richesse du verbe, l'unité profonde du Logos. L'analyse des énoncés correspond à un niveau spécifié de description.

2. L'énoncé n'est donc pas une unité élémentaire qui viendrait s'ajouter ou se mêler aux unités décrites par la grammaire ou la logique. Il ne peut pas être isolé au même titre qu'une phrase, une proposition ou un acte de formulation. Décrire un énoncé ne revient pas à isoler et à caractériser un segment horizontal; mais à définir les conditions dans lesquelles s'est exercée la fonction qui a donné à une série de signes (celle-ci n'étant pas forcément grammaticale ni logiquement structurée) une existence, et une existence spécifique. Existence qui la fait apparaître comme autre chose qu'une pure trace, mais plutôt comme rapport à un domaine d'objets; comme autre chose que le résultat d'une action ou d'une opération individuelle, mais plutôt comme un jeu de positions possibles pour un sujet; comme autre chose qu'une totalité organique, autonome, fermée sur soi et susceptible à elle seule de

former sens, mais plutôt comme un élément dans un champ de coexistence; comme autre chose qu'un événement passager ou un objet inerte, mais plutôt comme une matérialité répétable. La description des énoncés s'adresse, selon une dimension en quelque sorte verticale, aux conditions d'existence des différents ensembles signifiants. De là un paradoxe : elle n'essaie pas de contourner les performances verbales pour découvrir derrière elles ou au-dessous de leur surface apparente un élément caché, un sens secret qui se terre en elles ou se fait jour à travers elles sans le dire; et pourtant l'énoncé n'est point immédiatement visible; il ne se donne pas d'une façon aussi manifeste qu'une structure grammaticale ou logique (même si celle-ci n'est pas entièrement claire, même si elle est fort difficile à élucider). L'énoncé est à la fois non visible et non caché.

Non caché, par définition, puisqu'il caractérise les modalités d'existence propres à un ensemble de signes effectivement produits. L'analyse énonciative ne peut jamais porter que sur des choses dites, sur des phrases qui ont été réellement prononcées ou écrites, sur des éléments signifiants qui ont été tracés ou articulés — et plus précisément sur cette singularité qui les fait exister, les offre au regard, à la lecture, à une réactivation éventuelle, à mille usages ou transformations possibles, parmi d'autres choses, mais pas comme les autres choses. Elle ne peut concerner que des performances verbales réalisées puisqu'elle les analyse au niveau de leur existence : description des choses dites, en tant précisément qu'elles ont été dites. L'analyse énonciative est donc une analyse historique, mais qui se tient hors de toute interprétation : aux choses dites, elle ne demande pas ce qu'elles cachent, ce qui s'était dit en elles et malgré elles le non-dit qu'elles recouvrent, le foisonnement de pensées, d'images ou de fantasmes qui les habitent; mais au contraire sur quel mode elles existent, ce que c'est pour elles d'avoir été manifestées, d'avoir laissé des traces et peut-être de demeurer là, pour une réutilisation éventuelle; ce que c'est pour elles d'être apparues — et nulle autre à leur place. De ce point de vue, on ne reconnaît pas d'énoncé latent : car ce à quoi on s'adresse, c'est à la patence du langage effectif.

Thèse difficile à soutenir. On sait bien — et peut-être depuis que les hommes parlent — que les choses sont souvent dites les unes pour les autres; qu'une même phrase peut avoir simultanément deux significations différentes; qu'un sens manifeste, reçu sans difficulté par tout le monde, peut en celer un second, ésotérique ou prophétique, qu'un déchiffrement plus subtil ou la seule érosion du temps finiront par découvrir; que sous une formulation visible, une autre peut régner qui la commande, la bouscule, la perturbe, lui impose une articulation qui n'appartient qu'à elle; bref que d'une manière ou d'une autre, les choses dites en disent bien plus qu'elles-mêmes. Mais en fait, ces effets de redoublement ou de dédoublement, ce non-dit qui se trouve dit malgré tout n'affectent pas l'énoncé, tel du moins qu'il a été défini ici. La polysémie — qui autorise l'herméneutique et la découverte d'un autre sens — concerne la phrase, et les champs sémantiques qu'elle met en œuvre : un seul et même ensemble de mots peut donner lieu à plusieurs sens, et à plusieurs constructions possibles; il peut donc y avoir, entrelacées ou alternant, des significations diverses, mais sur un socle énonciatif qui demeure identique. De même la répression d'une performance verbale par une autre, leur substitution ou leur interférence, sont des phénomènes qui appartiennent au niveau de la formulation (même s'ils ont des incidences sur les structures linguistiques ou logiques); mais l'énoncé lui-même n'est point concerné par ce dédoublement ou ce refoulement : puisqu'il est la modalité d'existence de la performance verbale telle qu'elle a été effectuée. L'énoncé ne peut pas être considéré comme le résultat cumulatif ou la cristallisation de plusieurs énoncés flottants, à peine articulés qui se rejettent les uns les autres. L'énoncé n'est pas hanté par la présence secrète du non-dit, des significations cachées, des répressions; au contraire, la manière dont ces éléments cachés fonctionnent et dont ils peuvent être restitués dépend de la modalité énonciative elle-même : on sait bien que le « non-dit », le « réprimé » n'est pas le même — ni dans sa structure ni dans son effet — quand il s'agit d'un énoncé mathématique et d'un énoncé économique, quand il s'agit d'une autobiographie ou du récit d'un rêve.

Cependant à toutes ces modalités diverses du *non-dit* qui peuvent se repérer sur fond du champ énonciatif, il faut sans doute ajouter un *manque*, qui au lieu d'être intérieur serait corrélatif à ce champ et aurait un rôle dans la détermination de son existence même. Il peut en effet y avoir — et il y a sans doute toujours, dans les conditions d'émergence des énoncés, des exclusions, des limites ou des lacunes qui découpent leur référentiel, valident une seule série de modalités, cernent et referment des groupes de coexistence, empêchent certaines formes d'utilisation. Mais il ne faut pas confondre, ni dans son statut ni dans son effet, le manque caractéristique d'une régularité énonciative et les significations celées dans ce qui s'y trouve formulé.

3. Or l'énoncé a beau n'être pas caché, il n'est pas pour autant visible; il ne s'offre pas à la perception, comme le porteur manifeste de ses limites et de ses caractères. Il faut une certaine conversion du regard et de l'attitude pour pouvoir le reconnaître et l'envisager en lui-même. Peut-être est-il ce trop connu qui se dérobe sans cesse; peut-être est-il comme ces transparences familières qui, pour ne rien receler dans leur épaisseur, ne sont pas pour autant données en toute clarté. Le niveau énonciatif s'esquisse dans sa proximité même.

Il y a à cela plusieurs raisons. La première a déjà été dite : l'énoncé n'est pas une unité à côté — en dessus ou en dessous — des phrases ou des propositions; il est toujours investi dans des unités de ce genre, ou même dans des séquences de signes qui n'obéissent pas à leurs lois (et qui peuvent être des listes, des séries au hasard, des tableaux); il caractérise non pas ce qui se donne en elles, ou la manière dont elles sont délimitées, mais le fait même qu'elles sont données, et la manière dont elles le sont. Il a cette quasi-invisibilité du « il y a », qui s'efface en cela même dont on peut dire : « il y a telle ou telle chose ».

Autre raison : c'est que la structure signifiante du

langage renvoie toujours à autre chose; les objets s'y trouvent désignés; le sens y est visé; le sujet y est référé par un certain nombre de signes, même s'il n'y est pas présent en lui-même. Le langage semble toujours peuplé par l'autre, l'ailleurs, le distant, le lointain; il est creusé par l'absence. N'est-il pas le lieu d'apparition d'autre chose que de soi, et en cette fonction, sa propre existence ne semble-t-elle pas se dissiper? Or si on veut décrire le niveau énonciatif, il faut prendre en considération cette existence elle-même; interroger le langage, non pas dans la direction à laquelle il renvoie, mais dans la dimension qui le donne; négliger le pouvoir qu'il a de désigner, de nommer, de montrer, de faire apparaître, d'être le lieu du sens ou de la vérité, et s'attarder en revanche sur le moment — aussitôt solidifié, aussitôt pris dans le jeu du signifiant et du signifié — qui détermine son existence singulière et limitée. Il s'agit de suspendre, dans l'examen du langage, non seulement le point de vue du signifié (on en a l'habitude maintenant) mais celui du signifiant, pour faire apparaître le fait qu'il y a, ici et là, en rapport avec des domaines d'objets et des sujets possibles, en rapport avec d'autres formulations et des réutilisations éventuelles, *du* langage.

Enfin dernière raison de cette quasi-invisibilité de l'énoncé : il est supposé par toutes les autres analyses du langage sans qu'elles aient jamais à le mettre en lumière. Pour que le langage puisse être pris comme objet, décomposé en niveaux distincts, décrit et analysé, il faut qu'il existe un « donné énonciatif » qui sera toujours déterminé et non infini : l'analyse d'une langue s'effectue toujours sur un corpus de paroles et de textes; l'interprétation et la mise au jour des significations implicites reposent toujours sur un groupe délimité de phrases; l'analyse logique d'un système implique dans la réécriture, dans un langage formel, un ensemble donné de propositions. Quant au niveau énonciatif, il se trouve chaque fois neutralisé : soit qu'il se définisse seulement comme un échantillon représentatif qui permet de libérer des structures indéfiniment applicables; soit qu'il s'esquive dans une pure apparence derrière laquelle doit se révéler la vérité d'une autre parole; soit qu'il vaille comme une substance indifférente qui sert de support à des relations formelles. Qu'il soit chaque fois indispensable pour que l'analyse puisse avoir lieu, lui ôte toute pertinence pour l'analyse elle-même. Si on ajoute à cela que toutes ces descriptions ne peuvent s'effectuer qu'en constituant elles-mêmes des ensembles finis d'énoncés, on comprendra à la fois pourquoi le champ énonciatif les entoure de toutes parts, pourquoi elles ne peuvent s'en libérer et pourquoi elles ne peuvent le prendre directement pour thème. Considérer les énoncés en eux-mêmes ne sera pas chercher, au-delà de toutes ces analyses et à un niveau plus profond, un certain secret ou une certaine racine du langage qu'elles auraient omis. C'est essayer de rendre visible, et analysable, cette si proche transparence qui constitue l'élément de leur possibilité.

Ni caché, ni visible, le niveau énonciatif est à la limite du langage : il n'est point, en lui, un ensemble de caractères qui se donneraient, même d'une façon non systématique, à l'expérience immédiate; mais il n'est pas non plus, derrière lui, le reste énigmatique et silencieux qu'il ne traduit pas. Il définit la modalité de son apparition : sa périphérie plutôt que son organisation interne, sa surface plutôt que son contenu. Mais qu'on puisse décrire cette surface énonciative prouve que le « donné » du langage n'est pas le simple déchirement d'un mutisme fondamental; que les mots, les phrases, les significations, les affirmations, les enchaînements de propositions, ne s'adossent pas directement à la nuit première d'un silence; mais que la soudaine apparition d'une phrase, l'éclair du sens, le brusque index de la désignation, surgissent toujours dans le domaine d'exercice d'une fonction énonciative; qu'entre le langage tel qu'on le lit et l'entend, mais aussi déjà tel qu'on le parle, et l'absence de toute formulation, il n'y a pas le grouillement de toutes les choses à peine dites, de toutes les phrases en suspens, de toutes les pensées à demi verbalisées, de ce monologue infini dont seuls émergent quelques fragments; mais avant tout — ou en tout cas avant lui (car il dépend d'elles) — les conditions selon lesquelles s'effectue la fonction énonciative. Cela prouve aussi qu'il est vain de chercher, au-delà des analyses structurales, formelles ou interprétatives du langage, un domaine enfin affranchi de toute positivité où pourraient se déployer la liberté du sujet, le labeur de l'être humain ou l'ouverture d'une destination transcendantale. Il n'y a pas à objecter, contre les méthodes linguistiques ou les analyses logiques : « Que faites-vous — après en avoir tant dit sur ses règles de construction — du langage lui-même, dans la plénitude de son corps vivant? Que faites-vous de cette liberté, ou de ce sens préalable à toute signification, sans lesquels il n'y aurait pas d'individus s'entendant entre eux dans le travail toujours repris du langage? Ignorez-vous que, sitôt franchis les systèmes finis qui rendent possible l'infini du discours, mais qui sont incapables de le fonder et d'en rendre compte, ce qu'on trouve, c'est la marque d'une transcendance, ou c'est l'œuvre de l'être humain? Savez-vous que vous avez seulement décrit quelques caractères d'un langage dont l'émergence et le mode d'être sont, à vos analyses, entièrement irréductibles? » Objections qu'il faut écarter : car s'il est vrai qu'il y a là une dimension qui n'appartient ni à la logique ni à la linguistique, elle n'est pas pour autant la transcendance restaurée, ni le chemin rouvert en direction de l'inaccessible origine, ni la constitution par l'être humain de ses propres significations. Le langage, dans l'instance de son apparition et de son mode d'être, c'est l'énoncé; comme tel, il relève d'une description qui n'est ni transcendantale ni anthropologique. L'analyse énonciative ne prescrit pas aux analyses linguistiques ou logiques la limite à partir de laquelle elles devraient renoncer et reconnaître leur impuissance; elle ne marque pas la ligne qui clôt leur domaine; elle se déploie dans une autre direction, qui les croise. La possibilité d'une analyse énonciative, si elle est établie, doit permettre de lever la butée transcendantale qu'une certaine forme de discours philosophique oppose à toutes les analyses du langage, au nom de l'être de ce langage et du fondement où il devrait prendre origine.

B

Je dois me tourner maintenant vers le second groupe de questions : comment la description des énoncés, ainsi définie, peut-elle s'ajuster à l'analyse des formations discursives, dont j'ai esquissé plus haut les principes? Et inversement : dans quelle mesure peut-on dire que l'analyse des formations discursives est bien une description des énoncés, au sens que je viens de donner à ce mot? A cette interrogation il est important de donner réponse; car c'est en ce point que l'entreprise à laquelle je suis lié, depuis tant d'années, que j'avais développée d'une manière passablement aveugle, mais dont j'essaie maintenant — quitte à la réajuster, quitte à en rectifier bien des erreurs ou bien des imprudences — de ressaisir le profil d'ensemble, doit fermer son cercle. On a pu le voir déjà : je n'essaie pas ici de dire ce que j'ai voulu faire autrefois dans telle ou telle analyse concrète, le projet que j'avais en tête, les obstacles que j'ai rencontrés, les abandons auxquels j'ai été contraint, les résultats plus ou moins satisfaisants que j'ai pu obtenir; je ne décris pas une trajectoire effective pour indiquer ce qu'elle aurait dû être et ce qu'elle sera à partir d'aujourd'hui : j'essaie d'élucider en elle-même — afin d'en prendre les mesures et d'en établir les exigences — une possibilité de description que j'ai utilisée sans en bien connaître les contraintes et les ressources; plutôt que de rechercher ce que j'ai dit, et ce que j'aurais pu dire, je m'efforce de faire apparaître, dans la régularité qui lui est propre et que je maîtrisais mal, ce qui rendait possible ce que je disais. Mais on voit également que je ne développe pas ici une théorie, au sens strict et fort du terme : la déduction, à partir d'un certain nombre d'axiomes, d'un modèle abstrait applicable à un nombre indéfini de descriptions empiriques. D'un tel édifice, s'il est jamais possible, le temps n'est certainement pas venu. Je n'infère pas l'analyse des formations discursives d'une définition des énoncés qui vaudrait comme fondement; je n'infère pas non plus la nature des énoncés de ce que sont les formations discursives, comme on a pu les abstraire de telle ou telle description; mais j'essaie de montrer comment peut s'organiser, sans faille, sans contradiction, sans arbitraire interne, un domaine où sont en question les énoncés, leur principe de groupements, les grandes unités historiques qu'ils peuvent constituer, et les méthodes qui permettent de les décrire. Je ne procède pas par déduction linéaire, mais plutôt par cercles concentriques, et je vais tantôt vers les plus extérieurs tantôt vers les plus intérieurs : parti du problème de la discontinuité dans le discours et de la singularité de l'énoncé (thème central), j'ai cherché à analyser, à la périphérie, certaines formes de groupements énigmatiques; mais les principes d'unification qui me sont alors apparus, et qui ne sont ni grammaticaux, ni logiques, ni psychologiques, et qui par conséquent ne peuvent porter ni sur des phrases, ni sur des propositions, ni sur des représentations, ont exigé que je revienne, vers le centre, à ce problème de l'énoncé; et que j'essaie d'élucider ce qu'il faut entendre par énoncé. Et je considérerai, non pas que j'ai bâti un modèle théorique rigoureux, mais que j'ai libéré un domaine cohérent de description, que j'en ai sinon établi le modèle, du moins ouvert et aménagé la possibilité, si j'ai pu « boucler le cercle », et montrer que l'analyse des formations discursives est bien centrée sur une description de l'énoncé dans sa spécificité. Bref si j'ai pu montrer que ce sont bien les dimensions propres de l'énoncé qui sont mises en jeu dans le repérage des formations discursives. Plutôt que de *fonder* en droit une théorie — et avant de pouvoir éventuellement le faire (je ne nie pas que je regrette de n'y être pas encore parvenu) — il s'agit pour l'instant d'*établir* une possibilité.

En examinant l'énoncé, ce qu'on a découvert c'est une fonction qui porte sur des ensembles de signes, qui ne s'identifie ni avec l' « acceptabilité » grammaticale ni avec la correction logique, et qui requiert, pour s'exercer : un référentiel (qui n'est pas exactement un fait, un état de choses, ni même un objet, mais un principe de différenciation); un sujet (non point la conscience parlante, non point l'auteur de la formulation, mais une position qui peut être remplie sous certaines conditions par des individus indifférents); un champ associé (qui n'est pas le contexte réel de la formulation, la situation dans laquelle elle a été articulée, mais un domaine de coexistence pour d'autres énoncés); une matérialité (qui n'est pas seulement la substance ou le support de l'articulation, mais un statut, des règles de transcription, des possibilités d'usage ou de réutilisation). Or ce qu'on a décrit sous le nom de formation discursive, ce sont, au sens strict, des groupes d'énoncés. C'est-à-dire des ensembles de performances verbales qui ne sont pas reliées entre elles au niveau des *phrases* par des liens grammaticaux (syntaxiques ou sémantiques); qui ne sont pas reliées entre elles, au niveau des *propositions* par des liens logiques (de cohérence formelle ou d'enchaînements conceptuels); qui ne sont pas reliées non plus au niveau des *formulations* par des liens psychologiques (que ce soit l'identité des formes de conscience, la constance des mentalités, ou la répétition d'un projet); mais qui sont reliées au niveau des *énoncés*. Ce qui implique qu'on puisse définir le régime général auquel obéissent leurs objets, la forme de dispersion qui répartit régulièrement ce dont ils parlent, le système de leurs référentiels; ce qui implique qu'on définisse le régime général auquel obéissent les différents modes d'énonciation, la distribution possible des positions subjectives, et le système qui les définit et les prescrit; ce qui implique encore qu'on définisse le régime commun à tous leurs domaines associés, les formes de succession, de simultanéité, de répétition dont ils sont tous susceptibles, et le système qui relie entre eux tous ces champs de coexistence; ce qui implique enfin qu'on puisse définir le régime général auquel est soumis le statut de ces énoncés, la manière dont ils sont institutionnalisés, reçus, employés, réutilisés, combinés entre eux, le mode selon lequel ils deviennent objets d'appropriation, instruments pour le désir ou l'intérêt, éléments pour une stratégie. Décrire des énoncés, décrire la fonction énonciative dont ils sont porteurs, analyser les conditions dans lesquelles s'exerce cette fonction, parcourir les différents domaines qu'elle suppose et la manière dont ils s'articulent, c'est entreprendre de mettre au jour ce qui pourra s'individualiser comme formation discursive. Ou encore, ce qui revient à dire la même chose mais dans la direction inverse : la formation discursive, c'est le système énonciatif général auquel obéit un groupe de performances verbales — système qui n'est pas seul à le régir puisqu'il obéit en outre, et selon ses autres dimensions, à des systèmes logique, linguistique, psychologique. Ce qui a été défini comme « formation discursive » scande le plan général des choses dites au niveau spécifique des énoncés. Les quatre directions dans lesquelles on l'analyse (formation des objets, formation des positions subjectives, formation des concepts, formation des choix stratégiques) correspondent aux quatre domaines où s'exerce la fonction énonciative. Et si les formations discursives sont libres par rapport aux grandes unités rhétoriques du texte ou du livre, si elles n'ont pas pour loi la rigueur d'une architecture déductive, si elles ne s'identifient pas à l'œuvre d'un auteur, c'est qu'elles mettent en jeu le niveau énonciatif avec les régularités qui le caractérisent, et non pas le niveau grammatical des phrases, ou logique des propositions, ou psychologique de la formulation.

A partir de là, on peut avancer un certain nombre de propositions qui sont au cœur de toutes ces analyses.

1. On peut dire que le repérage des formations discursives, indépendamment des autres principes d'unification possible, met au jour le niveau spécifique de l'énoncé; mais on peut dire aussi bien que la description des énoncés et de la manière dont s'organise le niveau énonciatif conduit à l'individualisation des formations discursives. Les deux démarches sont également justifiables et réversibles. L'analyse de l'énoncé et celle de la formation sont établies corrélativement. Quand le jour sera enfin venu de fonder la théorie, il faudra bien définir un ordre déductif.

2. Un énoncé appartient à une formation discursive comme une phrase appartient à un texte, et une proposition à un ensemble déductif. Mais alors que la régularité d'une phrase est définie par les lois d'une langue, et celle d'une proposition par les lois d'une logique, la

régularité des énoncés est définie par la formation discursive elle-même. Son appartenance et sa loi ne font qu'une seule et même chose; ce qui n'est pas paradoxal puisque la formation discursive se caractérise non point par des principes de construction mais par une dispersion de fait, qu'elle est pour les énoncés non pas une condition de possibilité mais une loi de coexistence, et que les énoncés en retour ne sont point des éléments interchangeables mais des ensembles caractérisés par leur modalité d'existence.

3. On peut donc maintenant donner un sens plein à la définition du « discours » qui avait été suggérée plus haut. On appellera discours un ensemble d'énoncés en tant qu'ils relèvent de la même formation discursive; il ne forme pas une unité rhétorique ou formelle, indéfiniment répétable et dont on pourrait signaler (et expliquer le cas échéant) l'apparition ou l'utilisation dans l'histoire; il est constitué d'un nombre limité d'énoncés pour lesquels on peut définir un ensemble de conditions d'existence. Le discours ainsi entendu n'est pas une forme idéale et intemporelle qui aurait, de plus, une histoire; le problème ne consiste donc pas à se demander comment et pourquoi il a pu émerger et prendre corps en ce point-ci du temps; il est, de part en part, historique, — fragment d'histoire, unité et discontinuité dans l'histoire elle-même, posant le problème de ses propres limites, de ses coupures, de ses transformations, des modes spécifiques de sa temporalité plutôt que de son surgissement abrupt au milieu des complicités du temps.

4. Enfin ce qu'on appelle « pratique discursive » peut maintenant être précisé. On ne peut pas la confondre avec l'opération expressive par laquelle un individu formule une idée, un désir, une image; ni avec l'activité rationnelle qui peut être mise en œuvre dans un système d'inférence; ni avec la « compétence » d'un sujet parlant quand il construit des phrases grammaticales; c'est un ensemble de règles anonymes, historiques, toujours déterminées dans le temps et l'espace qui ont défini à une époque donnée, et pour une aire sociale,

économique, géographique ou linguistique donnée, les conditions d'exercice de la fonction énonciative.

Il me reste maintenant à faire basculer l'analyse et, après avoir référé les formations discursives aux énoncés qu'elles décrivent, à chercher dans une autre direction, vers l'extérieur cette fois, l'usage légitime de ces notions : ce qu'on peut découvrir à travers elles, comment elles peuvent prendre place parmi d'autres méthodes de description, dans quelle mesure elles peuvent modifier et redistribuer le domaine de l'histoire des idées. Mais avant d'effectuer ce renversement et pour l'opérer avec plus de sécurité, je m'attarderai encore un peu dans la dimension que je viens d'explorer, et j'essaierai de préciser ce qu'exige et ce qu'exclut l'analyse du champ énonciatif et des formations qui le scandent.

IV

Rareté, extériorité, cumul

L'analyse énonciative prend en considération un effet de rareté.

La plupart du temps, l'analyse du discours est placée sous le double signe de la totalité et de la pléthore. On montre comment les différents textes auxquels on a affaire renvoient les uns aux autres, s'organisent en une figure unique, entrent en convergence avec des institutions et des pratiques, et portent des significations qui peuvent être communes à toute une époque. Chaque élément pris en considération est reçu comme l'expression d'une totalité à laquelle il appartient et qui le déborde. Et on substitue ainsi à la diversité des choses dites une sorte de grand texte uniforme, jamais encore articulé et qui porte pour la première fois à la lumière ce que les hommes avaient « voulu dire » non seulement dans leurs paroles et leurs textes, leurs discours et leurs écrits, mais dans les institutions, les pratiques, les techniques et les objets qu'ils produisent. Par rapport à ce « sens » implicite, souverain et communautaire, les énoncés dans leur prolifération apparaissent en surabondance puisque c'est à lui seul qu'ils renvoient tous et qu'à lui seul il constitue leur vérité : pléthore des éléments signifiants par rapport à ce signifié unique. Mais puisque ce sens premier et dernier sourd à travers les formulations manifestes, puisqu'il se cache sous ce qui apparaît et que secrètement il le dédouble, c'est donc que chaque discours recelait le pouvoir de dire autre chose que ce qu'il disait et d'envelopper ainsi une pluralité de sens : pléthore du signifié par rapport à un signifiant unique. Ainsi étudié le discours est à la fois plénitude et richesse indéfinie.

L'analyse des énoncés et des formations discursives ouvre une direction tout à fait opposée : elle veut déterminer le principe selon lequel ont pu apparaître les seuls ensembles signifiants qui ont été énoncés. Elle cherche à établir une loi de rareté. Cette tâche comporte plusieurs aspects :

— Elle repose sur le principe que *tout* n'est jamais dit; par rapport à ce qui aurait pu être énoncé dans une langue naturelle, par rapport à la combinatoire illimitée des éléments linguistiques, les énoncés (aussi nombreux qu'ils soient) sont toujours en déficit; à partir de la grammaire et du trésor de vocabulaire dont on dispose à une époque donnée, il n'y a au total que relativement peu de choses qui sont dites. On va donc chercher le principe de raréfaction ou du moins de non-remplissement du champ des formulations possibles tel qu'il est ouvert par la langue. La formation discursive apparaît à la fois comme principe de scansion dans l'enchevêtrement des discours et principe de vacuité dans le champ du langage.

— On étudie les énoncés à la limite qui les sépare de ce qui n'est pas dit, dans l'instance qui les fait surgir à l'exclusion de tous les autres. Il ne s'agit pas de faire parler le mutisme qui les entoure, ni de retrouver tout ce qui, en eux et à côté d'eux, s'était tu ou avait été réduit au silence. Il ne s'agit pas non plus d'étudier les obstacles qui ont empêché telle découverte, retenu telle formulation, refoulé telle forme d'énonciation, telle signification inconsciente, ou telle rationalité en devenir; mais de définir un système limité de présences. La formation discursive n'est donc pas une totalité en développement, ayant son dynamisme propre ou son inertie particulière, emportant avec soi, dans un discours informulé, ce qu'elle ne dit plus, ne dit pas encore ou ce qui la contredit dans l'instant; ce n'est point une riche et difficile germination, c'est une répartition de lacunes, de vides, d'absences, de limites, de découpes.

— Cependant, on ne lie pas ces « exclusions » à un refoulement ou à une répression; on ne suppose pas qu'au-dessous des énoncés manifestes quelque chose demeure caché et reste sous-jacent. On analyse les énoncés, non pas comme étant à la place d'autres énoncés tombés au-dessous de la ligne d'émergence possible, mais comme étant toujours en leur lieu propre. On les replace dans un espace qui serait entièrement déployé et ne comporterait aucune reduplication. Il n'y a pas de texte d'en dessous. Donc aucune pléthore. Le domaine énonciatif est tout entier à sa propre surface. Chaque énoncé y occupe une place qui n'appartient qu'à lui. La description ne consiste donc pas à propos d'un énoncé à retrouver de quel non-dit il occupe la place; ni comment on peut le réduire à un texte silencieux et commun; mais au contraire quel emplacement singulier il occupe, quels embranchements dans le système des formations permettent de repérer sa localisation, comment il s'isole dans la dispersion générale des énoncés.

— Cette rareté des énoncés, la forme lacunaire et déchiquetée du champ énonciatif, le fait que peu de choses, au total, peuvent être dites, expliquent que les énoncés ne soient pas, comme l'air qu'on respire, une transparence infinie; mais des choses qui se transmettent et se conservent, qui ont une valeur, et qu'on cherche à s'approprier; qu'on répète, qu'on reproduit, et qu'on transforme; auxquelles on ménage des circuits préétablis et auxquelles on donne statut dans l'institution; des choses qu'on dédouble non seulement par la copie ou traduction, mais par l'exégèse, le commentaire et la prolifération interne du sens. Parce que les énoncés sont rares, on les recueille dans des totalités qui les unifient, et on multiplie les sens qui habitent chacun d'eux.

A la différence de toutes ces interprétations dont l'existence même n'est possible que par la rareté effective des énoncés, mais qui la méconnaissent cependant et prennent au contraire pour thème la compacte richesse de ce qui est dit, l'analyse des formations discursives se retourne vers cette rareté elle-même; elle la prend pour objet explicite; elle essaie d'en déterminer le système singulier; et du même coup, elle rend compte du fait qu'il a pu y avoir interprétation. Interpréter, c'est une manière de réagir à la pauvreté énonciative et de la compenser par la multiplication du sens; une manière de parler à partir d'elle et malgré elle. Mais analyser une formation discursive, c'est chercher la loi de cette pauvreté, c'est en prendre la mesure et en déterminer la forme spécifique. C'est donc, en un sens, peser la « valeur » des énoncés. Valeur qui n'est pas définie par leur vérité, qui n'est pas jaugée par la présence d'un contenu secret; mais qui caractérise leur place, leur capacité de circulation et d'échange, leur possibilité de transformation, non seulement dans l'économie des discours, mais dans l'administration, en général, des ressources rares. Ainsi conçu, le discours cesse d'être ce qu'il est pour l'attitude exégétique : trésor inépuisable d'où on peut toujours tirer de nouvelles richesses, et chaque fois imprévisibles; providence qui a toujours parlé par avance, et qui fait entendre, lorsqu'on sait écouter, des oracles rétrospectifs : il apparaît comme un bien — fini, limité, désirable, utile — qui a ses règles d'apparition, mais aussi ses conditions d'appropriation et de mise en œuvre; un bien qui pose par conséquent, dès son existence (et non pas simplement dans ses « applications pratiques ») la question du pouvoir; un bien qui est, par nature, l'objet d'une lutte, et d'une lutte politique.

Autre trait caractéristique : l'analyse des énoncés les traite dans la forme systématique de l'extériorité. Habituellement, la description historique des choses dites est tout entière traversée par l'opposition de l'intérieur et de l'extérieur; et tout entière commandée par la tâche de revenir de cette extériorité — qui ne serait que contingence ou pure nécessité matérielle, corps visible ou traduction incertaine — vers le noyau essentiel de l'intériorité. Entreprendre l'histoire de ce qui a été dit, c'est alors refaire dans l'autre sens le travail de l'expression : remonter des énoncés conservés au fil du temps et dispersés à travers l'espace, vers ce secret intérieur qui les a précédés, s'est déposé en eux et s'y trouve (dans tous les sens du terme) trahi. Ainsi se trouve libéré le noyau de la subjectivité fondatrice. Subjectivité qui demeure toujours en retrait par rapport à l'histoire manifeste; et qui trouve, au-dessous des événements, une autre histoire, plus sérieuse, plus secrète, plus fondamentale, plus proche de l'origine, mieux liée à son horizon ultime (et par conséquent plus maîtresse de toutes ses déterminations). Cette autre histoire, qui court au-dessous de l'histoire, qui anticipe sans cesse sur elle et recueille indéfiniment le passé, on peut bien le décrire — sur un mode sociologique ou psychologique — comme l'évolution des mentalités; on peut bien lui donner un statut philosophique dans la recollection du Logos ou la téléologie de la raison; on peut bien entreprendre enfin de la purifier dans la problématique d'une trace qui serait, avant toute parole, ouverture de l'inscription et écart du temps différé, c'est toujours le thème historico-transcendantal qui se réinvestit.

Thème dont l'analyse énonciative essaie de s'affranchir. Pour restituer les énoncés à leur pure dispersion. Pour les analyser dans une extériorité sans doute paradoxale puisqu'elle ne renvoie à aucune forme adverse d'intériorité. Pour les considérer dans leur discontinuité, sans avoir à les rapporter, par un de ces décalages qui les mettent hors circuit et les rendent inessentiels, à une ouverture ou à une différence plus fondamentale. Pour ressaisir leur irruption même, au lieu et au moment où elle s'est produite. Pour retrouver leur incidence d'événement. Sans doute, plutôt que d'extériorité vaudrait-il mieux parler de « neutralité »; mais ce mot lui-même renvoie trop aisément à un suspens de croyance, à un effacement ou à une mise entre parenthèses de toute position d'existence, alors qu'il s'agit de retrouver ce dehors où se répartissent, dans leur relative rareté, dans leur voisinage lacunaire, dans leur espace déployé, les événements énonciatifs.

— Cette tâche suppose que le champ des énoncés ne soit pas décrit comme une « traduction » d'opérations ou de processus qui se déroulent ailleurs (dans la pensée des hommes, dans leur conscience ou leur inconscient, dans la sphère des constitutions transcendantales); mais qu'il soit accepté, dans sa modestie empirique, comme le lieu d'événements, de régularités, de mises en rapport, de modifications déterminées, de transformations systématiques; bref qu'on le traite non point comme résultat ou trace d'autre chose, mais comme un domaine pratique qui est autonome (bien que dépendant) et qu'on peut décrire à son propre niveau (bien qu'il faille l'articuler sur autre chose que lui).

— Elle suppose aussi que ce domaine énonciatif ne soit référé ni à un sujet individuel, ni à quelque chose comme une conscience collective, ni à une subjectivité transcendantale; mais qu'on le décrive comme un champ anonyme dont la configuration définit la place possible des sujets parlants. Il ne faut plus situer les énoncés par rapport à une subjectivité souveraine, mais reconnaître dans les différentes formes de la subjectivité parlante des effets propres au champ énonciatif.

— Elle suppose par conséquent que, dans ses transformations, dans ses séries successives, dans ses dérivations, le champ des énoncés n'obéisse pas à la temporalité de la conscience comme à son modèle nécessaire. Il ne faut pas espérer — du moins à ce niveau et dans cette forme de description — pouvoir écrire une histoire des choses dites qui serait, de plein droit, à la fois dans sa forme, dans sa régularité et dans sa nature, l'histoire d'une conscience individuelle ou anonyme, d'un projet, d'un système d'intentions, d'un ensemble de visées. Le temps des discours n'est pas la traduction, dans une chronologie visible, du temps obscur de la pensée.

L'analyse des énoncés s'effectue donc sans référence à un cogito. Elle ne pose pas la question de celui qui parle, qui se manifeste ou se cache dans ce qu'il dit, qui exerce, en prenant la parole sa liberté souveraine, ou qui se soumet sans le savoir à des contraintes qu'il perçoit mal. Elle se situe en fait au niveau du « on dit » — et par là il ne faut pas entendre une sorte d'opinion commune, de représentation collective qui s'imposerait à tout individu; il ne faut pas entendre une grande voix anonyme qui parlerait nécessairement à travers les discours de chacun; mais l'ensemble des choses dites, les relations, les régularités et les transformations qui peuvent s'y observer, le domaine dont certaines figures, dont certains entrecroisements indiquent la place singulière d'un sujet parlant et peuvent recevoir le nom d'un auteur. « N'importe qui parle », mais ce qu'il dit, il ne le dit pas de n'importe où. Il est pris nécessairement dans le jeu d'une extériorité.

Troisième trait de l'analyse énonciative : elle s'adresse à des formes spécifiques de cumul qui ne peuvent s'identifier ni à une intériorisation dans la forme du souvenir ni à une totalisation indifférente des documents. D'ordinaire, quand on analyse des discours déjà effectués, on les considère comme affectés d'une inertie essentielle : le hasard les a conservés, ou le soin des hommes et les illusions qu'ils ont pu se faire sur la valeur et l'immortelle dignité de leurs paroles; mais ils ne sont désormais rien d'autre que des graphismes entassés sous la poussière des bibliothèques, dormant d'un sommeil vers lequel ils n'ont pas cessé de glisser depuis qu'ils ont été prononcés, depuis qu'ils ont été oubliés et que leur effet visible s'est perdu dans le temps. Tout au plus sont-ils susceptibles d'être heureusement repris en charge dans les retrouvailles de la lecture; tout au plus peuvent-ils s'y découvrir porteurs des marques qui renvoient à l'instance de leur énonciation; tout au plus ces marques une fois déchiffrées peuvent-elles libérer, par une sorte de mémoire qui traverse le temps, des significations, des pensées, des désirs, des fantasmes ensevelis. Ces quatre termes : lecture — trace

— déchiffrement — mémoire (quel que soit le privilège qu'on donne à tel ou tel, et quelle que soit l'étendue métaphorique qu'on lui accorde et qui lui permet de reprendre en compte les trois autres) définissent le système qui permet, à l'habitude, d'arracher le discours passé à son inertie et de retrouver, un instant, quelque chose de sa vivacité perdue.

Or le propre de l'analyse énonciative n'est pas de réveiller les textes de leur sommeil actuel pour retrouver, en incantant les marques encore lisibles à leur surface, l'éclair de leur naissance; il s'agit au contraire de les suivre au long de leur sommeil, ou plutôt de lever les thèmes apparentés du sommeil, de l'oubli, de l'origine perdue, et de rechercher quel mode d'existence peut caractériser les énoncés, indépendamment de leur énonciation, dans l'épaisseur du temps où ils subsistent, où ils sont conservés, où ils sont réactivés, et utilisés, où ils sont aussi, mais non par une destination originaire, oubliés, éventuellement même détruits.

— Cette analyse suppose que les énoncés soient considérés dans la *rémanence* qui leur est propre et qui n'est pas celle du renvoi toujours actualisable à l'événement passé de la formulation. Dire que les énoncés sont rémanents, ce n'est pas dire qu'ils restent dans le champ de la mémoire ou qu'on peut retrouver ce qu'ils voulaient dire; mais cela veut dire qu'ils sont conservés grâce à un certain nombre de supports et de techniques matériels (dont le livre n'est, bien entendu, qu'un exemple), selon certains types d'institutions (parmi bien d'autres, la bibliothèque), et avec certaines modalités statutaires (qui ne sont pas les mêmes quand il s'agit d'un texte religieux, d'un règlement de droit ou d'une vérité scientifique). Cela veut dire aussi qu'ils sont investis dans des techniques qui les mettent en application, dans des pratiques qui en dérivent, dans des rapports sociaux qui se sont constitués, ou modifiés, à travers eux. Cela veut dire enfin que les choses n'ont plus tout à fait le même mode d'existence, le même système de relations avec ce qui les entoure, les mêmes schèmes d'usage, les mêmes possibilités de transformation après qu'elles ont été dites. Loin que ce maintien à travers le temps soit le prolongement accidentel ou bienheureux d'une existence faite pour passer avec l'instant, la rémanence appartient de plein droit à l'énoncé; l'oubli et la destruction ne sont en quelque sorte que le degré zéro de cette rémanence. Et sur le fond qu'elle constitue, les jeux de la mémoire et du souvenir peuvent se déployer.

— Cette analyse suppose également qu'on traite les énoncés dans la forme d'*additivité* qui leur est spécifique. En effet les types de groupement entre énoncés successifs ne sont pas partout les mêmes et ils ne procèdent jamais par simple entassement ou juxtaposition d'éléments successifs. Les énoncés mathématiques ne s'additionnent pas entre eux comme les textes religieux ou les actes de jusrisprudence (ils ont les uns et les autres une manière spécifique de se composer, de s'annuler, de s'exclure, de se compléter, de former des groupes plus ou moins indissociables et dotés de propriétés singulières). De plus ces formes d'additivité ne sont pas données une fois pour toutes, et pour une catégorie déterminée d'énoncés : les observations médicales d'aujourd'hui forment un corpus qui n'obéit pas aux mêmes lois de composition que le recueil des cas au XVIIIe siècle; les mathématiques modernes n'accumulent pas leurs énoncés sur le même modèle que la géométrie d'Euclide.

— L'analyse énonciative suppose enfin qu'on prenne en considération les phénomènes de *récurrence*. Tout énoncé comporte un champ d'éléments antécédents par rapport auxquels il se situe, mais qu'il a pouvoir de réorganiser et de redistribuer selon des rapports nouveaux. Il se constitue son passé, définit, dans ce qui le précède, sa propre filiation, redessine ce qui le rend possible ou nécessaire, exclut ce qui ne peut être compatible avec lui. Et ce passé énonciatif, il le pose comme vérité acquise, comme un événement qui s'est produit, comme une forme qu'on peut modifier, comme une matière à transformer, ou encore comme un objet dont on peut parler, etc. Par rapport à toutes ces possibilités de récurrence, la mémoire et l'oubli, la redécouverte du sens ou sa répression, loin d'être lois fondamentales, ne sont que figures singulières.

La description des énoncés et des formations discursives doit donc s'affranchir de l'image si fréquente et si obstinée du retour. Elle ne prétend pas revenir, par-delà un temps qui ne serait que chute, latence, oubli, recouvrement ou errance, vers le moment fondateur où la parole n'était encore engagée dans aucune matérialité, n'était vouée à aucune persistance, et où elle se retenait dans la dimension non déterminée de l'ouverture. Elle n'essaie pas de constituer pour le déjà dit l'instant paradoxal de la seconde naissance; elle n'invoque pas une aurore sur le point de revenir. Elle traite au contraire les énoncés dans l'épaisseur du cumul où ils sont pris et qu'ils ne cessent pourtant de modifier, d'inquiéter, de bouleverser et parfois de ruiner.

Décrire un ensemble d'énoncés non pas comme la totalité close et pléthorique d'une signification, mais comme une figure lacunaire et déchiquetée; décrire un ensemble d'énoncés non pas en référence à l'intériorité d'une intention, d'une pensée ou d'un sujet, mais selon la dispersion d'une extériorité; décrire un ensemble d'énoncés, non pas pour y retrouver le moment ou la trace de l'origine, mais les formes spécifiques d'un cumul, ce n'est certainement pas mettre au jour une interprétation, découvrir un fondement, libérer des actes constituants; ce n'est pas non plus décider d'une rationalité ou parcourir une téléologie. C'est établir ce que j'appellerais volontiers une *positivité*. Analyser une formation discursive, c'est donc traiter un ensemble de performances verbales, au niveau des énoncés et de la forme de positivité qui les caractérise; ou plus brièvement, c'est définir le type de positivité d'un discours. Si, en substituant l'analyse de la rareté à la recherche des totalités, la description des rapports d'extériorité au thème du fondement transcendantal, l'analyse des cumuls à la quête de l'origine, on est un positiviste, eh bien je suis un positiviste heureux, j'en tombe facilement d'accord. Et du coup je ne suis point fâché d'avoir, plusieurs fois (quoique d'une manière encore un peu aveugle), employé le terme de positivité pour désigner de loin l'écheveau que j'essayais de débrouiller.

V

*L'*a priori *historique et l'archive*

La positivité d'un discours — comme celui de l'histoire naturelle, de l'économie politique, ou de la médecine clinique — en caractérise l'unité à travers le temps, et bien au-delà des œuvres individuelles, des livres et des textes. Cette unité ne permet certainement pas de décider qui disait vrai, qui raisonnait rigoureusement, qui se conformait le mieux à ses propres postulats, de Linné ou de Buffon, de Quesnay ou de Turgot, de Broussais ou de Bichat; elle ne permet pas non plus de dire laquelle de ces œuvres était la plus proche d'une destination première, ou ultime, laquelle formulerait le plus radicalement le projet général d'une science. Mais ce qu'elle permet de faire apparaître, c'est la mesure selon laquelle Buffon et Linné (ou Turgot et Quesnay, Broussais et Bichat) parlaient de « la même chose », en se plaçant au « même niveau » ou à « la même distance », en déployant « le même champ conceptuel », en s'opposant sur « le même champ de bataille »; et elle fait apparaître en revanche pourquoi on ne peut pas dire que Darwin parle de la même chose que Diderot, que Laennec continue Van Swieten, ou que Jevons répond aux Physiocrates. Elle définit un espace limité de communication. Espace relativement restreint, puisqu'il est loin d'avoir l'ampleur d'une science prise dans tout son devenir historique, depuis sa plus lointaine origine jusqu'à son point actuel d'accomplissement; mais espace plus étendu cependant que le jeu des influences qui a pu s'exercer d'un auteur à l'autre, ou que le domaine des polémiques explicites. Les œuvres différentes, les livres dispersés, toute cette masse de textes qui appartiennent à une même formation discursive, — et tant d'auteurs qui se connaissent et s'ignorent, se critiquent, s'invalident les uns les autres, se pillent, se retrouvent, sans le savoir et entrecroisent obstinément leurs discours singuliers en une trame dont ils ne sont point maîtres, dont ils n'aperçoivent pas le tout et dont ils mesurent mal la largeur — toutes ces figures et ces individualités diverses ne communiquent pas seulement par l'enchaînement logique des propositions qu'ils avancent, ni par la récurrence des thèmes, ni par l'entêtement d'une signification transmise, oubliée, redécouverte; ils communiquent par la forme de positivité de leur discours. Ou plus exactement cette forme de positivité (et les conditions d'exercice de la fonction énonciative) définit un champ où peuvent éventuellement se déployer des identités formelles, des continuités thématiques, des translations de concepts, des jeux polémiques. Ainsi la positivité joue-t-elle le rôle de ce qu'on pourrait appeler un *a priori historique*.

Juxtaposés, ces deux mots font un effet un peu criant; j'entends désigner par là un *a priori* qui serait non pas condition de validité pour des jugements, mais condition de réalité pour des énoncés. Il ne s'agit pas de retrouver ce qui pourrait rendre légitime une assertion, mais d'isoler les conditions d'émergence des énoncés, la loi de leur coexistence avec d'autres, la forme spécifique de leur mode d'être, les principes selon lesquels ils subsistent, se transforment et disparaissent. *A priori*, non de vérités qui pourraient n'être jamais dites, ni réellement données à l'expérience; mais d'une histoire qui est donnée, puisque c'est celle des choses effectivement dites. La raison pour utiliser ce terme un peu barbare, c'est que cet *a priori* doit rendre compte des énoncés dans leur dispersion, dans toutes les failles ouvertes par leur non-cohérence, dans leur chevauchement et leur remplacement réciproque, dans leur simultanéité qui n'est pas unifiable et dans leur succession qui n'est pas déductible; bref il a à rendre compte du fait que le discours n'a pas seulement un sens ou une vérité, mais une histoire, et une histoire spécifique qui ne le ramène pas aux lois d'un devenir étranger. Il doit montrer par exemple que l'histoire de la grammaire n'est pas la projection dans le champ du langage et de ses problèmes d'une histoire qui serait, en général, celle de la raison ou d'une mentalité, d'une histoire en tout cas qu'elle partagerait avec la médecine, la mécanique ou la théologie; mais qu'elle comporte un type d'histoire, — une forme de dispersion dans le temps, un mode de succession, de stabilité et de réactivation, une vitesse de déroulement ou de rotation — qui lui appartient en propre, même si elle n'est pas sans relation avec d'autres types d'histoire. De plus cet *a priori* n'échappe pas à l'historicité : il ne constitue pas, au-dessus des événements, et dans un ciel qui ne bougerait pas, une structure intemporelle; il se définit comme l'ensemble des règles qui caractérisent une pratique discursive : or ces règles ne s'imposent pas de l'extérieur aux éléments qu'elles mettent en relation; elles sont engagées dans cela même qu'elles relient; et si elles ne se modifient pas avec le moindre d'entre eux, elles les modifient, et se transforment avec eux en certains seuils décisifs. L'*a priori* des positivités n'est pas seulement le système d'une dispersion temporelle; il est lui-même un ensemble transformable.

En face des *a priori* formels dont la juridiction s'étend sans contingence, il est une figure purement empirique; mais d'autre part, puisqu'il permet de saisir les discours dans la loi de leur devenir effectif, il doit pouvoir rendre compte du fait que tel discours, à un moment donné, puisse accueillir et mettre en œuvre, ou au contraire exclure, oublier ou méconnaître, telle ou telle structure formelle. Il ne peut pas rendre compte (par quelque chose comme une genèse psychologique ou culturelle) des *a priori* formels; mais il permet de comprendre comment les *a priori* formels peuvent avoir dans l'histoire des points d'accrochage, des lieux d'insertion, d'irruption ou d'émergence, des domaines ou des occasions de mise en œuvre, et de comprendre comment cette histoire peut être non point contingence absolument extrinsèque, non point nécessité de la forme déployant sa dialectique propre, mais régularité spécifique. Rien, donc, ne serait plus plaisant, mais plus inexact, que de concevoir cet *a priori* historique comme un *a priori* formel qui serait, de plus, doté d'une histoire : grande figure immobile et vide qui surgirait un jour à la surface du temps, qui ferait valoir sur la pensée des hommes une tyrannie à laquelle nul ne saurait échapper, puis qui disparaîtrait d'un coup dans une éclipse à laquelle aucun événement n'aurait donné de préalable : transcendantal syncopé, jeu de formes clignotantes. L'*a priori* formel et l'*a priori* historique ne sont ni de même niveau ni de même nature : s'ils se croisent, c'est qu'ils occupent deux dimensions différentes.

Le domaine des énoncés ainsi articulé selon des *a priori* historiques, ainsi caractérisé par différents types de positivité, et scandé par des formations discursives distinctes, n'a plus cette allure de plaine monotone et indéfiniment prolongée que je lui prêtais au début lorsque je parlais de « la surface des discours »; il cesse également d'apparaître comme l'élément inerte, lisse et neutre où viennent affleurer, chacun selon son propre mouvement, ou poussés par quelque dynamique obscure, des thèmes, des idées, des concepts, des connaissances. On a affaire maintenant à un volume complexe, où se différencient des régions hétérogènes, et où se déploient, selon des règles spécifiques, des pratiques qui ne peuvent pas se superposer. Au lieu de voir s'aligner, sur le grand livre mythique de l'histoire, des mots qui traduisent en caractères visibles des pensées constituées avant et ailleurs, on a, dans l'épaisseur des pratiques discursives, des systèmes qui instaurent les énoncés comme des événements (ayant leurs conditions et leur domaine d'apparition) et des choses (comportant leur possibilité et leur champ d'utilisation). Ce sont tous ces systèmes d'énoncés (événements pour une part, et choses pour une autre) que je propose d'appeler *archive*.

Par ce terme, je n'entends pas la somme de tous les textes qu'une culture a gardés par-devers elle comme documents de son propre passé, ou comme témoignage de son identité maintenue; je n'entends pas non plus les institutions qui, dans une société donnée, permettent d'enregistrer et de conserver les discours dont on veut garder la mémoire et maintenir la libre disposition. C'est plutôt, c'est au contraire ce qui fait que tant de choses dites, par tant d'hommes depuis tant de millénaires, n'ont pas surgi selon les seules lois de la pensée, ou d'après le seul jeu des circonstances, qu'elles ne sont pas simplement la signalisation, au niveau des performances verbales, de ce qui a pu se dérouler dans l'ordre de l'esprit ou dans l'ordre des choses; mais qu'elles sont apparues grâce à tout un jeu de relations qui caractérisent en propre le niveau discursif; qu'au lieu d'être des figures adventices et comme greffées un peu au hasard sur des processus muets, elles naissent selon des régularités spécifiques; bref, que s'il y a des choses dites — et celles-là seulement —, il ne faut pas en demander la raison immédiate aux choses qui s'y trouvent dites ou aux hommes qui les ont dites, mais au système de la discursivité, aux possibilités et aux impossibilités énonciatives qu'il ménage. L'archive, c'est d'abord la loi de ce qui peut être dit, le système qui régit l'apparition des énoncés comme événements singuliers. Mais l'archive, c'est aussi ce qui fait que toutes ces choses dites ne s'amassent pas indéfiniment dans une multitude amorphe, ne s'inscrivent pas non plus dans une linéarité sans rupture, et ne disparaissent pas au seul hasard d'accidents externes; mais qu'elles se groupent en figures distinctes, se composent les unes avec les autres selon des rapports multiples, se maintiennent ou s'estompent selon des régularités spécifiques; ce qui fait qu'elles ne reculent point du même pas avec le temps, mais que telles qui brillent très fort comme des étoiles proches nous viennent en fait de très loin, tandis que d'autres toutes contemporaines sont déjà d'une extrême pâleur. L'archive, ce n'est pas ce qui sauvegarde, malgré sa fuite immédiate, l'événement de l'énoncé et conserve, pour les mémoires futures, son état civil d'évadé; c'est ce qui, à la racine même de l'énoncé-événement, et dans le corps où il se donne, définit d'entrée de jeu *le système de son énonçabilité.*

L'archive n'est pas non plus ce qui recueille la poussière des énoncés redevenus inertes et permet le miracle éventuel de leur résurrection; c'est ce qui définit le mode d'actualité de l'énoncé-chose; c'est *le système de son fonctionnement.* Loin d'être ce qui unifie tout ce qui a été dit dans ce grand murmure confus d'*un* discours, loin d'être seulement ce qui nous assure d'exister au milieu *du* discours maintenu, c'est ce qui différencie *les* discours dans leur existence multiple et les spécifie dans leur durée propre.

Entre la *langue* qui définit le système de construction des phrases possibles, et le *corpus* qui recueille passivement les paroles prononcées, l'*archive* définit un niveau particulier : celui d'une pratique qui fait surgir une multiplicité d'énoncés comme autant d'événements réguliers, comme autant de choses offertes au traitement et à la manipulation. Elle n'a pas la lourdeur de la tradition; et elle ne constitue pas la bibliothèque sans temps ni lieu de toutes les bibliothèques; mais elle n'est pas non plus l'oubli accueillant qui ouvre à toute parole nouvelle le champ d'exercice de sa liberté; entre la tradition et l'oubli, elle fait apparaître les règles d'une pratique qui permet aux énoncés à la fois de subsister et de se modifier régulièrement. C'est *le système général de la formation et de la transformation des énoncés.*

Il est évident qu'on ne peut décrire exhaustivement l'archive d'une société, d'une culture ou d'une civilisation; pas même sans doute l'archive de toute une époque. D'autre part, il ne nous est pas possible de décrire notre propre archive, puisque c'est à l'intérieur de ses règles que nous parlons, puisque c'est elle qui donne à ce que nous pouvons dire — et à elle-même, objet de notre discours — ses modes d'apparition, ses formes d'existence et de coexistence, son système de cumul, d'historicité et de disparition. En sa totalité, l'archive n'est pas descriptible; et elle est incontournable en son actualité. Elle se donne par fragments, régions et niveaux, d'autant mieux sans doute et avec d'autant plus de netteté que le temps nous en sépare : à la limite, n'était la rareté des documents, le plus grand recul chronologique serait nécessaire pour l'analyser. Et pourtant comment cette description de l'archive pourrait-elle se justifier, élucider ce qui la rend possible, repérer le lieu d'où elle parle elle-même, contrôler ses devoirs et ses droits, éprouver et élaborer ses concepts — du moins en ce stade de la recherche où elle ne peut définir ses possibilités que dans le moment de leur exercice — si elle s'obstinait à ne décrire jamais que les horizons les plus lointains? Ne lui faut-il pas se rapprocher le plus possible de cette positivité à laquelle elle-même obéit et de ce système d'archive qui permet de parler aujourd'hui de l'archive en général? Ne lui faut-il pas éclairer, ne serait-ce que de biais, ce champ énonciatif dont elle-même fait partie? L'analyse de l'archive comporte donc une région privilégiée : à la fois proche de nous, mais différente de notre actualité, c'est la bordure du temps qui entoure notre présent, qui le surplombe et qui l'indique dans son altérité; c'est ce qui, hors de nous, nous délimite. La description de l'archive déploie ses possibilités (et la maîtrise de ses possibilités) à partir des discours qui viennent de cesser justement d'être les nôtres; son seuil d'existence est instauré par la coupure qui nous sépare de ce que nous ne pouvons plus dire, et de ce qui tombe hors de notre pratique discursive; elle commence avec le dehors de notre propre langage; son lieu, c'est l'écart de nos propres pratiques discursives. En ce sens elle vaut pour notre diagnostic. Non point parce qu'elle nous permettrait de faire le tableau de nos traits distinctifs et d'esquisser par avance la figure que nous aurons à l'avenir. Mais elle nous déprend de nos continuités; elle dissipe cette identité temporelle où nous aimons nous regarder nous-mêmes pour conjurer les ruptures de l'histoire; elle brise le fil des téléologies transcendantales; et là où la pensée anthropologique interrogeait l'être de l'homme ou sa subjectivité, elle fait éclater l'autre, et le dehors. Le diagnostic ainsi entendu n'établit pas le constat de notre identité par le jeu des distinctions. Il établit que nous sommes différence, que notre raison c'est la différence des discours, notre histoire la différence des temps, notre moi la différence des masques. Que la différence, loin d'être origine oubliée et recouverte, c'est cette dispersion que nous sommes et que nous faisons.

La mise au jour, jamais achevée, jamais intégralement acquise de l'archive, forme l'horizon général auquel appartiennent la description des formations discursives, l'analyse des positivités, le repérage du champ énonciatif. Le droit des mots — qui ne coïncide pas avec celui des philologues — autorise donc à donner à toutes ces recherches le titre d'*archéologie.* Ce terme n'incite à la quête d'aucun commencement; il n'apparente l'analyse à aucune fouille ou sondage géologique. Il désigne le thème général d'une description qui interroge le déjà-dit au niveau de son existence : de la fonction énonciative qui s'exerce en lui, de la formation discursive à laquelle il appartient, du système général d'archive dont il relève. L'archéologie décrit les discours comme des pratiques spécifiées dans l'élément de l'archive.

IV

LA DESCRIPTION ARCHÉOLOGIQUE

I

Archéologie et histoire des idées

On peut maintenant inverser la démarche; on peut redescendre en aval, et, une fois parcouru le domaine des formations discursives et des énoncés, une fois esquissée leur théorie générale, filer vers les domaines possibles d'application. Voir un peu à quoi faire servir cette analyse que, par un jeu peut-être bien solennel, j'ai baptisé « archéologie ». Il le faut, d'ailleurs : car, pour être franc, les choses pour l'instant ne manquent pas d'être assez inquiétantes. J'étais parti d'un problème relativement simple : la scansion du discours selon de grandes unités qui n'étaient point celle des œuvres, des auteurs, des livres, ou des thèmes. Et voilà qu'à seule fin de les établir, j'ai mis en chantier toute une série de notions (formations discursives, positivité, archive), j'ai défini un domaine (les énoncés, le champ énonciatif, les pratiques discursives), j'ai essayé de faire surgir la spécificité d'une méthode qui ne serait ni formalisatrice ni interprétative; bref, j'ai fait appel à tout un appareil, dont la lourdeur et, sans doute, la bizarre machinerie sont embarrassantes. Pour deux ou trois raisons : il existe déjà assez de méthodes capables de décrire et d'analyser le langage pour qu'il ne soit pas présomptueux de vouloir en ajouter une autre. Et puis j'avais tenu en suspicion des unités de discours comme le « livre » ou l' « œuvre » parce que je les soupçonnais de n'être pas aussi immédiates et évidentes qu'elles le paraissaient : est-ce bien raisonnable de leur opposer des unités qu'on établit au prix d'un tel effort, après tant de tâtonnements, et selon des principes si obscurs qu'il a fallu des centaines de pages pour les élucider? Et ce que tous ces instruments finissent par délimiter, ces fameux « discours » dont ils repèrent l'identité sont-ils bien les mêmes que ces figures (appelées « psychiatrie » ou « économie politique », ou « histoire naturelle ») dont j'étais empiriquement parti, et qui m'ont servi de prétexte pour mettre au point cet étrange arsenal? De toute nécessité, il me faut maintenant mesurer l'efficacité descriptive des notions que j'ai essayé de définir. Il me faut savoir si la machine marche, et ce qu'elle peut produire. Que peut donc offrir cette « archéologie » que d'autres descriptions ne seraient pas capables de donner? Quelle est la récompense d'une si lourde entreprise?

Et tout de suite un premier soupçon me vient. J'ai fait comme si je découvrais un domaine nouveau, et comme si, pour en faire l'inventaire, il me fallait des mesures et des repères inédits. Mais en fait ne me suis-je pas logé très exactement dans cet espace qu'on connaît bien, et depuis longtemps, sous le nom d' « histoire des idées »? N'est-ce pas à lui que je me suis implicitement référé, même lorsque à deux ou trois reprises j'ai essayé de prendre mes distances? Si j'avais bien voulu n'en pas détourner les yeux, est-ce que je n'aurais pas trouvé en lui, et déjà préparé, déjà analysé, tout ce que je cherchais? Au fond je ne suis peut-être qu'un historien des idées. Mais honteux, ou, comme on voudra, présomptueux. Un historien des idées qui a voulu renouveler de fond en comble sa discipline; qui a désiré sans doute lui donner cette rigueur que tant d'autres descriptions, assez voisines, ont acquise récemment; mais qui, incapable de modifier réellement cette vieille forme d'analyse, incapable de lui faire franchir le seuil de la scientificité (soit qu'une telle métamorphose se trouve à jamais impossible, soit qu'il n'ait pas eu la force d'opérer lui-même cette transformation) déclare, pour faire illusion, qu'il a toujours fait et voulu faire autre chose. Tout ce brouillard nouveau pour cacher qu'on est resté dans le même paysage, attaché à un vieux sol usé jusqu'à la misère. Je n'aurai pas le droit d'être tranquille tant que je ne me serai départagé de l' « histoire des idées », tant que je n'aurai pas montré en quoi l'analyse archéologique se distingue de ses descriptions.

Il n'est pas facile de caractériser une discipline comme l'histoire des idées : objet incertain, frontières mal dessinées, méthodes empruntées de droite et de gauche, démarche sans rectitude ni fixité. Il semble cependant qu'on puisse lui reconnaître deux rôles. D'une part, elle raconte l'histoire des à-côtés et des marges. Non point l'histoire des sciences, mais celle de ces connaissances imparfaites, mal fondées, qui n'ont jamais pu atteindre tout au long d'une vie obstinée la forme de la scientificité (histoire de l'alchimie plutôt que de la chimie, des esprits animaux ou de la phrénologie plutôt que de la physiologie, histoire des thèmes atomistiques et non de la physique). Histoire de ces philosophies d'ombre qui hantent les littératures, l'art, les sciences, le droit, la morale et jusqu'à la vie quotidienne des hommes; histoire de ces thématismes séculaires qui ne se sont jamais cristallisés dans un système rigoureux et individuel, mais qui ont formé la philosophie spontanée de ceux qui ne philosophaient pas. Histoire non de la littérature mais de cette rumeur latérale, de cette écriture quotidienne et si vite effacée qui n'acquiert jamais le statut de l'œuvre ou s'en trouve aussitôt déchue : analyse des sous-littératures, des almanachs, des revues et des journaux, des succès fugitifs, des auteurs inavouables. Ainsi définie — mais on voit tout de suite combien il est difficile de lui fixer des limites précises — l'histoire des idées s'adresse à toute cette insidieuse pensée, à tout ce jeu de représentations qui courent anonymement entre les hommes; dans l'interstice des grands monuments discursifs, elle fait apparaître le sol friable sur lequel ils reposent. C'est la discipline des langages flottants, des œuvres informes, des thèmes non liés. Analyse des opinions plus que du savoir, des erreurs plus que de la vérité, non des formes de pensée mais des types de mentalité.

Mais d'autre part l'histoire des idées se donne pour

tâche de traverser les disciplines existantes, de les traiter et de les réinterpréter. Elle constitue alors, plutôt qu'un domaine marginal, un style d'analyse, une mise en perspective. Elle prend en charge le champ historique des sciences, des littératures et des philosophies : mais elle y décrit les connaissances qui ont servi de fond empirique et non réfléchi à des formalisations ultérieures; elle essaie de retrouver l'expérience immédiate que le discours transcrit; elle suit la genèse qui, à partir des représentations reçues ou acquises, vont donner naissance à des systèmes et à des œuvres. Elle montre en revanche comment peu à peu ces grandes figures ainsi constituées se décomposent : comment les thèmes se dénouent, poursuivent leur vie isolée, tombent en désuétude ou se recomposent sur un mode nouveau. L'histoire des idées est alors la discipline des commencements et des fins, la description des continuités obscures et des retours, la reconstitution des développements dans la forme linéaire de l'histoire. Mais elle peut aussi et par là même décrire, d'un domaine à l'autre, tout le jeu des échanges et des intermédiaires : elle montre comment le savoir scientifique se diffuse, donne lieu à des concepts philosophiques, et prend forme éventuellement dans des œuvres littéraires; elle montre comment des problèmes, des notions, des thèmes peuvent émigrer du champ philosophique où ils ont été formulés vers des discours scientifiques ou politiques; elle met en rapport des œuvres avec des institutions, des habitudes ou des comportements sociaux, des techniques, des besoins et des pratiques muettes; elle essaie de faire revivre les formes les plus élaborées de discours dans le paysage concret, dans le milieu de croissance et de développement qui les a vues naître. Elle devient alors la discipline des interférences, la description des cercles concentriques qui entourent les œuvres, les soulignent, les relient entre elles et les insèrent dans tout ce qui n'est pas elles.

On voit bien comment ces deux rôles de l'histoire des idées s'articulent l'un sur l'autre. Sous sa forme la plus générale, on peut dire qu'elle décrit sans cesse — et dans toutes les directions où il s'effectue — le passage de la non-philosophie à la philosophie, de la non-scientificité à la science, de la non-littérature à l'œuvre elle-même. Elle est l'analyse des naissances sourdes, des correspondances lointaines, des permanences qui s'obstinent au-dessous des changements apparents, des lentes formations qui profitent des mille complicités aveugles, de ces figures globales qui se nouent peu à peu et soudain se condensent dans la fine pointe de l'œuvre. Genèse, continuité, totalisation : ce sont là les grands thèmes de l'histoire des idées, et ce par quoi elle se rattache à une certaine forme, maintenant traditionnelle, d'analyse historique. Il est normal dans ces conditions que toute personne qui se fait encore de l'histoire, de ses méthodes, de ses exigences et de ses possibilités, cette idée désormais un peu flétrie, ne puisse pas concevoir qu'on abandonne une discipline comme l'histoire des idées; ou plutôt considère que toute autre forme d'analyse des discours est une trahison de l'histoire elle-même. Or la description archéologique est précisément abandon de l'histoire des idées, refus systématique de ses postulats et de ses procédures, tentative pour faire une tout autre histoire de ce que les hommes ont dit. Que certains ne reconnaissent point dans cette entreprise l'histoire de leur enfance, qu'ils pleurent celle-ci, et qu'ils invoquent, à une époque qui n'est plus faite pour elle, cette grande ombre d'autrefois, prouve à coup sûr l'extrême de leur fidélité. Mais ce zèle conservateur me confirme dans mon propos et m'assure de ce que j'ai voulu faire.

Entre analyse archéologique et histoire des idées, les points de partage sont nombreux. J'essaierai d'établir tout à l'heure quatre différences qui me paraissent capitales : à propos de l'assignation de nouveauté; à propos de l'analyse des contradictions; à propos des descriptions comparatives; à propos enfin du repérage des transformations. J'espère qu'on pourra saisir sur ces différents points les particularités de l'analyse archéologique, et qu'on pourra éventuellement mesurer sa capacité descriptive. Qu'il suffise pour l'instant de marquer quelques principes.

1. L'archéologie cherche à définir non point les pensées, les représentations, les images, les thèmes, les hantises qui se cachent ou se manifestent dans les discours; mais ces discours eux-mêmes, ces discours en tant que pratiques obéissant à des règles. Elle ne traite pas le discours comme *document*, comme signe d'autre chose, comme élément qui devrait être transparent mais dont il faut souvent traverser l'opacité importune pour rejoindre enfin, là où elle est tenue en réserve, la profondeur de l'essentiel; elle s'adresse au discours dans son volume propre, à titre de *monument.* Ce n'est pas une discipline interprétative : elle ne cherche pas un « autre discours » mieux caché. Elle se refuse à être « allégorique ».

2. L'archéologie ne cherche pas à retrouver la transition continue et insensible qui relie, en pente douce, les discours à ce qui les précède, les entoure ou les suit. Elle ne guette pas le moment où, à partir de ce qu'ils n'étaient pas encore, ils sont devenus ce qu'ils sont; ni non plus le moment où, dénouant la solidité de leur figure, ils vont perdre peu à peu leur identité. Son problème, c'est au contraire de définir les discours dans leur spécificité; de montrer en quoi le jeu des règles qu'ils mettent en œuvre est irréductible à tout autre; de les suivre tout au long de leurs arêtes extérieures et pour mieux les souligner. Elle ne va pas, par progression lente, du champ confus de l'opinion à la singularité du système ou à la stabilité définitive de la science; elle n'est point une « doxologie »; mais une analyse différentielle des modalités de discours.

3. L'archéologie n'est point ordonnée à la figure souveraine de l'œuvre; elle ne cherche point à saisir le moment où celle-ci s'est arrachée à l'horizon anonyme. Elle ne veut point retrouver le point énigmatique où l'individuel et le social s'inversent l'un dans l'autre. Elle n'est ni psychologie, ni sociologie, ni plus généralement anthropologie de la création. L'œuvre n'est pas pour elle une découpe pertinente, même s'il s'agissait de la replacer dans son contexte global ou dans le réseau des causalités qui la soutiennent. Elle définit

des types et des règles de pratiques discursives qui traversent des œuvres individuelles, qui parfois les commandent entièrement et les dominent sans que rien ne leur échappe; mais qui parfois aussi n'en régissent qu'une partie. L'instance du sujet créateur, en tant que raison d'être d'une œuvre et principe de son unité, lui est étrangère.

4. Enfin, l'archéologie ne cherche pas à restituer ce qui a pu être pensé, voulu, visé, éprouvé, désiré par les hommes dans l'instant même où ils proféraient le discours; elle ne se propose pas de recueillir ce noyau fugitif où l'auteur et l'œuvre échangent leur identité; où la pensée reste encore au plus près de soi, dans la forme non encore altérée du même, et où le langage ne s'est pas encore déployé dans la dispersion spatiale et successive du discours. En d'autres termes elle n'essaie pas de répéter ce qui a été dit en le rejoignant dans son identité même. Elle ne prétend pas s'effacer elle-même dans la modestie ambiguë d'une lecture qui laisserait revenir, en sa pureté, la lumière lointaine, précaire, presque effacée de l'origine. Elle n'est rien de plus et rien d'autre qu'une réécriture : c'est-à-dire dans la forme maintenue de l'extériorité, une transformation réglée de ce qui a été déjà écrit. Ce n'est pas le retour au secret même de l'origine; c'est la description systématique d'un discours-objet.

II

L'original et le régulier

En général l'histoire des idées traite le champ des discours comme un domaine à deux valeurs; tout élément qu'on y repère peut être caractérisé comme ancien ou nouveau; inédit ou répété; traditionnel ou original; conforme à un type moyen ou déviant. On peut donc distinguer deux catégories de formulations; celles, valorisées et relativement peu nombreuses, qui apparaissent pour la première fois, qui n'ont pas d'antécédents semblables à elles, qui vont éventuellement servir de modèles aux autres, et qui dans cette mesure méritent de passer pour des créations; et celles, banales, quotidiennes, massives qui ne sont pas responsables d'elles-mêmes et qui dérivent, parfois pour le répéter textuellement, de ce qui a été déjà dit. A chacun de ces deux groupes l'histoire des idées donne un statut; et elle ne les soumet pas à la même analyse : en décrivant le premier, elle raconte l'histoire des inventions, des changements, des métamorphoses, elle montre comment la vérité s'est arrachée à l'erreur, comment la conscience s'est éveillée de ses sommeils successifs, comment des formes nouvelles se sont dressées tour à tour pour nous donner le paysage qui est maintenant le nôtre; à l'historien de retrouver à partir de ces points isolés, de ces ruptures successives, la ligne continue d'une évolution. L'autre groupe au contraire manifeste l'histoire comme inertie et pesanteur, comme lente accumulation du passé, et sédimentation silencieuse des choses dites; les énoncés doivent y être traités par masse et selon ce qu'ils ont de commun; leur singularité d'événement peut être neutralisée; perdent de leur importance aussi l'identité de leur auteur, le moment et le lieu de leur apparition; en revanche, c'est leur étendue qui doit être mesurée : jusqu'où et jusqu'à quand ils se répètent, par quels canaux ils sont diffusés, dans quels groupes ils circulent; quel horizon général ils dessinent pour la pensée des hommes, quelles bornes ils lui imposent; et comment, en caractérisant une époque, ils permettent de la distinguer des autres : on décrit alors une série de figures globales. Dans le premier cas, l'histoire des idées décrit une succession d'événements de pensée; dans le second, on a des nappes ininterrompues d'effets; dans le premier, on reconstitue l'émergence des vérités ou des formes; dans le second, on rétablit les solidarités oubliées, et on renvoie les discours à leur relativité.

Il est vrai qu'entre ces deux instances, l'histoire des idées ne cesse de déterminer des rapports; on n'y trouve jamais l'une des deux analyses à l'état pur : elle décrit les conflits entre l'ancien et le nouveau, la résistance de l'acquis, la répression qu'il exerce sur ce qui jamais encore n'avait été dit, les recouvrements par lesquels il le masque, l'oubli auquel parfois il réussit à le vouer; mais elle décrit aussi les facilitations qui, obscurément et de loin, préparent les discours futurs; elle décrit la répercussion des découvertes, la vitesse et l'étendue de leur diffusion, les lents processus de remplacement ou les brusques secousses qui bouleversent le langage familier; elle décrit l'intégration du nouveau dans le champ déjà structuré de l'acquis, la chute progressive de l'original dans le traditionnel, ou encore les réapparitions du déjà-dit, et la remise au jour de l'originaire. Mais cet entrecroisement ne l'empêche pas de maintenir toujours une analyse bi-polaire de l'ancien et du nouveau. Analyse qui réinvestit dans l'élément empirique de l'histoire, et en chacun de ces moments, la problématique de l'origine : en chaque œuvre, en chaque livre, dans le moindre texte, le problème est alors de retrouver le point de rupture, d'établir, avec le plus de précision possible, le partage entre l'épaisseur implicite du déjà-là, la fidélité peut-être involontaire à l'opinion acquise, la loi des fatalités discursives, et la vivacité de la création, le saut dans l'irréductible différence. Cette description des originalités, bien qu'elle paraisse aller de soi, pose deux problèmes méthodologiques fort difficiles : celui de la ressemblance et celui de la procession. Elle suppose en effet qu'on puisse établir une sorte de grande série unique où chaque formulation prendrait date selon des repères chronologiques homogènes. Mais à y regarder d'un peu près, est-ce de la même façon et sur la même ligne temporelle que Grimm avec sa loi des mutations vocaliques précède Bopp (qui l'a citée, qui l'a utilisée, qui lui a donné des applications, et lui a imposé des ajustements); et que Cœurdoux et Anquetil-Duperron (en constatant des analogies entre le grec et le sanscrit) ont anticipé sur la définition des langues indo-européennes et ont précédé les fondateurs de la grammaire comparée? Est-ce bien dans la même série et selon le même mode d'antériorité, que Saussure se trouve « précédé » par Pierce et sa sémiotique, par Arnauld et Lancelot avec l'analyse classique du signe, par les stoïciens et la théorie du signifiant? La précession n'est pas une donnée irréductible et première; elle ne peut jouer le rôle de mesure absolue qui permettrait de jauger tout discours et de distinguer l'original du répétitif. Le repérage des antécédences ne suffit pas, à lui tout seul, à déterminer un ordre discursif : il se subordonne au contraire au discours qu'on analyse, au niveau qu'on choisit, à l'échelle qu'on établit. En étalant le discours tout au long d'un calendrier et en donnant une date à chacun de ses éléments, on n'obtient pas la hiérarchie définitive des précessions et des originalités; celle-ci n'est jamais que relative aux systèmes des discours qu'elle entreprend de valoriser.

Quant à la ressemblance entre deux ou plusieurs formulations qui se suivent, elle pose à son tour toute une série de problèmes. En quel sens et selon quels critères peut-on affirmer : « ceci a été déjà dit »; « on trouve déjà la même chose dans tel texte »; « cette proposition est déjà fort proche de celle-là », etc.? Dans l'ordre du discours, qu'est-ce que l'identité, partielle ou totale? Que deux énonciations soient exactement identiques, qu'elles soient faites des mêmes mots utilisés dans le même sens, n'autorise pas, on le sait, à les identifier absolument. Quand bien même on trouverait chez Diderot et Lamarck, ou chez Benoît de Maillet et Darwin, la même formulation du principe évolutif, on ne peut considérer qu'il s'agit chez les uns et les autres d'un seul et même événement discursif, qui aurait été soumis à travers le temps à une série de répétitions. Exhaustive, l'identité n'est pas un critère; à plus forte raison lorsqu'elle est partielle, lorsque les mots ne sont pas utilisés chaque fois dans le même sens, ou lorsqu'un même noyau significatif est appréhendé à travers des mots différents : dans quelle mesure peut-on affirmer que c'est bien le même thème organiciste qui se fait jour à travers les discours et les vocabulaires si différents de Buffon, de Jussieu et de Cuvier? Et inversement peut-on dire que le même mot d'organisation recouvre le même sens chez Daubenton, Blumenbach et Geoffroy Saint-Hilaire? D'une façon générale, est-ce bien le même type de ressemblance qu'on repère entre Cuvier et Darwin, et entre ce même Cuvier et Linné (ou Aristote)? Pas de ressemblance en soi, immédiatement reconnaissable, entre les formulations : leur analogie est un effet du champ discursif où on la repère.

Il n'est donc pas légitime de demander, à brûle-pourpoint, aux textes qu'on étudie leur titre à l'originalité, et s'ils ont bien ces quartiers de noblesse qui se mesurent ici à l'absence d'ancêtres. La question ne peut avoir de sens que dans des séries très exactement définies, dans des ensembles dont on a établi les limites et le domaine, entre des repères qui bornent des champs discursifs suffisamment homogènes [1]. Mais chercher dans le grand amoncellement du déjà-dit le

1. C'est de cette façon que M. Canguilhem a établi la suite des propositions qui, de Willis à Prochaska, a permis la définition du réflexe.

texte qui ressemble « par avance » à un texte ultérieur, fureter pour retrouver, à travers l'histoire, le jeu des anticipations ou des échos, remonter jusqu'aux germes premiers ou redescendre jusqu'aux dernières traces, faire ressortir tour à tour à propos d'une œuvre sa fidélité aux traditions ou sa part d'irréductible singularité, faire monter ou descendre sa cote d'originalité, dire que les grammairiens de Port-Royal n'ont rien inventé du tout, ou découvrir que Cuvier avait plus de prédécesseurs qu'on ne croyait, ce sont là des amusements sympathiques, mais tardifs, d'historiens en culottes courtes.

La description archéologique s'adresse à ces pratiques discursives auxquelles les faits de succession doivent être référés si on ne veut pas les établir d'une manière sauvage et naïve, c'est-à-dire en termes de mérite. Au niveau où elle se place, l'opposition originalité-banalité n'est donc pas pertinente : entre une formulation initiale et la phrase qui, des années, des siècles plus tard, la répète plus ou moins exactement, elle n'établit aucune hiérarchie de valeur; elle ne fait pas de différence radicale. Elle cherche seulement à établir la *régularité* des énoncés. Régularité, ici, ne s'oppose pas à l'irrégularité qui, dans les marges de l'opinion courante ou des textes les plus fréquents, caractériserait l'énoncé déviant (anormal, prophétique, retardataire, génial ou pathologique); elle désigne, pour toute performance verbale quelle qu'elle soit (extraordinaire, ou banale, unique en son genre ou mille fois répétée) l'ensemble des conditions dans lesquelles s'exerce la fonction énonciative qui assure et définit son existence. Ainsi entendue la régularité ne caractérise pas une certaine position centrale entre les limites d'une courbe statistique — elle ne peut donc valoir comme indice de fréquence ou de probabilité; elle spécifie un champ effectif d'apparition. Tout énoncé est porteur d'une certaine régularité et il ne peut en être dissocié. On n'a donc pas à opposer la régularité d'un énoncé à l'irrégularité d'un autre (qui serait moins attendu, plus singulier, plus riche d'innovation), mais à d'autres régularités qui caractérisent d'autres énoncés.

L'archéologie n'est pas à la quête des inventions; et elle reste insensible à ce moment (émouvant, je le veux bien) où pour la première fois, quelqu'un a été sûr d'une certaine vérité; elle n'essaie pas de restituer la lumière de ces matins de fête. Mais ce n'est pas pour s'adresser aux phénomènes moyens de l'opinion et à la grisaille de ce que tout le monde, à une certaine époque, pouvait répéter. Ce qu'elle cherche dans les textes de Linné ou de Buffon, de Petty ou de Ricardo, de Pinel ou de Bichat, ce n'est pas à établir la liste des saints fondateurs; c'est à mettre au jour la régularité d'une pratique discursive. Pratique qui est à l'œuvre, de la même façon, chez tous leurs successeurs les moins originaux, ou chez tels de leurs prédécesseurs; et pratique qui rend compte dans leur œuvre elle-même non seulement des affirmations les plus originales (et auxquelles nul n'avait songé avant eux) mais de celles qu'ils avaient reprises, recopiées même chez leurs prédécesseurs. Une découverte n'est pas moins régulière, du point de vue énonciatif, que le texte qui la répète et la diffuse; la régularité n'est pas moins opérante, n'est pas moins efficace et active, dans une banalité que dans une formation insolite. Dans une telle description, on ne peut pas admettre une différence de nature entre des énoncés créateurs (qui font apparaître quelque chose de nouveau, qui émettent une information inédite et qui sont en quelque sorte « actifs ») et des énoncés imitatifs (qui reçoivent et répètent l'information, demeurent pour ainsi dire « passifs »). Le champ des énoncés n'est pas un ensemble de plages inertes scandé par des moments féconds; c'est un domaine qui est de bout en bout actif.

Cette analyse des régularités énonciatives s'ouvre dans plusieurs directions qu'il faudra peut-être un jour explorer avec plus de soin.

1. Une certaine forme de régularité caractérise donc un ensemble d'énoncés, sans qu'il soit nécessaire ni possible de faire une différence entre ce qui serait nouveau et ce qui ne le serait pas. Mais ces régularités — on y reviendra par la suite — ne sont pas données

une fois pour toutes; ce n'est pas la même régularité qu'on trouve à l'œuvre chez Tournefort et Darwin, ou chez Lancelot et Saussure, chez Petty et chez Kaynes. On a donc des champs homogènes de régularités énonciatives (ils caractérisent une formation discursive) mais ces champs sont différents entre eux. Or il n'est pas nécessaire que le passage à un nouveau champ de régularités énonciatives s'accompagne de changements correspondants à tous les autres niveaux des discours. On peut trouver des performances verbales qui sont identiques du point de vue de la grammaire (du vocabulaire, de la syntaxe, et d'une façon générale de la langue); qui sont également identiques du point de vue de la logique (du point de vue de la structure propositionnelle, ou du système déductif dans lequel elle se trouve placée); mais qui sont *énonciativement* différents. Ainsi la formulation du rapport quantitatif entre les prix et la masse monétaire en circulation peut être effectuée avec les mêmes mots — ou des mots synonymes — et être obtenue par le même raisonnement; elle n'est pas énonciativement identique chez Gresham ou Locke et chez les marginalistes du XIXe siècle; elle ne relève pas ici et là du même système de formation des objets et des concepts. Il faut donc distinguer entre *analogie linguistique* (ou traductibilité), *identité logique* (ou équivalence), et *homogénéité énonciative*. Ce sont ces homogénéités que l'archéologie prend en charge, et exclusivement. Elle peut donc voir apparaître une pratique discursive nouvelle à travers des formulations verbales qui demeurent linguistiquement analogues ou logiquement équivalentes (en reprenant, et parfois mot à mot, la vieille théorie de la phrase-attribution et du verbe-copule, les grammairiens de Port-Royal ont ainsi ouvert une régularité énonciative dont l'archéologie doit décrire la spécificité). Inversement, elle peut négliger des différences de vocabulaire, elle peut passer sur des champs sémantiques ou des organisations déductives différentes, si elle est en mesure de reconnaître ici et là, et malgré cette hétérogénéité, une certaine régularité énonciative (de ce point de vue, la théorie du langage d'action, la recherche sur l'origine des langues, l'établissement des racines primitives, telles qu'on les trouve au XVIIIe siècle, ne sont pas « nouvelles » par rapport aux analyses « logiques » faites par Lancelot).

On voit se dessiner ainsi un certain nombre de décrochages et d'articulations. On ne peut plus dire qu'une découverte, la formulation d'un principe général, ou la définition d'un projet inaugure, et d'une façon massive, une phase nouvelle dans l'histoire du discours. On n'a plus à chercher ce point d'origine absolue ou de révolution totale à partir duquel tout s'organise, tout devient possible et nécessaire, tout s'abolit pour recommencer. On a affaire à des événements de types et de niveaux différents, pris dans des trames historiques distinctes; une homogénéité énonciative qui s'instaure n'implique en aucune manière que, désormais et pour des décennies ou des siècles, les hommes vont dire et penser la même chose; elle n'implique pas non plus la définition, explicite ou non, d'un certain nombre de principes dont tout le reste découlerait, à titre de conséquences. Les homogénéités (et hétérogénéités) énonciatives s'entrecroisent avec des continuités (et des changements) linguistiques, avec des identités (et des différences) logiques, sans que les unes et les autres marchent du même pas ou se commandent nécessairement. Il doit exister cependant entre elles un certain nombre de rapports et d'interdépendances dont le domaine sans doute très complexe devra être inventorié.

2. Autre direction de recherche : les hiérarchies intérieures aux régularités énonciatives. On a vu que tout énoncé relevait d'une certaine régularité — que nul par conséquent ne pouvait être considéré comme pure et simple création, ou merveilleux désordre du génie. Mais on a vu aussi qu'aucun énoncé ne pouvait être considéré comme inactif, et valoir comme l'ombre ou le décalque à peine réels d'un énoncé initial. Tout le champ énonciatif est à la fois régulier et en alerte : il est sans sommeil; le moindre énoncé — le plus discret ou le plus banal — met en œuvre tout le jeu des règles selon lesquelles sont formés son objet, sa modalité, les

concepts qu'il utilise et la stratégie dont il fait partie. Ces règles ne sont jamais données dans une formulation, elles les traversent et leur constituent un espace de coexistence; on ne peut donc pas retrouver l'énoncé singulier qui les articulerait pour elles-mêmes. Cependant certains groupes d'énoncés mettent en œuvre ces règles sous leur forme la plus générale et la plus largement applicable; à partir d'eux, on peut voir comment d'autres objets, d'autres concepts, d'autres modalités énonciatives ou d'autres choix stratégiques peuvent être formés à partir de règles moins générales et dont le domaine d'application est plus spécifié. On peut ainsi décrire un arbre de *dérivation* énonciative : à sa base, les énoncés qui mettent en œuvre les règles de formation dans leur étendue la plus vaste; au sommet, et après un certain nombre d'embranchements, les énoncés qui mettent en œuvre la même régularité, mais plus finement articulée, mieux délimitée et localisée dans son extension.

L'archéologie peut ainsi — et c'est là un de ses thèmes principaux — constituer l'arbre de dérivation d'un discours. Par exemple celui de l'Histoire naturelle. Elle placera, du côté de la racine, à titre d'*énoncés recteurs*, ceux qui concernent la définition des structures observables et du champ d'objets possibles, ceux qui prescrivent les formes de description et les codes perceptifs dont il peut se servir, ceux qui font apparaître les possibilités les plus générales de caractérisation et ouvrent ainsi tout un domaine de concepts à construire, ceux enfin qui, tout en constituant un choix stratégique, laissent place au plus grand nombre d'options ultérieures. Et elle retrouvera, à l'extrêmité des rameaux, ou du moins dans le parcours de tout un buissonnement, des « découvertes » (comme celle des séries fossiles), des transformations conceptuelles (comme la nouvelle définition du genre), des émergences de notions inédites (comme celle de mammifères ou d'organisme), des mises au point de techniques (principes organisateurs des collections, méthode de classement et de nomenclature). Cette dérivation à partir des énoncés recteurs ne peut être confondue avec une déduction qui s'effectuerait à partir d'axiomes; elle ne doit pas non plus être assimilée à la germination d'une idée générale, ou d'un noyau philosophique dont les significations se déploieraient peu à peu dans des expériences ou des conceptualisations précises; enfin elle ne doit pas être prise pour une genèse psychologique à partir d'une découverte qui peu à peu développerait ses conséquences et épanouirait ses possibilités. Elle est différente de tous ces parcours, et elle doit être décrite dans son autonomie. On peut ainsi décrire les dérivations archéologiques de l'Histoire naturelle sans commencer par ses axiomes indémontrables ou ses thèmes fondamentaux (par exemple la continuité de la nature), et sans prendre pour point de départ et pour fil directeur les premières découvertes ou les premières approches (celles de Tournefort avant celles de Linné, celles de Jonston avant celles de Tournefort). L'ordre archéologique n'est ni celui des systématicités, ni celui des successions chronologiques.

Mais on voit s'ouvrir tout un domaine de questions possibles. Car ces différents ordres ont beau être spécifiques et avoir chacun son autonomie, il doit y avoir entre eux des rapports et des dépendances. Pour certaines formations discursives, l'ordre archéologique n'est peut-être pas très différent de l'ordre systématique, comme dans d'autres cas il suit peut-être le fil des successions chronologiques. Ces parallélismes (au contraire les distorsions qu'on trouve ailleurs) méritent d'être analysés. Il est important, en tout cas, de ne pas confondre ces différentes ordonnances, de ne pas chercher dans une « découverte » initiale ou dans l'originalité d'une formulation le principe dont on peut tout déduire et dériver; de ne pas chercher dans un principe général la loi des régularités énonciatives ou des inventions individuelles; de ne pas demander à la dérivation archéologique de reproduire l'ordre du temps ou de mettre au jour un schéma déductif.

Rien ne serait plus faux que de voir dans l'analyse des formations discursives une tentative de périodisation totalitaire : à partir d'un certain moment et pour un certain temps, tout le monde penserait de la même façon, malgré des différences de surface, dirait la même chose, à travers un vocabulaire polymorphe, et produirait une sorte de grand discours qu'on pourrait parcourir indifféremment dans tous les sens. Au contraire l'archéologie décrit un niveau d'homogénéité énonciative qui a sa propre découpe temporelle, et qui n'emporte pas avec elle toutes les autres formes d'identité et de différences qu'on peut repérer dans le langage; et à ce niveau, elle établit une ordonnance, des hiérarchies, tout un buissonnement qui excluent une synchronie massive, amorphe et donnée globalement une fois pour toutes. Dans ces unités si confuses qu'on appelle « époques », elle fait surgir, avec leur spécificité, des « périodes énonciatives » qui s'articulent, mais sans se confondre avec eux, sur le temps des concepts, sur les phases théoriques, sur les stades de formalisation, et sur les étapes de l'évolution linguistique.

III

Les contradictions

Au discours qu'elle analyse, l'histoire des idées fait d'ordinaire un crédit de cohérence. Lui arrive-t-il de constater une irrégularité dans l'usage des mots, plusieurs propositions incompatibles, un jeu de significations qui ne s'ajustent pas les unes aux autres, des concepts qui ne peuvent pas être systématisés ensemble? Elle se met en devoir de trouver, à un niveau plus ou moins profond, un principe de cohésion qui organise le discours et lui restitue une unité cachée. Cette loi de cohérence est une règle heuristique, une obligation de procédure, presque une contrainte morale de la recherche : ne pas multiplier inutilement les contradictions; ne pas se laisser prendre aux petites différences; ne pas accorder trop de poids aux changements, aux repentirs, aux retours sur le passé, aux polémiques; ne pas supposer que le discours des hommes est perpétuellement miné de l'intérieur par la contradiction de leurs désirs, des influences qu'ils ont subies, ou des conditions dans lesquelles ils vivent; mais admettre que s'ils parlent, et si, entre eux, ils dialoguent, c'est bien plutôt pour surmonter ces contradictions et trouver le point à partir duquel elles pourront être maîtrisées. Mais cette même cohérence est aussi le résultat de la recherche : elle définit les unités terminales qui achèvent l'analyse; elle découvre l'organisation interne d'un texte, la forme de développement d'une œuvre individuelle, ou le lieu de rencontre entre des discours différents. On est bien obligé de la supposer pour la reconstituer, et on ne sera sûr de l'avoir trouvée que si on l'a poursuivie assez loin et assez longtemps. Elle apparaît comme un optimum : le plus grand nombre possible de contradictions résolues par les moyens les plus simples.

Or les moyens mis en œuvre sont fort nombreux et, par le fait même, les cohérences trouvées peuvent être très différentes. On peut, en analysant la vérité des propositions et les relations qui les unissent, définir un champ de non-contradiction logique : on découvrira alors une systématicité; on remontera du corps visible des phrases à cette pure architecture idéale que les ambiguïtés de la grammaire, la surcharge signifiante des mots ont masquée sans doute autant qu'elles l'ont traduite. Mais on peut tout à l'opposé, en suivant le fil des analogies et des symboles, retrouver une thématique plus imaginaire que discursive, plus affective que rationnelle, et moins proche du concept que du désir; sa force anime, mais pour les fondre aussitôt en une unité lentement transformable, les figures les plus opposées; ce qu'on découvre alors, c'est une continuité plastique, c'est le parcours d'un sens qui prend forme dans des représentations, des images, et des métaphores diverses. Thématiques ou systématiques, ces cohérences peuvent être explicites ou non : on peut les chercher au niveau de représentations qui étaient conscientes chez le sujet parlant mais que son discours — pour des raisons de circonstance ou par une incapacité liée à la forme même de son langage — a été défaillant à exprimer; on peut les chercher aussi dans des structures qui auraient contraint l'auteur plus qu'il ne les aurait construites, et qui lui auraient imposé sans qu'il s'en rende compte, des postulats, des schémas opératoires, des règles linguistiques, un ensemble d'affirmations et de croyances fondamentales, des types d'images, ou toute une logique du fantasme. Enfin il peut s'agir de cohérences qu'on établit au niveau d'un individu — de sa biographie, ou des circonstances singulières de son discours, mais on peut les établir aussi selon des repères plus larges, et leur donner les dimensions collectives et diachroniques d'une époque, d'une forme générale de conscience, d'un type de société, d'un ensemble de traditions, d'un paysage imaginaire commun à toute une culture. Sous toutes ces formes, la cohérence ainsi découverte joue toujours le même rôle : montrer que les contradictions immédiatement visibles ne sont rien de plus qu'un miroitement de surface; et qu'il faut ramener à un foyer unique ce jeu d'éclats dispersés. La contradiction, c'est l'illusion d'une unité qui se cache ou qui est cachée : elle n'a son lieu que dans le décalage entre la conscience et l'inconscient, la pensée et le texte, l'idéalité et le corps contingent de l'expression. De toute façon l'analyse se doit de supprimer, autant que faire se peut, la contradiction.

Au terme de ce travail demeurent seulement des contradictions résiduelles — accidents, défauts, failles —, ou surgit au contraire, comme si toute l'analyse y avait conduit en sourdine et malgré elle, la contradiction fondamentale : mise en jeu, à l'origine même du système, de postulats incompatibles, entrecroisement d'influences qu'on ne peut concilier, diffraction première du désir, conflit économique et politique qui oppose une société à elle-même, tout ceci, au lieu d'apparaître comme autant d'éléments superficiels qu'il faut réduire, se révèle finalement comme principe organisateur, comme loi fondatrice et secrète qui rend compte de toutes les contradictions mineures et leur donne un fondement solide : modèle, en somme, de toutes les autres oppositions. Une telle contradiction, loin d'être apparence ou accident du discours, loin d'être ce dont il faut l'affranchir pour qu'il libère enfin sa vérité déployée, constitue la loi même de son existence : c'est à partir d'elle qu'il émerge, c'est à la fois pour la traduire et la surmonter qu'il se met à parler; c'est pour la fuir, alors qu'elle renaît sans cesse à travers lui, qu'il se poursuit et qu'il recommence indéfiniment; c'est parce qu'elle est toujours en deçà de lui, et qu'il ne peut donc jamais la contourner entièrement, qu'il change, qu'il se métamorphose, qu'il échappe de lui-même à sa propre continuité. La contradiction fonctionne alors, au fil du discours, comme le principe de son historicité.

L'histoire des idées reconnaît donc deux niveaux de contradictions : celui des apparences qui se résout dans l'unité profonde du discours; et celui des fondements qui donne lieu au discours lui-même. Par rapport au premier niveau de contradiction, le discours est la figure idéale qu'il faut dégager de leur présence accidentelle, de leur corps trop visible; par rapport au second, le discours est la figure empirique que peuvent prendre les contradictions et dont on doit détruire l'apparente cohésion, pour les retrouver enfin dans leur irruption et leur violence. Le discours est le chemin d'une contradiction à l'autre : s'il donne lieu à celles qu'on voit, c'est qu'il obéit à celle qu'il cache. Analyser le discours, c'est faire disparaître et réapparaître les contradictions; c'est montrer le jeu qu'elles jouent en lui; c'est manifester comment il peut les exprimer, leur donner corps, ou leur prêter une fugitive apparence.

Pour l'analyse archéologique, les contradictions ne sont ni apparences à surmonter, ni principes secrets qu'il faudrait dégager. Ce sont des objets à décrire pour eux-mêmes, sans qu'on cherche de quel point de vue ils peuvent se dissiper, ou à quel niveau ils se radicalisent et d'effets deviennent causes. Soit un exemple simple, et plusieurs fois évoqué ici même : le principe fixiste de Linné a été, au XVIIIe siècle, contredit, non point tellement par la découverte de la *Peloria* qui en a changé seulement les modalités d'application, mais par un certain nombre d'affirmations « évolutionnistes » qu'on peut trouver chez Buffon, Diderot, Bordeu, Maillet et bien d'autres. L'analyse archéologique ne consiste pas à montrer qu'au-dessous de cette opposition, et à un niveau plus essentiel, tout le monde acceptait un certain nombre de thèses fondamentales (la continuité de la nature et sa plénitude, la corrélation entre les formes récentes et le climat, le passage presque insensible du non-vivant au vivant); elle ne consiste pas à montrer non plus qu'une telle opposition reflète, dans le domaine particulier de l'histoire naturelle, un conflit plus général qui partage tout le savoir et toute la pensée du XVIIIe siècle (conflit entre le thème d'une création ordonnée, acquise une fois pour toutes, déployée sans secret irréductible, et le thème d'une nature foisonnante, dotée de pouvoirs énigmatiques, se déployant peu à peu dans l'histoire, et bouleversant tous les ordres spatiaux selon la grande poussée du temps). L'archéologie essaie de montrer comment les deux affirmations, fixiste et « évolutionniste », ont leur lieu commun dans une certaine description des espèces et des genres : cette description prend pour objet la structure visible des organes (c'est-à-dire leur forme, leur grandeur, leur nombre et leur disposition dans l'espace); et elle peut le limiter de deux manières (à l'ensemble de l'organisme, ou à certains de ses éléments, déterminés soit pour leur importance soit pour leur commodité taxinomique); on fait apparaître alors, dans le second cas, un tableau régulier, doté d'un nombre de cases définies, et constituant en quelque sorte le programme de toute création possible (de sorte que, actuelle, encore future, ou déjà disparue, l'ordonnance des espèces et des genres est définitivement fixée); et dans le premier cas, des groupes de parentés qui demeurent indéfinis et ouverts, qui sont séparés les uns des autres, et qui tolèrent, en nombre indéterminé, de nouvelles formes aussi proches qu'on voudra des formes préexistantes. En faisant ainsi dériver la contradiction entre deux thèses d'un certain domaine d'objets, de ses délimitations et de son quadrillage, on ne la résout pas; on ne découvre pas le point de conciliation. Mais on ne la transfère pas non plus à un niveau plus fondamental; on définit le lieu où elle prend place; on fait apparaître l'embranchement de l'alternative; on localise la divergence et le lieu où les deux discours se juxtaposent. La théorie de la structure n'est pas un postulat commun, un fond de croyance générale partagé par Linné et Buffon, une solide et fondamentale affirmation qui repousserait au niveau d'un débat accessoire le conflit de l'évolutionnisme et du fixisme; c'est le principe de leur incompatibilité, la loi qui régit leur dérivation et leur coexistence. En prenant les contradictions comme objets à décrire, l'analyse archéologique n'essaie pas de découvrir à leur place une forme ou une thématique communes, elle essaie de déterminer la mesure et la forme de leur écart. Par rapport à une histoire des idées qui voudrait fondre les contradictions dans l'unité semi-nocturne d'une figure globale, ou qui voudrait les transmuer en un principe général, abstrait et uniforme d'interprétation ou d'explication, l'archéologie décrit les différents *espaces de dissension.*

Elle renonce donc à traiter la contradiction comme une fonction générale s'exerçant, de la même façon, à tous les niveaux du discours, et que l'analyse devrait ou supprimer entièrement ou reconduire à une forme première et constitutive : au grand jeu de *la* contradiction — présente sous mille visages, puis supprimée, enfin restituée dans le conflit majeur où elle culmine —, elle substitue l'analyse des différents types de contradiction, des différents niveaux selon lesquels on peut la repérer, des différentes fonctions qu'elle peut exercer.

Différents types d'abord. Certaines contradictions se localisent au seul plan des propositions ou des assertions, sans affecter en rien le régime énonciatif qui les a rendues possibles : ainsi au XVIIIe siècle la thèse du caractère animal des fossiles s'opposant à la thèse plus traditionnelle de leur nature minérale; certes, les conséquences qu'on a pu tirer de ces deux thèses sont nombreuses et elles vont loin; mais on peut montrer qu'elles prennent naissance dans la même formation discursive, au même point, et selon les mêmes conditions d'exercice de la fonction énonciative; ce sont des contradictions qui sont archéologiquement *dérivées*, et qui constituent un état terminal. D'autres au contraire enjambent les limites d'une formation discursive, et elles opposent des thèses qui ne relèvent pas des mêmes conditions d'énonciation : ainsi le fixisme de Linné se trouve contredit par l'évolutionnisme de Darwin, mais dans la mesure seulement où on neutralise la différence entre l'Histoire naturelle à laquelle appartient le premier et la biologie dont relève le second. Ce sont là des contradictions *extrinsèques* qui renvoient à l'opposition entre des formations discursives distinctes. Pour la description archéologique (et sans tenir compte ici des allées et venues possibles de la procédure), cette opposition constitue le *terminus a quo*, alors que les contradictions dérivées constituent le *terminus ad quem* de l'analyse.

Entre ces deux extrêmes, la description archéologique décrit ce qu'on pourrait appeler les contradictions *intrinsèques :* celles qui se déploient dans la formation discursive elle-même, et qui, nées en un point du système des formations, font surgir des sous-systèmes : ainsi pour nous en tenir à l'exemple de l'Histoire naturelle au XVIIIe siècle, la contradiction qui oppose les analyses « méthodiques » et les analyses « systématiques ». L'opposition ici n'est point terminale : ce ne sont point deux propositions contradictoires à propos du même objet, ce ne sont point deux utilisations incompatibles du même concept, mais bien deux manières de former des énoncés, caractérisés les uns et les autres, par certains objets, certaines positions de subjectivité, certains concepts et certains choix stratégiques. Pourtant ces systèmes ne sont pas premiers : car on peut montrer en quel point ils dérivent tous les deux d'une seule et même positivité qui est celle de l'Histoire naturelle. Ce sont ces *oppositions intrinsèques* qui sont pertinentes pour l'analyse archéologique.

Différents niveaux ensuite. Une contradiction archéologiquement intrinsèque n'est pas un fait pur et simple qu'il suffirait de constater comme un principe ou d'expliquer comme un effet. C'est un phénomène complexe qui se répartit à différents plans de la formation discursive. Ainsi, pour l'Histoire naturelle systématique et l'Histoire naturelle méthodique, qui n'ont cessé de s'opposer l'une à l'autre pendant toute une partie du XVIIIe siècle, on peut reconnaître : une *inadéquation* des objets (dans un cas on décrit l'allure générale de la plante; dans l'autre quelques variables déterminées à l'avance; dans un cas on décrit la totalité de la plante, ou du moins ses parties les plus importantes, dans l'autre on décrit un certain nombre d'éléments choisis arbitrairement pour leur commodité taxinomique; tantôt on tient compte des différents états de croissance et de maturité de la plante, tantôt on se limite à un moment et à un stade de visibilité optima); une *divergence* des modalités énonciatives (dans le cas de l'analyse systématique des plantes, on applique un code perceptif et linguistique rigoureux et selon une échelle constante; pour la description méthodique, les codes sont relativement libres et les échelles de repérage peuvent osciller); une *incompatibilité* des concepts (dans les « systèmes », le concept de caractère générique est une marque arbitraire bien que non trompeuse pour désigner les genres; dans les méthodes ce même concept doit recouvrir la définition réelle du genre); enfin une *exclusion* des options théoriques (la taxinomie systématique rend possible le « fixisme », même s'il est rectifié par l'idée d'une création continuée dans le temps, et déroulant peu à peu les éléments des tableaux, ou par l'idée de catastrophes naturelles ayant perturbé par notre regard actuel l'ordre linéaire des voisinages naturels mais elle exclut la possibilité d'une transformation que la méthode accepte sans l'impliquer absolument).

Les fonctions. Toutes ces formes d'opposition ne jouent pas le même rôle dans la pratique discursive : elles ne sont point, de façon homogène, obstacles à surmonter ou principe de croissance. Il ne suffit pas, en tout cas, de chercher en elles la cause soit du ralentissement soit de l'accélération de l'histoire; ce n'est pas à partir de la forme vide et générale de l'opposition que le temps s'introduit dans la vérité et l'idéalité du discours. Ces oppositions sont toujours des moments fonctionnels déterminés. Certaines assurent un *développement additionnel* du champ énonciatif : elles ouvrent des séquences d'argumentation, d'expérience, de vérifications, d'inférences diverses; elles permettent la détermination d'objets nouveaux, elles suscitent de nouvelles modalités énonciatives, elles définissent de nouveaux concepts ou modifient le champ d'application de ceux qui existent : mais sans que rien soit modifié au système de positivité du discours (il en a été ainsi des discussions menées par les naturalistes du XVIIIe siècle à propos de la frontière entre le minéral et le végétal, à propos des limites de la vie ou de la nature et de l'origine des fossiles); de tels processus additifs peuvent rester ouverts, ou se trouver clos, d'une manière décisive, par une démonstration qui les réfute ou une découverte. qui les met hors jeu. D'autres induisent une *réorgani-*

sation du champ discursif : elles posent la question de la traduction possible d'un groupe d'énoncés dans un autre, du point de cohérence qui pourrait les articuler l'un sur l'autre, de leur intégration dans un espace plus général (ainsi l'opposition système-méthode chez les naturalistes du XVIIIe siècle induit une série de tentatives pour les réécrire tous les deux dans une seule forme de description, pour donner à la méthode la rigueur et la régularité du système, pour faire coïncider l'arbitraire du système avec les analyses concrètes de la méthode); ce ne sont pas de nouveaux objets, de nouveaux concepts, de nouvelles modalités énonciatives qui s'ajoutent linéairement aux anciennes; mais des objets d'un autre niveau (plus général ou plus particulier), des concepts qui ont une autre structure et un autre champ d'application, des énonciations d'un autre type, sans que pourtant les règles de formation soient modifiées. D'autres oppositions jouent un rôle *critique* : elles mettent en jeu l'existence et l' « acceptabilité » de la pratique discursive; elles définissent le point de son impossibilité effective et de son rebroussement historique (ainsi la description, dans l'Histoire naturelle elle-même, des solidarités organiques et des fonctions qui s'exercent, à travers des variables anatomiques, dans des conditions définies d'existence, ne permet plus, du moins à titre de formation discursive autonome, une Histoire naturelle qui serait une science taxinomique des êtres à partir de leurs caractères visibles).

Une formation discursive n'est donc pas le texte idéal, continu et sans aspérité, qui court sous la multiplicité des contradictions et les résout dans l'unité calme d'une pensée cohérente; ce n'est pas non plus la surface où vient se refléter, sous mille aspects différents, une contradiction qui serait toujours en retrait, mais partout dominante. C'est plutôt un espace de dissensions multiples; c'est un ensemble d'oppositions différentes dont il faut décrire les niveaux et les rôles. L'analyse archéologique lève donc bien le primat d'une contradiction qui a son modèle dans l'affirmation et la négation simultanée d'une seule et même proposition. Mais ce n'est pas pour niveler toutes les oppositions dans des formes générales de pensée et les pacifier de force par le recours à un *a priori* contraignant. Il s'agit au contraire de repérer, dans une pratique discursive déterminée, le point où elles se constituent, de définir la forme qu'elles prennent, les rapports qu'elles ont entre elles, et le domaine qu'elles commandent. Bref, il s'agit de maintenir le discours dans ses aspérités multiples; et de supprimer en conséquence le thème d'une contradiction uniformément perdue et retrouvée, résolue et toujours renaissante, dans l'élément indifférencié du Logos.

IV

Les faits comparatifs

L'analyse archéologique individualise et décrit des formations discursives. C'est dire qu'elle doit les comparer, les opposer les unes aux autres dans la simultanéité où elles se présentent, les distinguer de celles qui n'ont pas le même calendrier, les mettre en rapport, dans ce qu'elles peuvent avoir de spécifique, avec les pratiques non discursives qui les entourent et leur servent d'élément général. Bien différente, en cela encore, des descriptions épistémologiques ou « architectoniques » qui analysent la structure interne d'une théorie, l'étude archéologique est toujours au pluriel : elle s'exerce dans une multiplicité de registres; elle parcourt des interstices et des écarts; elle a son domaine là où les unités se juxtaposent, se séparent, fixent leurs arêtes, se font face, et dessinent entre elles des espaces blancs. Lorsqu'elle s'adresse à un type singulier de discours (celui de la psychiatrie dans l'*Histoire de la Folie* ou celui de la médecine dans la *Naissance de la Clinique*), c'est pour en établir par comparaison les bornes chronologiques; c'est aussi pour décrire, en même temps qu'eux et en corrélation avec eux, un champ institutionnel, un ensemble d'événements, de pratiques, de décisions politiques, un enchaînement de processus économiques où figurent des oscillations démographiques, des techniques d'assistance, des besoins de main-d'œuvre, des niveaux différents de chômage, etc. Mais elle peut aussi, par une sorte de rapprochement latéral (comme dans *Les Mots et les Choses*), mettre en jeu plusieurs positivités distinctes, dont elle compare les états concomitants pendant une période déterminée, et qu'elle confronte avec d'autres types de discours qui ont pris leur place à une époque donnée.

Mais toutes ces analyses sont fort différentes de celles qu'on pratique d'ordinaire.

1. La comparaison y est toujours limitée et régionale. Loin de vouloir faire apparaître des formes générales, l'archéologie cherche à dessiner des configurations singulières. Quand on confronte la Grammaire générale, l'Analyse des richesses et l'Histoire naturelle à l'époque classique, ce n'est pas pour regrouper trois manifestations — particulièrement chargées de valeur expressive, et étrangement négligées jusqu'ici — d'une mentalité qui serait générale au XVIIe et au XVIIIe siècle; ce n'est pas pour reconstituer, à partir d'un modèle réduit et d'un domaine singulier, les formes de rationalité qui ont été à l'œuvre dans toute la science classique; ce n'est même pas pour éclairer le profil le moins connu d'un visage culturel que nous pensions familier. On n'a pas voulu montrer que les hommes du XVIIIe siècle s'intéressaient d'une manière générale à l'ordre plutôt qu'à l'histoire, à la classification plutôt qu'au devenir, aux signes plutôt qu'aux mécanismes de causalité. Il s'agissait de faire apparaître un ensemble bien déterminé de formations discursives, qui ont entre elles un certain nombre de rapports descriptibles. Ces rapports ne débordent pas sur des domaines limitrophes et on ne peut pas les transférer de proche en proche à l'ensemble des discours contemporains, ni à plus forte raison à ce qu'on appelle d'ordinaire « l'esprit classique » : ils sont étroitement cantonnés à la triade étudiée, et ne valent que dans le domaine qui se trouve par là spécifié. Cet ensemble interdiscursif se trouve lui-même, et sous sa forme de groupe, en relation avec d'autres types de discours (avec l'analyse de la représentation, la théorie générale des signes et « l'idéologie » d'une part; et avec les mathématiques, l'Analyse algébrique, et la tentative d'instauration d'une *mathesis*

d'autre part). Ce sont ces rapports internes et externes qui caractérisent l'Histoire naturelle, l'Analyse des richesses et la Grammaire générale, comme un ensemble spécifique, et permettent de reconnaître en elles une *configuration interdiscursive.*

Quant à ceux qui diraient : « Pourquoi n'avoir pas parlé de la cosmologie, de la physiologie ou de l'exégèse biblique? Est-ce que la chimie d'avant Lavoisier, ou la mathématique d'Euler, ou l'Histoire de Vico ne seraient pas capables, si on les mettait en jeu, d'invalider toutes les analyses qu'on peut trouver dans *Les Mots et les Choses?* Est-ce qu'il n'y a pas dans l'inventive richesse du XVIIIe siècle bien d'autres idées qui n'entrent point dans le cadre rigide de l'archéologie? » à ceux-là, à leur légitime impatience, à tous les contre-exemples, je le sais, qu'ils pourraient bien fournir, je répondrai : bien sûr. Non seulement j'admets que mon analyse soit limitée; mais je le veux, et le lui impose. Ce qui serait pour moi un contre-exemple, ce serait justement la possibilité de dire : toutes ces relations que vous avez décrites à propos de trois formations particulières, tous ces réseaux où s'articulent les unes sur les autres les théories de l'attribution, de l'articulation, de la désignation et de la dérivation, toute cette taxinomie qui repose sur une caractérisation discontinue et une continuité de l'ordre, on les retrouve uniformément et de la même façon dans la géométrie, la mécanique rationnelle, la physiologie des humeurs et des germes, la critique de l'histoire sainte et la cristallographie naissante. Ce serait en effet la preuve que je n'aurais pas décrit, comme j'ai prétendu le faire, une *région d'interpositivité ;* j'aurais caractérisé l'esprit ou la science d'une époque — ce contre quoi toute mon entreprise est tournée. Les relations que j'ai décrites valent pour définir une configuration particulière; ce ne sont point des signes pour décrire en sa totalité le visage d'une culture. Aux amis de la *Weltanschauung* d'être déçus; la description que j'ai entamée, je tiens à ce qu'elle ne soit pas du même type que la leur. Ce qui, chez eux, serait lacune, oubli, erreur, est, pour moi, exclusion délibérée et méthodique.

Mais on pourrait dire aussi : vous avez confronté la

Grammaire générale avec l'Histoire naturelle et l'Analyse des richesses. Mais pourquoi pas avec l'Histoire telle qu'on la pratiquait à la même époque, avec la critique biblique, avec la rhétorique, avec la théorie des beaux-arts? N'est-ce pas un tout autre champ d'interpositivité que vous auriez découvert? Quel privilège a donc celui que vous avez décrit? — De privilège, aucun; il n'est que l'un des ensembles descriptibles; si, en effet, on reprenait la Grammaire générale, et si on essayait de définir ses rapports avec les disciplines historiques et la critique textuelle, on verrait à coup sûr se dessiner un tout autre système de relations; et la description ferait apparaître un réseau interdiscursif qui ne se superposerait pas au premier, mais le croiserait en certains de ses points. De même la taxinomie des naturalistes pourrait être confrontée non plus avec la grammaire et l'économie, mais avec la physiologie et la pathologie : là encore de nouvelles interpositivités se dessineraient (que l'on compare les relations taxinomie-grammaire-économie, analysées dans *Les Mots et les Choses*, et les relations taxinomie-pathologie étudiées dans la *Naissance de la Clinique*). Ces réseaux ne sont donc pas en nombre défini d'avance; seule l'épreuve de l'analyse peut montrer s'ils existent, et lesquels existent (c'est-à-dire lesquels sont susceptibles d'être décrits). De plus chaque formation discursive n'appartient pas (en tout cas n'appartient pas nécessairement) à un seul de ces systèmes; mais elle entre simultanément dans plusieurs champs de relations où elle n'occupe pas la même place et n'exerce pas la même fonction (les rapports taxinomie-pathologie ne sont pas isomorphes aux rapports taxinomie-grammaire; les rapports grammaire-analyse des richesses ne sont pas isomorphes aux rapports grammaire-exégèse).

L'horizon auquel s'adresse l'archéologie, ce n'est donc pas *une* science, *une* rationalité, *une* mentalité, *une* culture; c'est un enchevêtrement d'interpositivités dont les limites et les points de croisements ne peuvent pas être fixés d'un coup. L'archéologie : une analyse comparative qui n'est pas destinée à réduire la diversité des discours et à dessiner l'unité qui doit les totaliser, mais qui est destinée à répartir leur diversité dans des figures différentes. La comparaison archéologique n'a pas un effet unificateur, mais multiplicateur.

2. En confrontant la Grammaire générale, l'Histoire naturelle et l'Analyse des richesses aux XVIIe et XVIIIe siècles, on pourrait se demander quelles idées avaient en commun, à cette époque, linguistes, naturalistes et théoriciens de l'économie; on pourrait se demander quels postulats implicites ils supposaient ensemble malgré la diversité de leurs théories, à quels principes généraux ils obéissaient peut-être silencieusement; on pourrait se demander quelle influence l'analyse du langage avait exercée sur la taxinomie, ou quel rôle l'idée d'une nature ordonnée avait joué dans la théorie de la richesse; on pourrait étudier également la diffusion respective de ces différents types de discours, le prestige reconnu à chacun, la valorisation due à son ancienneté (ou au contraire à sa date récente) et à sa plus grande rigueur, les canaux de communication et les voies par lesquelles se sont faits les échanges d'information; on pourrait enfin, rejoignant des analyses tout à fait traditionnelles, se demander dans quelle mesure Rousseau avait transféré à l'analyse des langues et à leur origine son savoir et son expérience de botaniste; quelles catégories communes Turgot avait appliquées à l'analyse de la monnaie et à la théorie du langage et de l'étymologie; comment l'idée d'une langue universelle, artificielle et parfaite avait été remaniée et utilisée par des classificateurs comme Linné ou Adanson. Certes, toutes ces questions seraient légitimes (du moins certaines d'entre elles...). Mais ni les unes ni les autres ne sont pertinentes au niveau de l'archéologie.

Ce que celle-ci veut libérer, c'est d'abord — dans la spécificité et la distance maintenues des diverses formations discursives — le jeu des analogies et des différences telles qu'elles apparaissent au niveau des règles de formation. Ceci implique cinq tâches distinctes :

a) Montrer comment des éléments discursifs tout à fait différents peuvent être formés à partir de règles analogues (les concepts de la grammaire générale, comme ceux de verbe, de sujet, de complément, de racine, sont formés à partir des mêmes dispositions, du champ énonciatif — théories de l'attribution, de l'articulation, de la désignation, de la dérivation — que les concepts pourtant bien différents, pourtant radicalement hétérogènes, de l'Histoire naturelle et de l'Économie); montrer, entre des formations différentes, les *isomorphismes archéologiques*.

b) Montrer dans quelle mesure ces règles s'appliquent ou non de la même façon, s'enchaînent ou non dans le même ordre, se disposent ou non selon le même modèle dans les différents types de discours (la Grammaire générale enchaîne l'une à l'autre et dans cet ordre même la théorie de l'attribution, celle de l'articulation, celle de la désignation et celle de la dérivation; l'Histoire naturelle et l'Analyse des richesses regroupent les deux premières et les deux dernières, mais elles les enchaînent chacune dans un ordre inverse) : définir le *modèle archéologique* de chaque formation.

c) Montrer comment des concepts parfaitement différents (comme ceux de valeur et de caractère spécifique, ou de prix et de caractère générique) occupent un emplacement analogue dans la ramification de leur système de positivité — qu'ils sont donc dotés d'une *isotopie archéologique* — bien que leur domaine d'application, leur degré de formalisation, leur genèse historique surtout les rendent tout à fait étrangers les uns aux autres.

d) Montrer en revanche comment une seule et même notion (éventuellement désignée par un seul et même mot) peut recouvrir deux éléments archéologiquement distincts (les notions d'origine et d'évolution n'ont ni le même rôle, ni la même place, ni la même formation dans le système de positivité de la Grammaire générale et de l'Histoire naturelle); indiquer les *décalages archéologiques*.

e) Montrer enfin comment, d'une positivité à l'autre peuvent s'établir des relations de subordination ou de complémentarité (ainsi par rapport à l'analyse de la richesse et à celle des espèces, la description du langage joue, pendant l'époque classique, un rôle dominant dans la mesure où elle est la théorie des signes d'institution qui dédoublent, marquent et représentent la représentation elle-même) : établir les *corrélations archéologiques*.

Rien dans toutes ces descriptions ne prend appui sur l'assignation d'influences, d'échanges, d'informations transmises, de communications. Non qu'il s'agisse de les nier, ou de contester qu'ils puissent jamais faire l'objet d'une description. Mais plutôt de prendre par rapport à eux un recul mesuré, de décaler le niveau d'attaque de l'analyse, de mettre au jour ce qui les a rendus possibles; de repérer les points où a pu s'effectuer la projection d'un concept sur un autre, de fixer l'isomorphisme qui a permis un transfert de méthodes ou de techniques, de montrer les voisinages, les symétries ou les analogies qui ont permis les généralisations; bref, de décrire le champ de vecteurs et de réceptivité différentielle (de perméabilité et d'imperméabilité) qui, pour le jeu des échanges, a été une condition de possibilité historique. Une configuration d'interpositivité, ce n'est pas un groupe de disciplines voisines; ce n'est pas seulement un phénomène observable de ressemblance; ce n'est pas seulement le rapport global de plusieurs discours à tel ou tel autre; c'est la loi de leurs communications. Ne pas dire : parce que Rousseau et d'autres avec lui ont réfléchi tour à tour sur l'ordonnance des espèces et l'origine des langues, des relations se sont nouées et des échanges se sont produits entre taxinomie et grammaire; parce que Turgot, après Law et Petty, a voulu traiter la monnaie comme un signe, l'économie et la théorie du langage se sont rapprochées et leur histoire porte encore la trace de ces tentatives. Mais dire plutôt — si du moins on entend faire une description archéologique — que les dispositions respectives de ces trois positivités étaient telles qu'au niveau des œuvres, des auteurs, des existences individuelles, des projets et des tentatives, on peut trouver de pareils échanges.

3. L'archéologie fait aussi apparaître des rapports entre les formations discursives et des domaines non discursifs (institutions, événements politiques, pratiques et processus économiques). Ces rapprochements n'ont pas pour fin de mettre au jour de grandes continuités culturelles, ou d'isoler des mécanismes de causalité. Devant un ensemble de faits énonciatifs, l'archéologie ne se demande pas ce qui a pu le motiver (c'est là la recherche des contextes de formulation); elle ne cherche pas non plus à retrouver ce qui s'exprime en eux (tâche d'une herméneutique); elle essaie de déterminer comment les règles de formation dont il relève — et qui caractérisent la positivité à laquelle il appartient — peuvent être liées à des systèmes non discursifs : elle cherche à définir des formes spécifiques d'articulation.

Soit l'exemple de la médecine clinique dont l'instauration à la fin du XVIIIe siècle est contemporaine d'un certain nombre d'événements politiques, de phénomènes économiques, et de changements institutionnels. Entre ces faits et l'organisation d'une médecine hospitalière il est facile, au moins sur le mode intuitif, de soupçonner des liens. Mais comment en faire l'analyse? Une analyse symbolique verrait dans l'organisation de la médecine clinique, et dans les processus historiques qui lui ont été concomitants, deux expressions simultanées, qui se reflètent et se symbolisent l'une l'autre, qui se servent réciproquement de miroir, et dont les significations sont prises dans un jeu indéfini de renvois : deux expressions qui n'expriment rien d'autre que la forme qui leur est commune. Ainsi les idées médicales de solidarité organique, de cohésion fonctionnelle, de communication tissulaire — et l'abandon du principe classificatoire des maladies au profit d'une analyse des interactions corporelles — correspondraient (pour les refléter mais pour se mirer aussi en elles) à une pratique politique qui découvre, sous des stratifications encore féodales, des rapports de type fonctionnel, des solidarités économiques, une société dont les dépendances et les réciprocités devaient assurer, dans la forme de la collectivité, l'analogon de la vie. Une analyse causale en revanche consisterait à chercher dans quelle mesure les changements politiques, ou les processus économiques, ont pu déterminer la conscience des hommes de science — l'horizon et la direction de leur intérêt, leur système de valeurs, leur manière de percevoir les choses, le style de leur rationalité; ainsi, à une époque où le capitalisme industriel commençait à recenser ses besoins de main-d'œuvre, la maladie a pris une dimension sociale : le maintien de la santé, la guérison, l'assistance aux malades pauvres, la recherche des causes et des foyers pathogènes, sont devenus une charge collective que l'État doit, pour une part, prendre à son compte et, pour une autre, surveiller. De là suivent la valorisation du corps comme instrument de travail, le souci de rationaliser la médecine sur le modèle des autres sciences, les efforts pour maintenir le niveau de santé d'une population, le soin apporté à la thérapeutique, au maintien de ses effets, à l'enregistrement des phénomènes de longue durée.

L'archéologie situe son analyse à un autre niveau : les phénomènes d'expression, de reflets et de symbolisation ne sont pour elle que les effets d'une lecture globale à la recherche des analogies formelles ou des translations de sens; quant aux relations causales, elles ne peuvent être assignées qu'au niveau du contexte ou de la situation et de leur effet sur le sujet parlant; les unes et les autres en tout cas ne peuvent être repérées qu'une fois définies les positivités où elles apparaissent et les règles selon lesquelles ces positivités ont été formées. Le champ de relations qui caractérise une formation discursive est le lieu d'où les symbolisations et les effets peuvent être aperçus, situés et déterminés. Si l'archéologie rapproche le discours médical d'un certain nombre de pratiques, c'est pour découvrir des rapports beaucoup moins « immédiats » que l'expression, mais beaucoup plus directs que ceux d'une causalité relayée par la conscience des sujets parlants. Elle veut montrer non pas comment la pratique politique a déterminé le sens et la forme du discours médical, mais comment et à quel titre elle fait partie de ses conditions d'émergence, d'insertion et de fonctionnement. Ce rapport peut être assigné à plusieurs niveaux. A celui d'abord de la découpe et de la délimitation de l'objet médical : non pas, bien sûr, que ce soit la pratique politique qui depuis le début du XIXe siècle ait imposé à la médecine de nouveaux objets comme les lésions tissulaires ou les corrélations anatomo-physiologiques; mais elle a ouvert de nouveaux champs de repérage des objets médicaux (ces champs sont constitués par la masse de la population administrativement encadrée et surveillée, jaugée selon certaines normes de vie et de santé, analysée selon des formes d'enregistrement documentaire et statistique; ils sont constitués aussi par les grandes armées populaires de l'époque révolutionnaire et napoléonienne, avec leur forme spécifique de contrôle médical; ils sont constitués encore par les institutions d'assistance hospitalière qui ont été définies, à la fin du XVIIIe siècle et au début du XIXe siècle, en fonction des besoins économiques de l'époque, et de la position réciproque des classes sociales). Ce rapport de la pratique politique au discours médical, on le voit apparaître également dans le statut donné au médecin qui devient le titulaire non seulement privilégié mais quasi exclusif de ce discours, dans la forme de rapport institutionnel que le médecin peut avoir au malade hospitalisé ou à sa clientèle privée, dans les modalités d'enseignement et de diffusion qui sont prescrites ou autorisées pour ce savoir. Enfin on peut saisir ce rapport dans la fonction qui est accordée au discours médical, ou dans le rôle qu'on requiert de lui, lorsqu'il s'agit de juger des individus, de prendre des décisions administratives, de poser les normes d'une société, de traduire — pour les « résoudre » ou pour les masquer — des conflits d'un autre ordre, de donner des modèles de type naturel aux analyses de la société et aux pratiques qui la concernent. Il ne s'agit donc pas de montrer comment la pratique politique d'une société donnée a constitué ou modifié les concepts médicaux et la structure théorique de la pathologie; mais comment le discours médical comme pratique s'adressant à un certain champ d'objets, se trouvant entre les mains d'un certain nombre d'individus statutairement désignés, ayant enfin à exercer certaines fonctions dans la société, s'articule sur des pratiques qui lui sont extérieures et qui ne sont pas elles-mêmes de naturc discursive.

Si dans cette analyse, l'archéologie suspend le thème de l'expression et du reflet, si elle se refuse à voir dans le discours la surface de projection symbolique d'événements ou de processus situés ailleurs, ce n'est pas pour retrouver un enchaînement causal qu'on pourrait décrire point par point et qui permettrait de mettre en relation une découverte et un événement, ou un concept et une structure sociale. Mais d'autre part si elle tient en suspens une pareille analyse causale, si elle veut éviter le relais nécessaire par le sujet parlant, ce n'est pas pour assurer l'indépendance souveraine et solitaire du discours; c'est pour découvrir le domaine d'existence et de fonctionnement d'une pratique discursive. En d'autres termes, la description archéologique des discours se déploie dans la dimension d'une histoire générale; elle cherche à découvrir tout ce domaine des institutions, des processus économiques, des rapports sociaux sur lesquels peut s'articuler une formation discursive; elle essaie de montrer comment l'autonomie du discours et sa spécificité ne lui donnent pas pour autant un statut de pure idéalité et de totale indépendance historique; ce qu'elle veut mettre au jour, c'est ce niveau singulier où l'histoire peut donner lieu à des types définis de discours, qui ont eux-mêmes leur type propre d'historicité, et qui sont en relation avec tout un ensemble d'historicités diverses.

V

Le changement et les transformations

Qu'en est-il maintenant de la description archéologique du changement? On pourra bien faire à l'histoire traditionnelle des idées toutes les critiques théoriques qu'on voudra ou qu'on pourra : elle a au moins pour elle de prendre pour thème essentiel les phénomènes de succession et d'enchaînement temporels, de les analyser selon les schémas de l'évolution, et de décrire ainsi le déploiement historique des discours. L'archéologie, en revanche, ne semble traiter l'histoire que pour la figer. D'un côté, en décrivant les formations discursives, elle néglige les séries temporelles qui peuvent s'y manifester; elle recherche des règles générales qui valent uniformément, et de la même manière, en tous les points du temps : n'impose-t-elle pas alors, à un développement peut-être lent et imperceptible, la figure contraignante d'une synchronie. Dans ce « monde des idées » qui est par lui-même si labile, où les figures apparemment les plus stables s'effacent si vite, où, en revanche, tant d'irrégularités se produisent qui recevront plus tard un statut définitif, où l'avenir anticipe toujours sur lui-même alors que le passé ne cesse de se décaler, ne fait-elle pas valoir comme une sorte de pensée immobile? Et d'autre part, lorsqu'elle a recours à la chronologie, c'est uniquement, semble-t-il, pour fixer, aux limites des positivités, deux points d'épinglage : le moment où elles naissent et celui où elles s'effacent, comme si la durée n'était utilisée que pour fixer ce calendrier rudimentaire, mais qu'elle était élidée tout le long de l'analyse elle-même; comme s'il n'y avait de temps que dans l'instant vide de la rupture, dans cette faille blanche et paradoxalement intemporelle où une formation soudain se substitue à une autre. Synchronie des positivités, instantanéité des substitutions, le temps est esquivé, et avec lui la possibilité d'une description historique disparaît. Le discours est arraché à la loi du devenir et il s'établit dans une intemporalité discontinue. Il s'immobilise par fragments : éclats précaires d'éternité. Mais on aura beau faire : plusieurs éternités qui se succèdent, un jeu d'images fixes qui s'éclipsent à tour de rôle, cela ne fait ni un mouvement, ni un temps, ni une histoire.

Il faut cependant regarder les choses de plus près.

A

Et d'abord l'apparente synchronie des formations discursives. Une chose est vraie : les règles ont beau être investies dans chaque énoncé, elles ont beau par conséquent être remises en œuvre avec chacun, elles ne se modifient pas chaque fois; on peut les retrouver à l'activité dans des énoncés ou des groupes d'énoncés fort dispersés à travers le temps. On a vu par exemple que les divers objets de l'Histoire naturelle, pendant près d'un siècle — de Tournefort à Jussieu — obéissaient à des règles de formation identiques; on a vu que la théorie de l'attribution est la même et joue le même rôle chez Lancelot, Condillac et Destutt de Tracy. Bien plus, on a vu que l'ordre des énoncés selon la dérivation archéologique ne reproduisait pas forcément l'ordre des successions : on peut trouver chez Beauzée des énoncés qui sont archéologiquement préalables à ceux qu'on rencontre dans la *Grammaire* de Port-Royal. Il y a donc bien, dans une telle analyse, un suspens des *suites temporelles* — disons plus exactement du calendrier des formulations. Mais cette mise en suspens a précisément pour fin de faire apparaître des relations qui caractérisent la temporalité des formations discursives et l'articulent en séries dont l'entrecroisement n'empêche pas l'analyse.

a) L'archéologie définit les règles de formation d'un ensemble d'énoncés. Elle manifeste par là comment une succession d'événements peut, et dans l'ordre même où elle se présente, devenir objet de discours, être enregistrée, décrite, expliquée, recevoir élaboration dans des concepts et offrir l'occasion d'un choix théorique. L'archéologie analyse le degré et la forme de perméabilité d'un discours : elle donne le principe de son articulation sur une chaîne d'événements successifs ; elle définit les opérateurs par lesquels les événements se transcrivent dans les énoncés. Elle ne conteste pas, par exemple, le rapport entre l'analyse des richesses et les grandes fluctuations monétaires du XVIIe siècle et du début du XVIIIe ; elle essaie de montrer ce qui, de ces crises, pouvait être donné comme objet du discours, comment elles pouvaient s'y trouver conceptualisées, comment les intérêts qui s'affrontaient au cours de ces processus pouvaient y disposer leur stratégie. Ou encore, elle ne prétend pas que le choléra de 1832 n'a pas été un événement pour la médecine : elle montre comment le discours clinique mettait en œuvre des règles telles que tout un domaine d'objets médicaux a pu être alors réorganisé, qu'on a a pu utiliser tout un ensemble de méthodes d'enregistrement et de notation, qu'on a pu abandonner le concept d'inflammation et liquider définitivement le vieux problème théorique des fièvres. L'archéologie ne nie pas la possibilité d'énoncés nouveaux en corrélation avec des événements « extérieurs ». Sa tâche, c'est de montrer à quelle condition il peut y avoir entre eux une telle corrélation, et en quoi précisément elle consiste (quels en sont les limites, la forme, le code, la loi de possibilité). Elle n'esquive pas cette mobilité des discours qui les fait bouger au rythme des événements ; elle essaie de libérer le niveau où elle se déclenche — ce qu'on pourrait appeler le niveau de l'*embrayage* événementiel. (Embrayage qui est spécifique pour chaque formation discursive, et qui n'a pas les mêmes règles, les mêmes opérateurs ni la même sensibilité, par exemple dans l'analyse des richesses et dans l'économie politique, dans la vieille médecine des « constitutions », et dans l'épidémiologie moderne.)

b) De plus toutes les règles de formation assignées par l'archéologie à une positivité n'ont pas la même généralité : certaines sont plus particulières et dérivent des autres. Cette subordination peut être seulement hiérarchique mais elle peut comporter aussi un vecteur temporel. Ainsi dans la Grammaire générale, la théorie du verbe-attribution et celle du nom-articulation sont liées l'une à l'autre : et la seconde dérive de la première, mais sans qu'on puisse déterminer entre elles un ordre de succession (autre que celui, déductif ou rhétorique, qui a été choisi pour l'exposé). En revanche l'analyse du complément ou la recherche des racines ne pouvaient apparaître (ou réapparaître) qu'une fois développée l'analyse de la phrase attributive ou la conception du nom comme signe analytique de la représentation. Autre exemple : à l'époque classique, le principe de la continuité des êtres est impliqué par la classification des espèces selon les caractères structuraux; et en ce sens ils sont simultanés; en revanche, c'est une fois cette classification entreprise que les lacunes et les manques peuvent être interprétés dans les catégories d'une histoire de la nature, de la terre et des espèces. En d'autres termes la ramification archéologique des règles de formation n'est pas un réseau uniformément simultané : il existe des rapports, des embranchements, des dérivations qui sont temporellement neutres; il en existe d'autres qui impliquent une direction temporelle déterminée. L'archéologie ne prend donc pour modèle ni un schéma purement logique de simultanéités; ni une succession linéaire d'événements; mais elle essaie de montrer l'entrecroisement entre des relations nécessairement successives et d'autres qui ne le sont pas. Ne pas croire par conséquent qu'un système de positivité, c'est une figure synchronique qu'on ne peut percevoir qu'en mettant entre parenthèses l'ensemble de processus diachronique. Loin d'être indifférente à la succession, l'archéologie repère les *vecteurs temporels de dérivation.*

L'archéologie n'entreprend pas de traiter comme simultané ce qui se donne comme successif; elle n'essaie pas de figer le temps et de substituer à son flux d'événements des corrélations qui dessinent une figure immobile. Ce qu'elle met en suspens, c'est le thème que la succession est un absolu : un enchaînement premier et indissociable auquel le discours serait soumis par la loi de sa finitude; c'est aussi le thème qu'il n'y a dans le discours qu'une seule forme et qu'un seul niveau de succession. A ces thèmes, elle substitue des analyses qui font apparaître à la fois les diverses formes de succession qui se superposent dans le discours (et par formes, il ne faut pas entendre simplement les rythmes ou les causes, mais bien les séries elles-mêmes), et la manière dont s'articulent les successions ainsi spécifiées. Au lieu de suivre le fil d'un calendrier originaire, par rapport auquel on établirait la chronologie des événements successifs ou simultanés, celle des processus courts ou durables, celle des phénomènes instantanés et des permanences, on essaie de montrer comment il peut y avoir succession, et à quels niveaux différents on trouve des successions distinctes. Il faut donc, pour constituer une histoire archéologique du discours, se délivrer de deux modèles qui ont, longtemps sans doute, imposé leur image : le modèle linéaire de la parole (et pour une part au moins de l'écriture) où tous les événements se succèdent les uns aux autres, sauf effet de coïncidence et de superposition; et le modèle du flux de conscience dont le présent s'échappe toujours à lui-même dans l'ouverture de l'avenir et dans la rétention du passé. Aussi paradoxal que ce soit, les formations discursives n'ont pas le même modèle d'historicité que le cours de la conscience ou la linéarité du langage. Le discours, tel du moins qu'il est analysé par l'archéologie, c'est-à-dire au niveau de sa positivité, ce n'est pas une conscience venant loger son projet dans la forme externe du langage; ce n'est pas une langue, plus un sujet pour la parler. C'est une pratique qui a ses formes propres d'enchaînement et de succession.

B

Bien plus volontiers que l'histoire des idées, l'archéologie parle de coupures, de failles, de béances, de formes entièrement nouvelles de positivité, et de redistributions soudaines. Faire l'histoire de l'économie politique, c'était, traditionnellement, chercher tout ce qui avait pu précéder Ricardo, tout ce qui avait pu dessiner à l'avance ses analyses, leurs méthodes et leurs notions principales, tout ce qui avait pu rendre ses découvertes plus probables; faire l'histoire de la grammaire comparée, c'était retrouver la trace — bien avant Bopp et Rask — des recherches préalables sur la filiation et la parenté des langues; c'était déterminer la part qu'Anquetil-Duperron avait pu avoir dans la constitution d'un domaine indo-européen; c'était remettre au jour la première comparaison faite en 1769 des conjugaisons sanscrite et latine; c'était, s'il le fallait, remonter à Harris ou Ramus. L'archéologie, elle, procède à l'inverse : elle cherche plutôt à dénouer tous ces fils que la patience des historiens avait tendus; elle multiplie les différences, brouille les lignes de communication, et s'efforce de rendre les passages plus difficiles; elle n'essaie pas de montrer que l'analyse physiocratique de la production préparait celle de Ricardo; elle ne considère pas comme pertinent, pour ses propres analyses, de dire que Cœurdoux avait préparé Bopp.

A quoi correspond cette insistance sur les discontinuités? A vrai dire, elle n'est paradoxale que par rapport à l'habitude des historiens. C'est celle-ci — avec son souci des continuités, des passages, des anticipations, des esquisses préalables — qui, bien souvent, joue le paradoxe. De Daubenton à Cuvier, d'Anquetil à Bopp, de Graslin, Turgot, ou Forbonnais à Ricardo, malgré un écart chronologique si réduit les différences sont innombrables, et de natures très diverses : les unes sont localisées, les autres sont générales; les unes portent sur les méthodes, les autres sur les concepts; tantôt il s'agit du domaine d'objets, tantôt il s'agit de tout l'instrument linguistique. Plus frappant encore l'exemple de la médecine : en un quart de siècle, de 1790 à 1815, le discours médical s'est modifié plus profondément que depuis le XVIIe siècle, que depuis le Moyen Age sans doute, et peut-être même depuis la médecine grecque : modification qui fit apparaître des objets (lésions organiques, foyers profonds, altérations tissulaires, voies et formes de diffusion inter-organiques, signes et corrélations anatomo-cliniques), des techniques d'observations, de détection du foyer pathologique, d'enregistrement; un autre quadrillage perceptif et un vocabulaire de description presque entièrement neuf; des jeux de concepts et des distributions nosographiques inédits (des catégories parfois centenaires, parfois millénaires, comme celle de fièvre ou de constitution disparaissent et des maladies peut-être vieilles comme le monde — la tuberculose — sont enfin isolées et nommées). Laissons donc à ceux qui, par inadvertance, n'auraient jamais ouvert la *Nosographie philosophique* et le *Traité des Membranes* le soin de dire que l'archéologie invente arbitrairement des différences. Elle s'efforce seulement de les prendre au sérieux : de débrouiller leur écheveau, de déterminer comment elles se répartissent, comment elles s'impliquent, se commandent, se subordonnent les unes aux autres, à quelles catégories distinctes elles appartiennent; bref il s'agit de décrire ces différences, non sans établir, entre elles, le système de leurs différences. S'il y a un paradoxe de l'archéologie, il n'est pas en ceci qu'elle multiplierait les différences, mais en ceci qu'elle se refuse à les réduire, — inversant par là les valeurs habituelles. Pour l'histoire des idées, la différence, telle qu'elle apparaît, est erreur, ou piège; au lieu de se laisser arrêter par elle, la sagacité de l'analyse doit chercher à la dénouer : à retrouver au-dessous d'elle une différence plus petite, et au-dessous de celle-ci, une autre plus limitée encore, et ceci indéfiniment jusqu'à la limite idéale qui serait la non-différence de la parfaite continuité. L'archéologie, en revanche, prend pour objet de sa description ce qu'on tient habituellement pour obstacle : elle n'a pas pour projet de surmonter les différences, mais de les analyser, de dire en quoi, au juste, elles consistent, et de les *différencier*. Cette différenciation, comment l'opère-t-elle?

1. L'archéologie, au lieu de considérer que le discours n'est fait que d'une série d'événements homogènes (les formulations individuelles), distingue, dans l'épaisseur même du discours, plusieurs plans d'événements possibles : plan des énoncés eux-mêmes dans leur émergence singulière; plan de l'apparition des objets, des types d'énonciation, des concepts, des choix stratégiques (ou des transformations qui affectent ceux qui existent déjà); plan de la dérivation de nouvelles règles de formation à partir de règles qui sont déjà à l'œuvre — mais toujours dans l'élément d'une seule et même positivité; enfin à un quatrième niveau, plan où s'effectue la substitution d'une formation discursive à une autre (ou de l'apparition et de la disparition pure et simple d'une positivité). Ces événements, qui sont de beaucoup les plus rares, sont, pour l'archéologie, les plus importants : elle seule, en tout cas, peut les faire apparaître. Mais ils ne sont pas l'objet exclusif de sa description; on aurait tort de croire qu'ils commandent impérativement tous les autres, et qu'ils induisent, aux différents plans qu'on a pu distinguer, des ruptures analogues et simultanées. Tous les événements qui se produisent dans l'épaisseur du discours ne sont pas à l'aplomb les uns des autres. Certes, l'apparition d'une formation discursive est souvent corrélative d'un vaste renouvellement d'objets, de formes d'énonciations, de concepts et de stratégies (principe qui n'est point cependant universel : la Grammaire générale s'est instaurée au XVIIe siècle sans beaucoup de modifications apparentes dans la tradition grammaticale); mais il n'est pas possible de fixer le concept déterminé ou l'objet particulier qui manifeste soudain

sa présence. Il ne faut donc pas décrire un pareil événement selon les catégories qui peuvent convenir à l'émergence d'une formulation, ou à l'apparition d'un mot nouveau. A cet événement, inutile de poser des questions comme : « Qui en est l'auteur? Qui a parlé? Dans quelles circonstances et à l'intérieur de quel contexte? En étant animé de quelles intentions et en ayant quel projet? » L'apparition d'une nouvelle positivité n'est pas signalée par une phrase nouvelle — inattendue, surprenante, logiquement imprévisible, stylistiquement déviante — qui viendrait s'insérer dans un texte, et annoncerait soit le commencement d'un nouveau chapitre soit l'intervention d'un nouveau locuteur. C'est un événement d'un type tout à fait différent.

2. Pour analyser de tels événements, il est insuffisant de constater des modifications, et de les rapporter aussitôt soit au modèle, théologique et esthétique, de la création (avec sa transcendance, avec tout le jeu de ses originalités et de ses inventions), soit au modèle psychologique de la prise de conscience (avec ses préalables obscurs, ses anticipations, ses circonstances favorables, ses pouvoirs de restructuration), soit encore au modèle biologique de l'évolution. Il faut définir précisément en quoi consistent ces modifications : c'est-à-dire substituer à la référence indifférenciée au *changement* — à la fois contenant général de tous les événements et principe abstrait de leur succession — l'analyse des *transformations*. La disparition d'une positivité et l'émergence d'une autre implique plusieurs types de transformations. En allant des plus particulières aux plus générales, on peut et on doit décrire : comment se sont transformés les différents éléments d'un système de formation (quelles ont été, par exemple, les variations du taux de chômage et des exigences de l'emploi, quelles ont été les décisions politiques concernant les corporations et l'Université, quels ont été les besoins nouveaux et les nouvelles possibilités d'assistance à la fin du XVIIIe siècle — éléments qui entrent tous dans le

système de formation de la médecine clinique); comment se sont transformées les relations caractéristiques d'un système de formation (comment par exemple, au milieu du XVIIe siècle, le rapport entre champ perceptif, code linguistique, médiation instrumentale et information qui était mis en jeu par le discours sur les êtres vivants, a été modifié, permettant ainsi la définition des objets propres à l'Histoire naturelle); comment les rapports entre différentes règles de formation ont été transformés (comment, par exemple, la biologie modifie l'ordre et la dépendance que l'Histoire naturelle avait établis entre la théorie de la caractérisation et l'analyse des dérivations temporelles); comment enfin se transforment les rapports entre diverses positivités (comment les relations entre Philologie, Biologie et Économie transforment les relations entre Grammaire, Histoire naturelle et Analyse des richesses; comment se décompose la configuration interdiscursive que dessinaient les rapports privilégiés de ces trois disciplines; comment se trouvent modifiés leurs rapports respectifs aux mathématiques et à la philosophie; comment une place se dessine pour d'autres formations discursives et singulièrement pour cette interpositivité qui prendra le nom de sciences humaines). Plutôt que d'invoquer la force vive du changement (comme s'il était son propre principe), plutôt aussi que d'en rechercher les causes (comme s'il n'était jamais que pur et simple effet), l'archéologie essaie d'établir le système des transformations en quoi consiste le « changement »; elle essaie d'élaborer cette notion vide et abstraite, pour lui donner le statut analysable de la transformation. On comprend que certains esprits, attachés à toutes ces vieilles métaphores par lesquelles, pendant un siècle et demi, on a imaginé l'histoire (mouvement, flux, évolution) ne voient là que la négation de l'histoire et l'affirmation fruste de la discontinuité; c'est qu'en fait ils ne peuvent admettre qu'on décape le changement de tous ces modèles adventices, qu'on lui ôte à la fois sa primauté de loi universelle et son statut d'effet général, et qu'on lui substitue l'analyse de transformations diverses.

3. Dire qu'une formation discursive se substitue à une autre, ce n'est pas dire que tout un monde d'objets, d'énonciations, de concepts, de choix théoriques absolument nouveaux surgit tout armé et tout organisé dans un texte qui le mettrait en place une fois pour toutes; c'est dire qu'il s'est produit une transformation générale de rapports, mais qui n'altère pas forcément tous les éléments; c'est dire que les énoncés obéissent à de nouvelles règles de formation, ce n'est pas dire que tous les objets ou concepts, toutes les énonciations ou tous les choix théoriques disparaissent. Au contraire à partir de ces nouvelles règles, on peut décrire et analyser des phénomènes de continuité, de retour et de répétition : il ne faut pas oublier en effet qu'une règle de formation n'est ni la détermination d'un objet, ni la caractérisation d'un type d'énonciation, ni la forme ou le contenu d'un concept, mais le principe de leur multiplicité et de leur dispersion. L'un de ces éléments — ou plusieurs d'entre eux — peuvent demeurer identiques (conserver la même découpe, les mêmes caractères, les mêmes structures), mais appartenir à des systèmes différents de dispersion et relever de lois de formation distinctes. On peut donc trouver des phénomènes comme ceux-ci : des éléments qui demeurent tout au long de plusieurs positivités distinctes, leur forme et leur contenu restant les mêmes, mais leurs formations étant hétérogènes (ainsi la circulation monétaire comme objet d'abord de l'Analyse des richesses et ensuite de l'Économie politique; le concept de caractère d'abord dans l'Histoire naturelle puis dans la Biologie); des éléments qui se constituent, se modifient, s'organisent dans une formation discursive et qui, enfin stabilisés, figurent dans une autre (ainsi le concept de réflexe dont G. Canguilhem a montré la formation dans la science classique de Willis à Prochaska puis l'entrée dans la physiologie moderne); des éléments qui apparaissent tard, comme

une dérivation ultime dans une formation discursive, et qui occupent une place première dans une formation ultérieure (ainsi la notion d'organisme apparue à la fin du XVIIIe siècle dans l'Histoire naturelle, et comme résultat de toute l'entreprise taxinomique de caractérisation, et qui devient le concept majeur de la biologie à l'époque de Cuvier; ainsi la notion de foyer lésionnel que Morgagni met au jour et qui devient un des concepts principaux de la médecine clinique); des éléments qui réapparaissent après un temps de désuétude, d'oubli ou même d'invalidation (ainsi le retour à un fixisme de type linnéen chez un biologiste comme Cuvier; ainsi la réactivation au XVIIIe siècle de la vieille idée de langue originaire). Le problème pour l'archéologie n'est pas de nier ces phénomènes, ni de vouloir diminuer leur importance; mais au contraire de prendre leur mesure, et d'essayer d'en rendre compte : comment peut-il y avoir de ces permanences ou de ces répétitions, de ces longs enchaînements ou de ces courbes qui enjambent le temps? L'archéologie ne tient pas le continu pour la donnée première et ultime qui doit rendre compte du reste; elle considère au contraire que le même, le répétitif et l'ininterrompu ne font pas moins problème que les ruptures; pour elle, l'identique et le continu ne sont pas ce qu'il faut retrouver au terme de l'analyse; ils figurent dans l'élément d'une pratique discursive; ils sont commandés eux aussi par les règles de formation des positivités; loin de manifester cette inertie fondamentale et rassurante à laquelle on aime référer le changement, ils sont eux-mêmes activement, régulièrement formés. Et à ceux qui seraient tentés de reprocher à l'archéologie l'analyse privilégiée du discontinu, à tous ces agoraphobiques de l'histoire et du temps, à tous ceux qui confondent rupture et irrationalité, je répondrai : « Par l'usage que vous en faites, c'est vous qui dévalorisez le continu. Vous le traitez comme un élément-support auquel tout le reste doit être rapporté; vous en faites la loi première, la pesanteur essentielle de toute pratique discursive; vous voudriez qu'on analyse toute modification dans le champ de cette inertie, comme on analyse tout mouvement dans le champ de la gravitation. Mais vous ne lui donnez ce statut qu'en le neutralisant, et qu'en le repoussant, à la limite extérieure du temps, vers une passivité originelle. L'archéologie se propose d'inverser cette disposition, ou plutôt (car il ne s'agit pas de prêter au discontinu le rôle accordé jusque-là à la continuité) de faire jouer l'un contre l'autre le continu et le discontinu : de montrer comment le continu est formé selon les mêmes conditions et d'après les mêmes règles que la dispersion; et qu'il entre — ni plus ni moins que les différences, les inventions, les nouveautés ou les déviations — dans le champ de la pratique discursive. »

4. L'apparition et l'effacement des positivités, le jeu de substitutions auquel ils donnent lieu, ne constituent pas un processus homogène qui se déroulerait partout de la même façon. Ne pas croire que la rupture soit une sorte de grande dérive générale à laquelle seraient soumises, en même temps, toutes les formations discursives : la rupture, ce n'est pas un temps mort et indifférencié qui s'intercalerait — ne serait-ce qu'un instant — entre deux phases manifestes; ce n'est pas le lapsus sans durée qui séparerait deux époques et déploierait de part et d'autre d'une faille deux temps hétérogènes; c'est toujours entre des positivités définies une discontinuité spécifiée par un certain nombre de transformations distinctes. De sorte que l'analyse des coupures archéologiques a pour propos d'établir entre tant de modifications diverses, des analogies et des différences, des hiérarchies, des complémentarités, des coïncidences et des décalages : bref de décrire la dispersion des discontinuités elles-mêmes.

L'idée d'une seule et même coupure partageant d'un coup, et en un moment donné, toutes les formations discursives, les interrompant d'un seul mouvement et les reconstituant selon les mêmes règles, — cette idée ne saurait être retenue. La contemporanéité de plusieurs transformations ne signifie pas leur exacte coïncidence chronologique : chaque transformation peut avoir son indice particulier de « viscosité » temporelle. L'histoire naturelle, la grammaire générale et l'analyse des richesses se sont constituées sur des modes analogues, et toutes trois au cours du XVIIe siècle; mais le système de formation de l'analyse des richesses était lié à un grand nombre de conditions et de pratiques non discursives (circulation des marchandises, manipulations monétaires avec leurs effets, système de protection du commerce et des manufactures, oscillations dans la quantité de métal monétisé) : de là, la lenteur d'un processus qui s'est déroulé pendant plus d'un siècle (de Grammont à Cantillon), alors que les transformations qui avaient instauré la Grammaire et l'Histoire naturelle ne s'étaient guère étendues sur plus de vingt-cinq ans. Inversement, des transformations contemporaines, analogues et liées, ne renvoient pas à un modèle unique, qui se reproduirait plusieurs fois à la surface des discours et imposerait à tous une forme strictement identique de rupture : quand on a décrit la coupure archéologique qui a donné lieu à la philologie, à la biologie et à l'économie, il s'agissait de montrer comment ces trois positivités étaient liées (par la disparition de l'analyse du signe et de la théorie de la représentation), quels effets symétriques elle pouvait produire (l'idée d'une totalité et d'une adaptation organique chez les êtres vivants; l'idée d'une cohérence morphologique et d'une évolution réglée dans les langues; l'idée d'une forme de production qui a ses lois internes et ses limites d'évolution); mais il ne s'agissait pas moins de montrer quelles étaient les différences spécifiques de ces transformations (comment en particulier l'historicité s'introduit sur un mode particulier dans ces trois positivités, comment par conséquent leur rapport à l'histoire ne peut être le même, bien que toutes aient un rapport défini avec elle).

Enfin il existe entre les différentes ruptures archéologiques d'importants décalages, — et parfois même entre des formations discursives fort voisines et liées par de nombreux rapports. Ainsi pour les disciplines du langage et l'analyse historique : la grande transformation qui a donné naissance dans les toutes premières années du XIXe siècle à la grammaire historique et comparée précède d'un bon demi-siècle la mutation du discours historique : de sorte que le système d'interpositivité dans lequel la philologie était prise se trouve profondément remanié dans la seconde moitié du XIXe siècle sans que la positivité de la philologie soit remise en question. De là des phénomènes de « décalage en briques » dont on peut citer au moins un autre exemple notoire : des concepts comme ceux de plus-value ou de baisse tendancielle du taux de profit, tels qu'on les rencontre chez Marx, peuvent être décrits à partir du système de positivité qui est déjà à l'œuvre chez Ricardo; or ces concepts (qui sont nouveaux mais dont les règles de formation ne le sont pas) apparaissent — chez Marx lui-même — comme relevant en même temps d'une tout autre pratique discursive : ils y sont formés selon des lois spécifiques, ils y occupent une autre position, ils ne figurent pas dans les mêmes enchaînements : cette positivité nouvelle, ce n'est pas une transformation des analyses de Ricardo; ce n'est pas une nouvelle économie politique; c'est un discours dont l'instauration a eu lieu à propos de la dérivation de certains concepts économiques, mais qui en retour définit les conditions dans lesquelles s'exerce le discours des économistes, et peut donc valoir comme théorie et critique de l'économie politique.

L'archéologie désarticule la synchronie des coupures, comme elle aurait disjoint l'unité abstraite du changement et de l'événement. L'*époque* n'est ni son unité de base, ni son horizon, ni son objet : si elle en parle, c'est toujours à propos de pratiques discursives déterminées et comme résultat de ses analyses. L'âge classique, qui fut souvent mentionné dans les analyses archéologiques, n'est pas une figure temporelle qui impose son unité et sa forme vide à tous les discours; c'est le nom qu'on peut donner à un enchevêtrement de continuités et de discontinuités, de modifications internes aux positivités, de formations discursives qui apparaissent et qui disparaissent. De même la *rupture*, ce n'est pas pour l'archéologie la butée de ses analyses, la limite qu'elle signale de loin, sans pouvoir la déterminer ni lui donner une spécificité : la rupture, c'est le nom donné aux transformations qui portent sur le régime général d'une ou plusieurs formations discursives. Ainsi la Révolution française — puisque c'est autour d'elle qu'ont été centrées jusqu'ici toutes les analyses archéologiques — ne joue pas le rôle d'un événement extérieur aux discours, dont on devrait, pour penser comme il faut, retrouver l'effet de partage dans tous les discours; elle fonctionne comme un ensemble complexe, articulé, descriptible de transformations qui ont laissé intactes un certain nombre de positivités, qui ont fixé pour un certain nombre d'autres des règles qui sont encore les nôtres, qui ont établi également des positivités qui viennent de se défaire ou se défont encore sous nos yeux.

VI

Science et savoir

Une délimitation silencieuse s'est imposée à toutes les analyses précédentes, sans qu'on en ait donné le principe, sans même que le dessin en ait été précisé. Tous les exemples évoqués appartenaient sans exception à un domaine très restreint. On est loin d'avoir, je ne dis pas inventorié, mais même sondé l'immense domaine du discours : pourquoi avoir négligé systématiquement les textes « littéraires », « philosophiques », ou « politiques »? En ces régions, les formations discursives et les systèmes de positivité n'ont-ils pas de place? Et à s'en tenir au seul ordre des sciences, pourquoi avoir passé sous silence mathématiques, physique ou chimie? Pourquoi avoir fait appel à tant de disciplines douteuses, informes encore et vouées peut-être à demeurer toujours au-dessous du seuil de la scientificité? D'un mot, quel est le rapport de l'archéologie à l'analyse des sciences?

a) *Positivités, disciplines, sciences.*

Première question : est-ce que l'archéologie, sous les termes un peu bizarres de « formation discursive » et de « positivité », ne décrit pas tout simplement des pseudo-sciences (comme la psychopathologie), des sciences à l'état préhistorique (comme l'histoire naturelle) ou des sciences entièrement pénétrées par l'idéologie (comme l'économie politique)? N'est-elle pas l'analyse privilégiée de ce qui restera toujours quasi scientifique? Si on appelle « disciplines » des ensembles d'énoncés qui empruntent leur organisation à des modèles scientifiques, qui tendent à la cohérence et à la démonstrativité, qui sont reçus, institutionnalisés, transmis et parfois enseignés comme des sciences, ne pourrait-on pas dire que l'archéologie décrit des disciplines qui ne sont pas effectivement des sciences, tandis que l'épistémologie décrirait des sciences qui ont pu se former à partir (ou en dépit) des disciplines existantes?

A ces questions on peut répondre par la négative. L'archéologie ne décrit pas des disciplines. Tout au plus, celles-ci, dans leur déploiement manifeste, peuvent-elles servir d'amorce à la description des positivités; mais elles n'en fixent pas les limites : elles ne lui imposent pas des découpes définitives; elles ne se retrouvent pas telles quelles au terme de l'analyse; on ne peut pas établir de relation bi-univoque entre les disciplines instituées et les formations discursives.

De cette distorsion, voici un exemple. Le point d'attache de l'*Histoire de la Folie*, c'était l'apparition, au début du XIXe siècle, d'une discipline psychiatrique. Cette discipline n'avait ni le même contenu, ni la même organisation interne, ni la même place dans la médecine, ni la même fonction pratique, ni le même mode d'utilisation que le traditionnel chapitre des « maladies de la tête » ou des « maladies nerveuses » qu'on trouvait dans les traités de médecine du XVIIIe siècle. Or, à interroger cette discipline nouvelle, on a découvert deux choses : ce qui l'a rendue possible à l'époque où elle est apparue, ce qui a déterminé ce grand changement dans l'économie des concepts, des analyses et des démonstrations, c'est tout un jeu de rapports entre l'hospitalisation, l'internement, les conditions et les procédures de l'exclusion sociale, les règles de la jurisprudence, les normes du travail industriel et de la morale bourgeoise, bref tout un ensemble qui caractérise pour cette pratique discursive la formation de ses énoncés; mais cette pratique ne se manifeste pas seulement dans une discipline à statut et à prétention scientifiques; on la trouve également à l'œuvre dans des textes juridiques, dans des expressions littéraires, dans des réflexions philosophiques, dans des décisions d'ordre politique, dans des propos quotidiens, dans des opinions. La formation discursive dont la discipline psychiatrique permet de repérer l'existence ne lui est pas coextensive, tant s'en faut : elle la déborde largement et l'investit de toutes parts. Mais il y a plus : en remontant dans le temps et en cherchant ce qui avait pu précéder, au XVIIe et au XVIIIe siècle, l'instauration de la psychiatrie, on s'est aperçu qu'il n'y avait aucune discipline préalable : ce qui était dit des manies, des délires, des mélancolies, des maladies nerveuses, par les médecins de l'époque classique ne constituait en aucune manière une discipline autonome, mais tout au plus une rubrique dans l'analyse des fièvres, des altérations des humeurs, ou des affections du cerveau. Cependant, malgré l'absence de toute discipline instituée, une pratique discursive était à l'œuvre, qui avait sa régularité et sa consistance. Cette pratique discursive, elle était investie dans la médecine certes, mais tout autant dans les règlements administratifs, dans des textes littéraires ou philosophiques, dans la casuistique, dans les théories ou les projets de travail obligatoire ou d'assistance aux pauvres. A l'époque classique, on a donc une formation discursive et une positivité parfaitement accessibles à la description, auxquelles ne correspond aucune discipline définie qu'on puisse comparer à la psychiatrie.

Mais, s'il est vrai que les positivités ne sont pas les simples doublets des disciplines instituées, ne sont-elles pas l'esquisse de sciences futures? Sous le nom de formation discursive ne désigne-t-on pas la projection rétrospective des sciences sur leur propre passé, l'ombre qu'elles portent sur ce qui les a précédées et qui paraît ainsi les avoir profilées à l'avance? Ce qu'on a décrit par exemple comme analyse des richesses ou grammaire générale, en leur prêtant une autonomie peut-être bien artificielle, n'était-ce pas, tout simplement, l'économie politique à l'état incohatif, ou une phase préalable à l'instauration d'une science enfin rigoureuse du langage? Par un mouvement rétrograde dont la légitimité serait sans doute difficile à établir, l'archéologie n'essaie-t-elle pas de regrouper en une pratique discursive indépendante tous les éléments hétérogènes et dispersés dont la complicité s'avérera nécessaire pour l'instauration d'une science?

Là encore, la réponse doit être négative. Ce qui a été analysé sous le nom d'Histoire naturelle ne resserre pas, en une figure unique, tout ce qui, au XVIIe et au XVIIIe siècle, pourrait valoir comme l'esquisse d'une science de la vie, et figurer dans sa généalogie légitime. La positivité ainsi mise au jour rend bien compte en effet d'un certain nombre d'énoncés concernant les ressemblances et les différences entre les êtres, leur structure visible, leurs caractères spécifiques et génériques, leur classement possible, les discontinuités qui les séparent, et les transitions qui les relient; mais elle laisse de côté bien d'autres analyses, qui datent pourtant de la même époque, et qui dessinent elles aussi les figures ancestrales de la biologie : analyse du mouvement réflexe (qui aura tant d'importance pour la constitution d'une anatomo-physiologie du système nerveux), théorie des germes (qui semble anticiper sur les problèmes de l'évolution et de la génétique), explication de la croissance animale ou végétale (qui sera une des grandes questions de la physiologie des organismes en général). Bien plus : loin d'anticiper sur une biologie future, l'Histoire naturelle — discours taxinomique, lié à la théorie des signes et au projet d'une science de l'ordre — excluait, par sa solidité et son autonomie, la constitution d'une science unitaire de la vie. De même, la formation discursive qu'on décrit comme Grammaire générale ne rend pas compte, tant s'en faut, de tout ce qui a pu être dit à l'époque classique sur le langage, et dont on devait trouver plus tard, dans la philologie, l'héritage ou la répudiation, le développement ou la critique : elle laisse de côté les méthodes de l'exégèse biblique, et cette philosophie du langage qui se formule chez Vico ou Herder. Les formations discursives, ce ne sont donc pas les sciences futures dans le moment où, encore inconscientes d'elles-mêmes, elles se constituent à bas bruit : elles ne sont pas, en fait, dans un état de subordination téléologique par rapport à l'orthogenèse des sciences.

Faut-il dire alors qu'il ne peut y avoir de science là où il y a positivité, et que les positivités, là où on peut les découvrir, sont toujours exclusives des sciences? Faut-il supposer qu'au lieu d'être dans une relation chronologique à l'égard des sciences, elles sont dans une situation d'alternative? Qu'elles sont en quelque sorte la figure positive d'un certain défaut épistémologique. Mais on pourrait, dans ce cas également, fournir un contre-exemple. La médecine clinique n'est certainement pas une science. Non seulement parce qu'elle ne répond pas aux critères formels et n'atteint pas le niveau de rigueur qu'on peut attendre de la physique, de la chimie ou même de la physiologie; mais aussi parce qu'elle comporte un amoncellement, à peine organisé, d'observations empiriques, d'essais et de résultats bruts, de recettes, de prescriptions thérapeutiques, de règlements institutionnels. Et pourtant cette non-science n'est pas exclusive de la science : au cours du XIXe siècle, elle a établi des rapports définis entre des sciences parfaitement constituées comme la physiologie, la chimie, ou la microbiologie; bien plus, elle a donné lieu à des discours comme celui de l'anatomie pathologique auquel il serait présomptueux sans doute de donner le titre de fausse science.

On ne peut donc identifier les formations discursives ni à des sciences, ni à des disciplines à peine scientifiques, ni à ces figures qui dessinent de loin les sciences à venir, ni enfin à des formes qui excluent d'entrée de jeu toute scientificité. Qu'en est-il alors du rapport entre les positivités et les sciences?

b) *Le savoir.*

Les positivités ne caractérisent pas des formes de connaissance — que ce soient des conditions *a priori* et nécessaires ou des formes de rationalité qui ont pu à tour de rôle être mises en œuvre par l'histoire. Mais elles ne définissent pas non plus l'état des connaissances en un moment donné du temps : elles n'établissent pas le bilan de ce qui, dès ce moment-là, avait pu être démontré et prendre statut d'acquis définitif, le bilan de ce qui, en revanche, était accepté sans preuve ni démonstration suffisante, ou de ce qui était admis de croyance commune ou requis par la force de l'imagination. Analyser des positivités, c'est montrer selon quelles règles une pratique discursive peut former des groupes d'objets, des ensembles d'énonciations, des jeux de concepts, des séries de choix théoriques. Les éléments ainsi formés ne constituent pas une science, avec une structure d'idéalité définie; leur système de relations à coup sûr est moins strict; mais ce ne sont pas non plus des connaissances entassées les unes à côté des autres, venues d'expériences, de traditions ou de découvertes hétérogènes, et reliées seulement par l'identité du sujet qui les détient. Ils sont ce à partir de quoi se bâtissent des propositions cohérentes (ou non), se développent des descriptions plus ou moins exactes, s'effectuent des vérifications, se déploient des théories. Ils forment le préalable de ce qui se révélera et fonctionnera comme une connaissance ou une illusion, une vérité admise ou une erreur dénoncée, un acquis définitif ou un obstacle surmonté. Ce préalable, on voit bien qu'il ne peut pas être analysé comme un donné, une expérience vécue, encore tout engagée dans l'imaginaire ou la perception, que l'humanité au cours de son histoire aurait eu à reprendre dans la forme de la rationalité, ou que chaque individu devrait traverser pour son propre compte, s'il veut retrouver les significations idéales qui y sont investies ou cachées. Il ne s'agit pas d'une préconnaissance ou d'un stade archaïque dans le mouvement qui va de la connaissance immédiate à l'apodicticité; il s'agit des éléments qui doivent avoir été formés par une pratique discursive pour qu'éventuellement un discours scientifique se constitue, spécifié non seulement par sa forme et sa rigueur, mais aussi par les objets auxquels il a affaire, les types d'énonciation qu'il met en jeu, les concepts qu'il manipule, et les stratégies qu'il utilise. Ainsi on ne rapporte pas la science à ce qui a dû être vécu ou doit l'être, pour que soit fondée l'intention d'idéalité qui lui est propre; mais à ce qui a dû être dit — ou ce qui doit l'être — pour qu'il puisse y avoir un discours qui, le cas échéant, réponde à des critères expérimentaux ou formels de scientificité.

Cet ensemble d'éléments, formés de manière régulière par une pratique discursive et qui sont indispensables à la constitution d'une science, bien qu'ils ne soient pas destinés nécessairement à lui donner lieu, on peut l'appeler *savoir.* Un savoir, c'est ce dont on peut parler dans une pratique discursive qui se trouve par là spécifiée : le domaine constitué par les différents objets qui acquéreront ou non un statut scientifique (le savoir de la psychiatrie, au XIXe siècle, ce n'est pas la somme de ce qu'on a cru vrai, c'est l'ensemble des conduites, des singularités, des déviations dont on peut parler dans le discours psychiatrique); un savoir, c'est aussi l'espace dans lequel le sujet peut prendre position pour parler des objets auxquels il a affaire dans son discours (en ce sens, le savoir de la médecine clinique, c'est l'ensemble des fonctions de regard, d'interrogation, de déchiffrement, d'enregistrement, de décision, que peut exercer le sujet du discours médical); un savoir, c'est aussi le champ de coordination et de subordination des énoncés où les concepts apparaissent, se définissent, s'appliquent et se transforment (à ce niveau, le savoir de l'Histoire naturelle, au XVIIIe siècle, ce n'est pas la somme de ce qui a été dit, c'est l'ensemble des modes et des emplacements selon lesquels on peut intégrer au déjà dit tout énoncé nouveau); enfin un savoir se définit par des possibilités d'utilisation et d'appropriation offertes par le discours (ainsi, le savoir de l'économie politique, à l'époque classique, ce n'est pas la thèse des différentes thèses soutenues, mais c'est l'ensemble de ses points d'articulation sur d'autres discours ou sur d'autres pratiques qui ne sont pas discursives). Il y a des savoirs qui sont indépendants des sciences (qui n'en sont ni l'esquisse historique ni l'envers vécu), mais il n'y a pas de savoir sans une pratique discursive définie; et toute pratique discursive peut se définir par le savoir qu'elle forme.

Au lieu de parcourir l'axe conscience-connaissance-science (qui ne peut être affranchi de l'index de la subjectivité), l'archéologie parcourt l'axe pratique discursive-savoir-science. Et alors que l'histoire des idées trouve le point d'équilibre de son analyse dans l'élément de la connaissance (se trouvant ainsi contrainte, fût-ce contre son gré, de rencontrer l'interrogation transcendantale), l'archéologie trouve le point d'équilibre de son analyse dans le savoir — c'est-à-dire dans un domaine où le sujet est nécessairement situé et dépendant, sans qu'il puisse jamais y faire figure de titulaire (soit comme activité transcendantale, soit comme conscience empirique).

On comprend dans ces conditions qu'il faille distinguer avec soin les *domaines scientifiques* et les *territoires archéologiques :* leur découpe et leurs principes d'organisation sont tout autres. N'appartiennent à un domaine de scientificité que les propositions qui obéissent à certaines lois de construction; des affirmations qui auraient le même sens, qui diraient la même chose, qui seraient aussi vraies qu'elles, mais qui ne relèveraient pas de la même systématicité, seraient exclues de ce domaine : ce que *Le Rêve de d'Alembert* dit à propos du devenir des espèces peut bien traduire certains des concepts ou certaines des hypothèses scientifiques de l'époque; cela peut bien même anticiper sur une vérité future; cela ne relève pas du domaine de scientificité de l'Histoire naturelle, mais appartient en revanche à son territoire archéologique, si du moins on peut y découvrir à l'œuvre les mêmes règles de formation que chez Linné, chez Buffon, chez Daubenton ou Jussieu. Les territoires archéologiques peuvent traverser des textes « littéraires », ou « philosophiques » aussi bien que des textes scientifiques. Le savoir n'est pas investi seulement dans des démonstrations, il peut l'être aussi dans des fictions, dans des réflexions, dans des récits, dans des règlements institutionnels, dans des décisions politiques. Le territoire archéologique de l'Histoire naturelle comprend la *Palingénésie philosophique* ou le *Telliamed* bien qu'ils ne répondent pas pour une grande part aux normes scientifiques qui étaient admises à l'époque, et encore moins, bien sûr, à celles qui seront exigées plus tard. Le territoire archéologique de la Grammaire générale enveloppe les rêveries de Fabre d'Olivet (qui n'ont jamais reçu de statut scientifique et s'inscrivent plutôt au registre de la pensée mystique) non moins que l'analyse des propositions attributives (qui était reçue alors avec la lumière de l'évidence, et dans laquelle la grammaire générative peut reconnaître aujourd'hui sa vérité préfigurée).

La pratique discursive ne coïncide pas avec l'élaboration scientifique à laquelle elle peut donner lieu; et le savoir qu'elle forme n'est ni l'esquisse rugueuse ni le sous-produit quotidien d'une science constituée. Les sciences — peu importe pour l'instant la différence entre les discours qui ont une présomption ou un statut de scientificité et ceux qui en présentent réellement les critères formels —, les sciences apparaissent dans l'élément d'une formation discursive et sur fond de savoir. Ce qui ouvre deux séries de problèmes : quels peuvent être la place et le rôle d'une région de scientificité dans le territoire archéologique où elle se dessine? Selon quel ordre et quels processus s'accomplit l'émergence d'une région de scientificité dans une formation discursive donnée? Problèmes auxquels on ne saurait, ici et maintenant, donner de réponse : il s'agit seulement d'indiquer dans quelle direction, peut-être, on pourrait les analyser.

c) *Savoir et idéologie.*

Une fois constituée, une science ne reprend pas à son compte et dans les enchaînements qui lui sont propres tout ce qui formait la pratique discursive où elle apparaît; elle ne dissipe pas non plus — pour le renvoyer à la préhistoire des erreurs, des préjugés ou de l'imagination — le savoir qui l'entoure. L'anatomie pathologique n'a pas réduit et ramené aux normes de la scientificité la positivité de la médecine clinique. Le savoir n'est pas ce chantier épistémologique qui disparaîtrait dans la science qui l'accomplit. La science (ou ce qui se donne pour tel) se localise dans un champ de savoir et elle y joue un rôle. Rôle qui varie selon les différentes formations discursives et qui se modifie avec leurs mutations. Ce qui, à l'époque classique, se donnait comme connaissance médicale des maladies de l'esprit occupait dans le savoir de la folie une place fort limitée : il n'en constituait guère qu'une des surfaces d'affleurement, parmi bien d'autres (jurisprudence, casuistique, réglementation policière, etc.); en revanche, les analyses psychopathologiques du XIXᵉ siècle, qui se donnaient elles aussi pour une connaissance scientifique des maladies mentales, ont joué un rôle fort différent et beaucoup plus important dans le savoir de la folie (rôle de modèle et d'instance de décision). De la même façon, le discours scientifique (ou de présomption scientifique) n'assure pas la même fonction dans le savoir économique du XVIIᵉ siècle et dans celui du XIXᵉ. Dans toute formation discursive, on trouve un rapport spécifique entre science et savoir; et l'analyse archéologique, au lieu de définir entre eux un rapport d'exclusion ou de soustraction (en cherchant ce qui du savoir se dérobe et résiste encore à la science, ce qui de la science est encore compromis par le voisinage et l'influence du savoir), doit montrer positivement comment une science s'inscrit et fonctionne dans l'élément du savoir.

Sans doute est-ce là, dans cet espace de jeu, que s'établissent et se spécifient les rapports de l'idéologie aux sciences. La prise de l'idéologie sur le discours scientifique et le fonctionnement idéologique des sciences ne s'articulent pas au niveau de leur structure idéale (même s'ils peuvent s'y traduire d'une façon plus ou moins visible), ni au niveau de leur utilisation technique dans une société (bien que celle-ci puisse y prendre effet), ni au niveau de la conscience des sujets qui la bâtissent; ils s'articulent là où la science se découpe sur le savoir. Si la question de l'idéologie peut être posée à la science, c'est dans la mesure où celle-ci, sans s'identifier au savoir, mais sans l'effacer ni l'exclure, se localise en lui, structure certains de ses objets, systématise certaines de ses énonciations, formalise tels de ses concepts et de ses stratégies; c'est dans la mesure où cette élaboration scande le savoir, le modifie et le redistribue pour une part, le confirme et le laisse valoir pour une autre part; c'est dans la mesure où la science trouve son lieu dans une régularité discursive et où, par là, elle se déploie et fonctionne dans tout un champ de pratiques discursives ou non. Bref la question de l'idéologie posée à la science, ce n'est pas la question des situations ou des pratiques qu'elle reflète d'une façon plus ou moins consciente; ce n'est pas la question non plus de son utilisation éventuelle ou de tous les mésusages qu'on peut en faire; c'est la question de son existence comme pratique discursive et de son fonctionnement parmi d'autres pratiques.

On peut bien dire en gros, et en passant par-dessus toute médiation et toute spécificité, que l'économie politique a un rôle dans la société capitaliste, qu'elle sert les intérêts de la classe bourgeoise, qu'elle a été faite par elle et pour elle, qu'elle porte enfin le stigmate de ses origines jusque dans ses concepts et son architecture logique; mais toute description plus précise des rapports entre la structure épistémologique de l'économie et sa fonction idéologique devra passer par l'analyse de la formation discursive qui lui a donné lieu et de l'ensemble des objets, des concepts, des choix théoriques qu'elle a eu à élaborer et à systématiser; et on devra montrer alors comment la pratique discursive qui a donné lieu à une telle positivité a fonctionné parmi d'autres pratiques qui pouvaient être d'ordre discursif mais aussi d'ordre politique ou économique.

Ce qui permet d'avancer un certain nombre de propositions :

1. L'idéologie n'est pas exclusive de la scientificité. Peu de discours ont fait autant de place à l'idéologie que le discours clinique ou celui de l'économie politique : ce n'est pas une raison suffisante pour assigner en erreur, en contradiction, en absence d'objectivité l'ensemble de leurs énoncés.

2. Les contradictions, les lacunes, les défauts théoriques peuvent bien signaler le fonctionnement idéologique d'une science (ou d'un discours à prétention scientifique); ils peuvent permettre de déterminer en quel point de l'édifice ce fonctionnement prend ses effets. Mais l'analyse de ce fonctionnement doit se faire au niveau de la positivité et des rapports entre les règles de la formation et les structures de la scientificité.

3. En se corrigeant, en rectifiant ses erreurs, en resserrant ses formalisations, un discours ne dénoue pas pour autant et forcément son rapport à l'idéologie. Le rôle de celle-ci ne diminue pas à mesure que croît la rigueur et que la fausseté se dissipe.

4. S'attaquer au fonctionnement idéologique d'une science pour le faire apparaître et pour le modifier, ce n'est pas mettre au jour les présupposés philosophiques qui peuvent l'habiter; ce n'est pas revenir aux fondements qui l'ont rendue possible et qui la légitiment : c'est la remettre en question comme formation discursive; c'est s'attaquer non aux contradictions formelles de ses propositions, mais au système de formation de ses objets, de ses types d'énonciations, de ses concepts, de ses choix théoriques. C'est la reprendre comme pratique parmi d'autres pratiques.

d) *Les différents seuils et leur chronologie.*

A propos d'une formation discursive, on peut décrire plusieurs émergences distinctes. Le moment à partir duquel une pratique discursive s'individualise et prend son autonomie, le moment par conséquent où se trouve mis en œuvre un seul et même système de formation des énoncés, ou encore le moment où ce système se transforme, on pourra l'appeler *seuil de positivité.* Lorsque dans le jeu d'une formation discursive, un ensemble d'énoncés se découpe, prétend faire valoir (même sans y parvenir) des normes de vérification et de cohérence et qu'il exerce, à l'égard du savoir, une fonction dominante (de modèle, de critique ou de vérification), on dira que la formation discursive franchit un *seuil d'épistémologisation*. Lorsque la figure épistémologique ainsi dessinée obéit à un certain nombre de critères formels, lorsque ses énoncés ne répondent pas seulement à des règles archéologiques de formation, mais en outre à certaines lois de construction des propositions, on dira qu'elle a franchi un *seuil de scientificité*. Enfin lorsque ce discours scientifique, à son tour, pourra définir les axiomes qui lui sont nécessaires, les éléments qu'il utilise, les structures propositionnelles qui sont pour lui légitimes et les transformations qu'il accepte, lorsqu'il pourra ainsi déployer, à partir de lui-même, l'édifice formel qu'il constitue, on dira qu'il a franchi le *seuil de la formalisation*.

La répartition dans le temps de ces différents seuils, leur succession, leur décalage, leur éventuelle coïncidence, la manière dont ils peuvent se commander ou s'impliquer les uns les autres, les conditions dans lesquelles, tour à tour, ils s'instaurent, constituent pour l'archéologie un de ses domaines majeurs d'exploration. Leur chronologie, en effet, n'est ni régulière ni homogène. Ce n'est point d'un même pas et en même temps que toutes les formations discursives les franchissent, scandant ainsi l'histoire des connaissances humaines en différents âges : à l'époque où bien des positivités ont franchi le seuil de la formalisation, bien d'autres n'ont pas encore atteint celui de la scientificité ou même de l'épistémologisation. Bien plus : chaque formation discursive ne passe pas successivement par ces différents seuils comme par les stades naturels d'une maturation biologique où la seule variable serait le temps de latence ou la durée des intervalles. Il s'agit, en fait, d'événements dont la dispersion n'est pas évolutive : leur ordre singulier est un des caractères de chaque formation discursive. Voici quelques exemples de ces différences.

Dans certains cas, le seuil de positivité est franchi bien avant celui de l'épistémologisation : ainsi la psychopathologie, comme discours de prétention scientifique, a épistémologisé au début du XIXe siècle, avec Pinel, Heinroth et Esquirol, une pratique discursive qui lui préexistait largement, et qui avait depuis longtemps acquis son autonomie et son système de régularité. Mais il peut arriver aussi que ces deux seuils soient confondus dans le temps, et que l'instauration d'une positivité soit du même coup l'émergence d'une figure épistémologique. Parfois les seuils de scientificité sont liés au passage d'une positivité à une autre; parfois ils en sont différents; ainsi le passage de l'Histoire naturelle (avec la scientificité qui lui était propre) à la biologie (comme science non du classement des êtres, mais des corrélations spécifiques des différents organismes) ne s'est pas effectué à l'époque de Cuvier sans la transformation d'une positivité en une autre; en revanche la médecine expérimentale de Claude Bernard, puis la microbiologie de Pasteur ont modifié le type de scientificité requis par l'anatomie et la physiologie pathologiques, sans que la formation discursive de la médecine clinique, telle qu'elle avait été établie à l'époque, s'en soit trouvée mise hors jeu. De même la scientificité nouvelle instituée, dans les disciplines biologiques, par l'évolutionnisme, n'a pas modifié la positivité biologique qui avait été définie à l'époque de Cuvier. Dans le cas de l'économie, les décrochages sont particulièrement nombreux. On peut reconnaître, au XVIIe siècle, un seuil de positivité : il coïncide à peu près avec la pratique et la théorie du mercantilisme; mais son épistémologisation ne se produira qu'un peu plus tard, à l'extrême fin du siècle, ou au début du siècle suivant avec Locke et Cantillon. Cependant le XIXe siècle, avec Ricardo, marque à la fois un nouveau type de positivité, une nouvelle forme d'épistémologisation, que Cournot et Jevons modifieront à leur tour, à l'époque même où Marx, à partir de l'économie politique, fera apparaître une pratique discursive entièrement nouvelle.

A ne reconnaître dans la science que le cumul linéaire des vérités ou l'orthogenèse de la raison, à ne pas reconnaître en elle une pratique discursive qui a ses niveaux, ses seuils, ses ruptures diverses, on ne peut décrire qu'un seul partage historique dont on reconduit sans cesse le modèle tout au long des temps, et pour n'importe quelle forme de savoir : le partage entre ce qui n'est pas encore scientifique et ce qui l'est définitivement. Toute l'épaisseur des décrochages, toute la dispersion des ruptures, tout le décalage de leurs effets et le jeu de leur interdépendance se trouvent réduits à l'acte monotone d'une fondation qu'il faut toujours répéter.

Il n'y a sans doute qu'une science pour laquelle on ne puisse distinguer ces différents seuils ni décrire entre eux un pareil ensemble de décalages : les mathématiques, seule pratique discursive qui ait franchi d'un coup le seuil de la positivité, le seuil de l'épistémologisation, celui de la scientificité et celui de la formalisation. La possibilité même de leur existence impliquait que fût donné, d'entrée de jeu ce qui, partout ailleurs, demeure dispersé tout au long de l'histoire : leur positivité première devait constituer une pratique discursive déjà formalisée (même si d'autres formalisations devaient par la suite être opérées). De là le fait que leur instauration soit à la fois si énigmatique (si peu accessible à l'analyse, si resserrée dans la forme du commencement absolu) et si valorisée (puisqu'elle vaut en même temps comme origine et comme fondement); de là le fait que dans le premier geste du premier mathématicien, on ait vu la constitution d'une idéalité qui s'est déployée tout au long de l'histoire et n'a été mise en question que pour être répétée et purifiée; de là le fait que le commencement des mathématiques soit interrogé moins comme un événement historique qu'à titre de principe d'historicité; de là enfin le fait que, pour toutes les autres sciences, on rapporte la description de leur genèse historique, de leurs tâtonnements et de leurs échecs, de leur tardive percée, au modèle méta-historique d'une géométrie émergeant soudain et une fois pour toutes des pratiques triviales de l'arpentage. Mais à prendre l'établissement du discours mathématique comme prototype pour la naissance et le devenir de toutes les autres sciences, on risque d'homogénéiser toutes les formes singulières d'historicité, de ramener à l'instance d'une seule coupure tous les seuils différents que peut franchir une pratique discursive, et reproduire indéfiniment à tous les moments du temps, la problématique de l'origine : ainsi se trouveraient reconduits les droits de l'analyse historico-transcendantale. Modèle, les mathématiques l'ont été à coup sûr pour la plupart des discours scientifiques dans leur effort vers la rigueur formelle et la démonstrativité; mais pour l'historien qui interroge le devenir effectif des sciences, elles sont un mauvais exemple, — un exemple qu'on ne saurait en tout cas généraliser.

e) *Les différents types d'histoire des sciences.*

Les seuils multiples qu'on a pu repérer permettent des formes distinctes d'analyse historique. Analyse, d'abord, au niveau de la formalisation : c'est cette histoire que les mathématiques ne cessent de raconter sur elles-mêmes dans le processus de leur propre élaboration. Ce qu'elles ont été à un moment donné (leur domaine, leurs méthodes, les objets qu'elles définissent, le langage qu'elles emploient) n'est jamais rejeté dans le champ extérieur de la non-scientificité; mais se trouve perpétuellement redéfini (ne serait-ce qu'à titre de région tombée en désuétude ou frappée provisoirement de stérilité) dans l'édifice formel qu'elles constituent; ce passé se révèle comme cas particulier, modèle naïf, esquisse partielle et insuffisamment généralisée, d'une théorie plus abstraite, plus puissante ou d'un plus haut niveau; leur parcours historique réel, les mathématiques le retranscrivent dans le vocabulaire des voisinages, des dépendances, des subordinations, des formalisations progressives, des généralités qui s'enveloppent. Pour cette histoire *des* mathématiques (celle qu'elles constituent et celle qu'elles racontent à propos d'elles-mêmes), l'algèbre de Diophante n'est pas une expérience restée en suspens; c'est un cas particulier de l'Algèbre tel qu'on le connaît depuis Abel et Galois; la méthode grecque des exhaustions n'a pas été une impasse dont il a bien fallu se détourner; c'est un modèle naïf du calcul intégral. Chaque péripétie historique se trouve avoir son niveau et sa localisation formels. C'est là une *analyse récurrentielle* qui ne peut se faire qu'à l'intérieur d'une science constituée, et une fois franchi son seuil de formalisation [1].

Autre est l'analyse historique qui se situe au seuil de la scientificité et qui s'interroge sur la manière dont il a pu être franchi à partir de figures épistémologiques diverses. Il s'agit de savoir, par exemple, comment un concept — chargé encore de métaphores ou de contenus imaginaires — s'est purifié et a pu prendre statut et fonction de concept scientifique. De savoir comment une région d'expérience, déjà repérée, déjà partiellement articulée, mais encore traversée par des utilisations pratiques immédiates ou des valorisations effectives, a pu se constituer en un domaine scientifique. De savoir, d'une façon plus générale, comment une science s'est établie par-dessus et contre un niveau préscientifique qui à la fois la préparait et lui résistait à l'avance, comment elle a pu franchir les obstacles et les limitations, qui s'opposaient encore à elle. G. Bachelard et G. Canguilhem ont donné les modèles de cette histoire. Elle n'a pas besoin, comme l'analyse récurrentielle, de se situer à l'intérieur même de la science, d'en replacer tous les épisodes dans l'édifice qu'elle constitue, et de raconter sa formalisation dans le vocabulaire formel qui est aujourd'hui le sien : comment le pourrait-elle d'ailleurs, puisqu'elle montre de quoi la science s'est affranchie et tout ce qu'elle a dû laisser tomber hors d'elle-même pour atteindre le seuil de la scientificité. Par le fait même, cette description prend pour norme la science constituée; l'histoire qu'elle raconte est nécessairement scandée par l'opposition de la vérité et de l'erreur, du rationnel et de l'irrationnel, de l'obstacle et de la fécondité, de la pureté et de l'impureté, du scientifique et du non-scientifique. Il s'agit là d'une *histoire épistémologique* des sciences.

Troisième type d'analyse historique : celle qui prend pour point d'attaque le seuil d'épistémologisation —

1. Cf. sur ce sujet Michel Serres : *Les Anamnèses mathématiques* (in *Hermès ou la communication*, p. 78).

le point de clivage entre les formations discursives définies par leur positivité et des figures épistémologiques qui ne sont pas toutes forcément des sciences (et qui au demeurant ne parviendront jamais peut-être à le devenir). A ce niveau, la scientificité ne sert pas de norme : ce qu'on essaie de mettre à nu, dans cette *histoire archéologique*, ce sont les pratiques discursives dans la mesure où elles donnent lieu à un savoir, et où ce savoir prend le statut et le rôle de science. Entreprendre à ce niveau une histoire des sciences, ce n'est pas décrire des formations discursives sans tenir compte des structures épistémologiques; c'est montrer comment l'instauration d'une science, et éventuellement son passage à la formalisation peut avoir trouvé sa possibilité et son incidence dans une formation discursive, et dans les modifications de sa positivité. Il s'agit donc, pour une pareille analyse, de profiler l'histoire des sciences à partir d'une description des pratiques discursives; de définir comment, selon quelle régularité et grâce à quelles modifications elle a pu faire place aux processus d'épistémologisation, atteindre les normes de la scientificité, et, peut-être, parvenir jusqu'au seuil de la formalisation. En recherchant, dans l'épaisseur historique des sciences, le niveau de la pratique discursive, on ne veut pas la ramener à un niveau profond et originaire, on ne veut pas la ramener au sol de l'expérience vécue (à cette terre qui se donne, irrégulière et déchiquetée, avant toute géométrie, à ce ciel qui scintille à travers le quadrillage de toutes les astronomies); on veut faire apparaître entre positivités, savoir, figures épistémologiques et sciences, tout le jeu des différences, des relations, des écarts, des décalages, des indépendances, des autonomies, et la manière dont s'articulent les unes sur les autres leurs historicités propres.

L'analyse des formations discursives, des positivités et du savoir dans leurs rapports avec les figures épistémologiques et les sciences, c'est ce qu'on a appelé, pour la distinguer des autres formes possibles d'histoire des sciences, l'analyse de l'*épistémè*. On soupçonnera peut-être cette épistémè d'être quelque chose comme une vision du monde, une tranche d'histoire commune à toutes les connaissances, et qui imposerait à chacune les mêmes normes et les mêmes postulats, un stade général de la raison, une certaine structure de pensée à laquelle ne sauraient échapper les hommes d'une époque, — grande législation écrite une fois pour toutes par une main anonyme. Par *épistémè*, on entend, en fait, l'ensemble des relations pouvant unir, à une époque donnée, les pratiques discursives qui donnent lieu à des figures épistémologiques, à des sciences, éventuellement à des systèmes formalisés; le mode selon lequel, dans chacune de ces formations discursives, se situent et s'opèrent les passages à l'épistémologisation, à la scientificité, à la formalisation; la répartition de ces seuils, qui peuvent entrer en coïncidence, être subordonnés les uns aux autres, ou être décalés dans le temps; les rapports latéraux qui peuvent exister entre des figures épistémologiques ou des sciences dans la mesure où elles relèvent de pratiques discursives voisines mais distinctes. L'épistémè, ce n'est pas une forme de connaissance ou un type de rationalité qui, traversant les sciences les plus diverses, manifesterait l'unité souveraine d'un sujet, d'un esprit ou d'une époque; c'est l'ensemble des relations qu'on peut découvrir, pour une époque donnée, entre les sciences quand on les analyse au niveau des régularités discursives.

La description de l'épistémè présente donc plusieurs caractères essentiels : elle ouvre un champ inépuisable et ne peut jamais être close; elle n'a pas pour fin de reconstituer le système de postulats auquel obéissent toutes les connaissances d'une époque, mais de parcourir un champ indéfini de relations. De plus l'épistémè n'est pas une figure immobile qui, apparue un jour, serait appelée à s'effacer tout aussi brusquement : elle est un ensemble indéfiniment mobile de scansions, de décalages, de coïncidences qui s'établissent et se défont. En outre l'épistémè, comme ensemble de rapports entre des sciences, des figures épistémologiques, des positivités et des pratiques discursives, permet de saisir le jeu des contraintes et des limitations qui, à un moment donné, s'imposent au discours : mais cette limitation, ce n'est pas celle, négative, qui oppose à la connaissance l'ignorance, au raisonnement l'imagination, à l'expérience armée la fidélité aux apparences, et la rêverie aux inférences et aux déductions; l'épistémè, ce n'est pas ce qu'on peut savoir à une époque, compte tenu des insuffisances techniques, des habitudes mentales, ou des bornes posées par la tradition; c'est ce qui, dans la positivité des pratiques discursives, rend possible l'existence des figures épistémologiques et des sciences. Enfin, on voit que l'analyse de l'épistémè n'est pas une manière de reprendre la question critique (« quelque chose comme une science étant donné, quel en est le droit ou la légitimité? »); c'est une interrogation qui n'accueille le donné de la science qu'afin de se demander ce qu'est pour cette science le fait d'être donnée. Dans l'énigme du discours scientifique, ce qu'elle met en jeu, ce n'est pas son droit à être une science, c'est le fait qu'il existe. Et le point par où elle se sépare de toutes les philosophies de la connaissance, c'est qu'elle ne rapporte pas ce fait à l'instance d'une donation originaire qui fonderait, dans un sujet transcendantal, le fait et le droit, mais aux processus d'une pratique historique.

f) *D'autres archéologies.*

Une question demeure en suspens : pourrait-on concevoir une analyse archéologique qui ferait bien apparaître la régularité d'un savoir mais ne se proposerait pas de l'analyser en direction des figures épistémologiques et des sciences? L'orientation vers l'épistémè est-elle la seule qui puisse s'ouvrir à l'archéologie? Celle-ci doit-elle être — et exclusivement — une certaine manière d'interroger l'histoire des sciences? En d'autres termes, en se limitant jusqu'à présent à la région des discours scientifiques, l'archéologie a-t-elle obéi à une nécessité qu'elle ne saurait franchir, — ou a-t-elle esquissé, sur un exemple particulier, des formes d'analyse qui peuvent avoir une tout autre extension?

Je suis pour l'instant trop peu avancé pour répondre,

définitivement, à cette question. Mais j'imagine volontiers — sous réserve encore de nombreuses épreuves qu'il faudrait tenter, et de beaucoup de tâtonnements — des archéologies qui se développeraient dans des directions différentes. Soit, par exemple, une description archéologique de « la sexualité ». Je vois bien désormais comment on pourrait l'orienter vers l'épistémè : on montrerait de quelle manière au XIXe siècle se sont formées des figures épistémologiques comme la biologie ou la psychologie de la sexualité; et par quelle rupture s'est instauré avec Freud un discours de type scientifique. Mais j'aperçois aussi une autre possibilité d'analyse : au lieu d'étudier le comportement sexuel des hommes à une époque donnée (en en cherchant la loi dans une structure sociale, dans un inconscient collectif, ou dans une certaine attitude morale), au lieu de décrire ce que les hommes ont pu penser de la sexualité (quelle interprétation religieuse ils en donnaient, quelle valorisation ou quelle réprobation ils faisaient porter sur elle, quels conflits d'opinions ou de morales elle pouvait susciter), on se demanderait si, dans ces conduites, comme dans ces représentations, toute une pratique discursive ne se trouve pas investie; si la sexualité, en dehors de toute orientation vers un discours scientifique, n'est pas un ensemble d'objets dont on peut parler (ou dont il est interdit de parler), un champ d'énonciations possibles (qu'il s'agisse d'expressions lyriques ou de prescriptions juridiques), un ensemble de concepts (qui peuvent sans doute se présenter sous la forme élémentaire de notions ou de thèmes), un jeu de choix (qui peut apparaître dans la cohérence des conduites ou dans des systèmes de prescription). Une telle archéologie, si elle réussissait dans sa tâche, montrerait comment les interdits, les exclusions, les limites, les valorisations, les libertés, les transgressions de la sexualité, toutes ses manifestations, verbales ou non, sont liées à une pratique discursive déterminée. Elle ferait apparaître, non point certes comme vérité dernière de la sexualité, mais comme l'une des dimensions selon lesquelles on peut la décrire, une certaine « manière de parler »; et cette manière de parler, on montrerait comment elle est investie non dans des discours scientifiques, mais dans un système d'interdits et de valeurs. Analyse qui se ferait ainsi non pas dans la direction de l'épistémè, mais dans celle de ce qu'on pourrait appeler l'éthique.

Mais voici l'exemple d'une autre orientation possible. On peut, pour analyser un tableau, reconstituer le discours latent du peintre; on peut vouloir retrouver le murmure de ses intentions qui ne sont pas finalement transcrites dans des mots, mais dans des lignes, des surfaces et des couleurs; on peut essayer de dégager cette philosophie implicite qui est censée former sa vision du monde. Il est possible également d'interroger la science, ou du moins les opinions de l'époque, et de chercher à reconnaître ce que le peintre a pu leur emprunter. L'analyse archéologique aurait une autre fin : elle chercherait si l'espace, la distance, la profondeur, la couleur, la lumière, les proportions, les volumes, les contours n'ont pas été, à l'époque envisagée, nommés, énoncés, conceptualisés dans une pratique discursive; et si le savoir auquel donne lieu cette pratique discursive n'a pas été investi dans des théories et des spéculations peut-être, dans des formes d'enseignement et dans des recettes, mais aussi dans des procédés, dans des techniques, et presque dans le geste même du peintre. Il ne s'agirait pas de montrer que la peinture est une certaine manière de signifier ou de « dire », qui aurait ceci de particulier qu'elle se passerait des mots. Il faudrait montrer, qu'au moins dans l'une de ses dimensions, elle est une pratique discursive qui prend corps dans des techniques et dans des effets. Ainsi décrite, la peinture n'est pas une pure vision qu'il faudrait ensuite transcrire dans la matérialité de l'espace; elle n'est pas davantage un geste nu dont les significations muettes et indéfiniment vides devraient être libérées par des interprétations ultérieures. Elle est toute traversée — et indépendamment des connaissances scientifiques et des thèmes philosophiques — par la positivité d'un savoir.

Il me semble qu'on pourrait aussi faire une analyse

du même type à propos du savoir politique. On essaierait de voir si le comportement politique d'une société, d'un groupe ou d'une classe n'est pas traversé par une pratique discursive déterminée et descriptible. Cette positivité ne coïnciderait, évidemment, ni avec les théories politiques de l'époque ni avec les déterminations économiques : elle définirait ce qui de la politique peut devenir objet d'énonciation, les formes que cette énonciation peut prendre, les concepts qui s'y trouvent mis en œuvre, et les choix stratégiques qui s'y opèrent. Ce savoir, au lieu de l'analyser — ce qui est toujours possible — dans la direction de l'épistémè à laquelle il peut donner lieu, on l'analyserait dans la direction des comportements, des luttes, des conflits, des décisions et des tactiques. On ferait apparaître ainsi un savoir politique qui n'est pas de l'ordre d'une théorisation seconde de la pratique, et qui n'est pas non plus une mise en application de la théorie. Puisqu'il est régulièrement formé par une pratique discursive qui se déploie parmi d'autres pratiques et s'articule sur elles, il n'est point une expression qui « refléterait » d'une manière plus ou moins adéquate un certain nombre de « données objectives » ou de pratiques réelles. Il s'inscrit d'entrée de jeu dans le champ des différentes pratiques où il trouve à la fois sa spécification, ses fonctions et le réseau de ses dépendances. Si une telle description était possible, on voit qu'il ne serait pas besoin de passer par l'instance d'une conscience individuelle ou collective pour saisir le lieu d'articulation d'une pratique et d'une théorie politiques; il ne serait pas besoin de chercher dans quelle mesure cette conscience peut, d'un côté, exprimer des conditions muettes, de l'autre se montrer sensible à des vérités théoriques; on n'aurait pas à poser le problème psychologique d'une prise de conscience; on aurait à analyser la formation et les transformations d'un savoir. La question, par exemple, ne serait pas de déterminer à partir de quel moment apparaît une conscience révolutionnaire, ni quels rôles respectifs ont pu jouer les conditions économiques et le travail d'élucidation théorique, dans la genèse de cette conscience; il ne s'agirait pas de retracer la biographie générale et exemplaire de l'homme révolutionnaire, ou de trouver l'enracinement de son projet; mais de montrer comment se sont formés une pratique discursive et un savoir révolutionnaire qui s'investissent dans des comportements et des stratégies, qui donnent lieu à une théorie de la société et qui opèrent l'interférence et la mutuelle transformation des uns et des autres.

A la question qu'on posait tout à l'heure : l'archéologie ne s'occupe-t-elle que des sciences? n'est-elle jamais qu'une analyse des discours scientifiques? on peut maintenant répondre. Et répondre deux fois non. Ce que l'archéologie essaie de décrire, ce n'est pas la science dans sa structure spécifique, mais le domaine, bien différent, du *savoir.* De plus, si elle s'occupe du savoir dans son rapport avec les figures épistémologiques et les sciences, elle peut aussi bien interroger le savoir dans une direction différente et le décrire dans un autre faisceau de relations. L'orientation vers l'épistémè a été la seule explorée jusqu'ici. La raison en est que, par un gradient qui caractérise sans doute nos cultures, les formations discursives ne cessent de s'épistémologiser. C'est en interrogeant les sciences, leur histoire, leur étrange unité, leur dispersion et leurs ruptures, que le domaine des positivités a pu apparaître; c'est dans l'interstice des discours scientifiques qu'on a pu saisir le jeu des formations discursives. Il n'est pas étonnant dans ces conditions que la région la plus féconde, la plus ouverte à la description archéologique, ait été cet « âge classique », qui, de la Renaissance au XIXe siècle, a déroulé l'épistémologisation de tant de positivités; pas étonnant non plus que les formations discursives et les régularités spécifiques du savoir se soient dessinées là où les niveaux de la scientificité et de la formalisation ont été les plus difficiles à atteindre. Mais ce n'est là que le point préférentiel de l'attaque; ce n'est pas pour l'archéologie un domaine obligé.

V

— Tout au long de ce livre, vous avez essayé, tant bien que mal, de vous démarquer du « structuralisme » ou de ce qu'on entend d'ordinaire par ce mot. Vous avez fait valoir que vous n'en utilisiez ni les méthodes ni les concepts; que vous ne faisiez pas référence aux procédures de la description linguistique; que vous n'aviez nul souci de formalisation. Mais ces différences, que signifient-elles? Sinon que vous avez échoué à mettre en œuvre ce qu'il peut y avoir de positif dans les analyses structurales, ce qu'elles peuvent comporter de rigueur et d'efficacité démonstrative? Sinon que le domaine que vous avez essayé de traiter est rebelle à ce genre d'entreprise et que sa richesse n'a pas cessé d'échapper aux schémas dans lesquels vous vouliez l'enfermer? Et avec bien de la désinvolture, vous avez travesti votre impuissance en méthode; vous nous présentez maintenant comme une différence explicitement voulue la distance invincible qui vous tient et vous tiendra toujours séparé d'une véritable analyse structurale.

Car vous n'êtes pas parvenu à nous abuser. Il est vrai que, dans le vide laissé par les méthodes que vous n'utilisiez pas, vous avez précipité toute une série de notions qui paraissent étrangères aux concepts maintenant admis par ceux qui décrivent des langues ou des mythes, des œuvres littéraires ou des contes; vous avez parlé de formations, de positivités, de savoir, de pratiques discursives : toute une panoplie de termes dont vous étiez bien fier à chaque pas de souligner la singularité et les pouvoirs merveilleux. Mais auriez-vous eu à inventer tant de bizarreries, si vous n'aviez entrepris de faire valoir dans un domaine qui leur était irréductible quelques-uns des thèmes fondamentaux du structuralisme, — et de ceux-là mêmes qui en constituent les postulats les plus contestables, la plus douteuse philosophie? Tout se passe comme si vous aviez retenu des méthodes contemporaines d'analyse, non pas le travail empirique et sérieux, mais deux ou trois thèmes qui en sont plus des extrapolations que des principes nécessaires.

C'est ainsi que vous avez voulu réduire les dimensions propres du discours, négliger son irrégularité spécifique, cacher ce qu'il peut comporter d'initiative et de liberté, compenser le déséquilibre qu'il instaure dans la langue : vous avez voulu refermer cette ouverture. A l'instar d'une certaine forme de linguistique, vous avez cherché à vous passer du sujet parlant; vous avez cru qu'on pouvait décaper le discours de toutes ses références anthropologiques, et le traiter comme s'il n'avait jamais été formulé par quiconque, comme s'il n'était pas né dans des circonstances particulières, comme s'il n'était pas traversé par des représentations, comme s'il ne s'adressait à personne. Enfin, vous lui avez appliqué un principe de simultanéité : vous avez refusé de voir que le discours, à la différence peut-être de la langue, est essentiellement historique, qu'il n'était pas constitué d'éléments disponibles, mais d'événements réels et successifs qu'on ne peut pas l'analyser hors du temps où il s'est déployé.

— Vous avez raison : j'ai méconnu la transcendance du discours; j'ai refusé, en le décrivant, de le référer à une subjectivité; je n'ai pas fait valoir en premier lieu, et comme s'il devait en être la forme générale, son caractère diachronique. Mais tout cela n'était pas destiné à prolonger, au-delà du domaine de la langue, des concepts et des méthodes qui y avaient été éprouvés. Si j'ai parlé du discours, ce n'était point pour montrer que les mécanismes ou les processus de la langue s'y maintenaient intégralement; mais plutôt pour faire apparaître, dans l'épaisseur des performances verbales, la diversité des niveaux possibles d'analyse; pour montrer qu'à côté des méthodes de structuration linguistique (ou de celles de l'interprétation), on pouvait établir une description spécifique des énoncés, de leur formation et des régularités propres au discours. Si j'ai suspendu les références au sujet parlant, ce n'était pas pour découvrir des lois de construction ou des formes qui seraient appliquées de la même manière par tous les sujets parlants, ce n'était pas pour faire parler le grand discours universel qui serait commun à tous les hommes d'une époque. Il s'agissait au contraire de montrer en quoi consistaient les différences, comment il était possible que des hommes, à l'intérieur d'une même pratique discursive parlent d'objets différents, aient des opinions opposées, fassent des choix contradictoires; il s'agissait aussi de montrer en quoi les pratiques discursives se distinguaient les unes des autres; bref, j'ai voulu non pas exclure le problème du sujet, j'ai voulu définir les positions et les fonctions que le sujet pouvait occuper dans la diversité des discours. Enfin, vous avez pu le constater : je n'ai pas nié l'histoire, j'ai tenu en suspens la catégorie générale et vide du changement pour faire apparaître des transformations de niveaux différents; je refuse un modèle uniforme de temporalisation, pour décrire, à propos de chaque pratique discursive, ses règles de cumul, d'exclusion, de réactivation, ses formes propres de dérivation et ses modes spécifiques d'embrayage sur des successions diverses.

Je n'ai donc pas voulu reconduire au-delà de ses limites légitimes l'entreprise structuraliste. Et vous me rendrez facilement cette justice que je n'ai pas employé une seule fois le terme de structure dans *Les Mots et les Choses*. Mais laissons là, si vous le voulez bien, les polémiques à propos du « structuralisme »; elles se survivent à grand-peine dans des régions désertées maintenant par ceux qui travaillent; cette lutte qui a pu être féconde n'est plus menée maintenant que par les mimes et les forains.

— Vous avez beau vouloir esquiver ces polémiques,

vous n'échapperez pas au problème. Car ce n'est pas au structuralisme que nous en avons. Volontiers, nous reconnaissons sa justesse et son efficacité : lorsqu'il s'agit d'analyser une langue, des mythologies, des récits populaires, des poèmes, des rêves, des œuvres littéraires, des films peut-être, la description structurale fait apparaître des relations qui sans elle n'auraient pas pu être isolées ; elle permet de définir des éléments récurrents, avec leurs formes d'opposition et leurs critères d'individualisation ; elle permet d'établir aussi des lois de construction, des équivalences et des règles de transformation. Et malgré quelques réticences qui ont pu être marquées au début, nous acceptons maintenant sans difficulté que la langue, l'inconscient, l'imagination des hommes obéissent à des lois de structure. Mais ce que nous refusons absolument, c'est ce que vous faites : c'est qu'on puisse analyser les discours scientifiques en leur succession sans les référer à quelque chose comme une activité constituante, sans reconnaître jusque dans leurs hésitations l'ouverture d'un projet originaire ou d'une téléologie fondamentale, sans retrouver la profonde continuité qui les lie et les conduit jusqu'au point d'où nous pouvons les ressaisir ; c'est qu'on puisse ainsi dénouer le devenir de la raison, et affranchir de tout index de subjectivité l'histoire de la pensée. Resserrons le débat : nous admettons qu'on puisse parler, en termes d'éléments et de règles de construction, du langage en général, — de ce langage d'ailleurs et d'autrefois qui est celui des mythes, ou encore de ce langage malgré tout un peu étranger qui est celui de notre inconscient ou de nos œuvres ; mais le langage de notre savoir, ce langage que nous tenons ici et maintenant, ce discours structural lui-même qui nous permet d'analyser tant d'autres langages, celui-là, dans son épaisseur historique, nous le tenons pour irréductible. Vous ne pouvez pas oublier tout de même que c'est à partir de lui, de sa lente genèse, de ce devenir obscur qui l'a mené jusqu'à l'état d'aujourd'hui, que nous pouvons parler des autres discours en termes de structures ; c'est lui qui nous en a donné la possibilité et le droit ; il forme la tache aveugle à partir de quoi les choses autour de nous se disposent comme nous les voyons aujourd'hui. Qu'on joue avec des éléments, des relations et des discontinuités quand on analyse des légendes indo-européennes ou des tragédies de Racine, nous le voulons bien; qu'on se passe, autant que faire se peut, d'une interrogation sur les sujets parlants, nous l'acceptons encore; mais nous contestons qu'on puisse s'autoriser de ces tentatives réussies pour faire refluer l'analyse, pour remonter jusqu'aux formes de discours qui les rend possibles, et pour mettre en question le lieu même d'où nous parlons aujourd'hui. L'histoire de ces analyses où la subjectivité s'esquive garde par-devers elle sa propre transcendance.

— Il me semble que c'est bien là en effet (et beaucoup plus que dans la question ressassée du structuralisme) le point du débat, et de votre résistance. Permettez-moi, par jeu bien sûr puisque, vous le savez bien, je n'ai pas de penchant particulier pour l'interprétation, de vous dire comment j'ai entendu votre discours de tout à l'heure. « Bien sûr, disiez-vous en sourdine, nous sommes désormais contraints, malgré tous les combats d'arrière-garde que nous avons livrés, d'accepter qu'on formalise des discours déductifs; bien sûr nous devons supporter qu'on décrive, plutôt que l'histoire d'une âme, plutôt qu'un projet d'existence, l'architecture d'un système philosophique; bien sûr, et quoi que nous en pensions, il nous faut tolérer ces analyses qui rapportent les œuvres littéraires, non pas à l'expérience vécue d'un individu, mais aux structures de la langue. Bien sûr, il nous a fallu abandonner tous ces discours que nous ramenions autrefois à la souveraineté de la conscience. Mais ce que nous avons perdu depuis plus d'un demi-siècle maintenant, nous entendons bien le récupérer au second degré, par l'analyse de toutes ces analyses ou du moins par l'interrogation fondamentale que nous leur adressons. Nous allons leur demander d'où elles viennent, quelle est la destination historique qui les traverse sans qu'elles s'en rendent compte, quelle naïveté les rend aveugles aux conditions qui les rendent possibles, en quelle clôture métaphysique s'enferme leur positivisme rudimentaire. Et du coup il sera sans importance finalement que l'inconscient ne soit pas, comme nous l'avons cru et affirmé, le bord implicite de la conscience; il sera sans importance qu'une mythologie ne soit plus une vision du monde, et qu'un roman soit autre chose que le versant extérieur d'une expérience vécue; car la raison qui établit toutes ces « vérités » nouvelles, cette raison nous la tenons en haute surveillance : ni elle, ni son passé, ni ce qui la rend possible, ni ce qui la fait nôtre n'échappe à l'assignation transcendantale. C'est à elle maintenant — et nous sommes bien décidés à n'y jamais renoncer — que nous poserons la question de l'origine, de la constitution première, de l'horizon téléologique, de la continuité temporelle. C'est elle, cette pensée qui s'actualise aujourd'hui comme la nôtre, que nous maintiendrons dans la dominance historico-transcendantale. C'est pourquoi, si nous sommes bien obligés de supporter, bon gré mal gré, tous les structuralismes, nous ne saurions accepter qu'on touche à cette histoire de la pensée qui est histoire de nous-mêmes; nous ne saurions accepter qu'on dénoue tous ces fils transcendantaux qui l'ont reliée depuis le XIXe siècle à la problématique de l'origine et de la subjectivité. A qui s'approche de cette forteresse où nous voilà réfugiés mais que nous entendons tenir solidement, nous répéterons, avec le geste qui immobilise la profanation : *Noli tangere* ».

Or je me suis obstiné à avancer. Non pas que je sois certain de la victoire ni sûr de mes armes. Mais parce qu'il m'a paru que là, pour l'instant, était l'essentiel : affranchir l'histoire de la pensée de sa sujétion transcendantale. Le problème n'était absolument pas pour moi de la structuraliser, en appliquant au devenir du savoir ou à la genèse des sciences des catégories qui avaient fait leurs preuves dans le domaine de la langue. Il s'agissait d'analyser cette histoire, dans une discontinuité qu'aucune téléologie ne réduirait par avance; de la repérer dans une dispersion qu'aucun horizon préalable ne pourrait refermer; de la laisser se déployer dans un anonymat auquel nulle constitution transcendantale n'imposerait la forme du sujet; de l'ouvrir à une temporalité qui ne promettrait le retour d'aucune aurore. Il s'agissait de la dépouiller de tout narcissisme transcendantal; il fallait la libérer de ce cercle de l'origine perdue et retrouvée où elle était enfermée; il fallait montrer que l'histoire de la pensée ne pouvait avoir ce rôle révélateur du moment transcendantal que la mécanique rationnelle n'a plus depuis Kant, ni les idéalités mathématiques depuis Husserl, ni les significations du monde perçu depuis Merleau-Ponty, — en dépit des efforts qu'ils avaient faits cependant pour l'y découvrir.

Et je crois qu'au fond, malgré l'équivoque introduite par l'apparent débat du structuralisme, nous nous sommes parfaitement entendus; je veux dire : nous entendions parfaitement ce que nous voulions faire les uns et les autres. Il était bien normal que vous défendiez les droits d'une histoire continue, ouverte à la fois au travail d'une téléologie et aux processus indéfinis de la causalité; mais ce n'était point pour la protéger d'une invasion structurale qui en eût méconnu le mouvement, la spontanéité et le dynamisme interne; vous vouliez, en vérité, garantir les pouvoirs d'une conscience constituante, puisque c'étaient bien eux qu'on mettait en question. Or cette défense, elle devait avoir lieu ailleurs, et non point au lieu même du débat : car, si vous reconnaissiez à une recherche empirique, à un mince travail d'histoire le droit de contester la dimension transcendantale, alors vous cédiez l'essentiel. De là une série de déplacements. Traiter l'archéologie comme une recherche de l'origine, des *a priori* formels, des actes fondateurs, bref comme une sorte de phénoménologie historique (alors qu'il s'agit pour elle au contraire de libérer l'histoire de l'emprise phénoménologique), et lui objecter alors qu'elle échoue dans sa tâche et qu'elle ne découvre jamais qu'une série de faits empiriques. Puis opposer à la description archéologique, à son souci d'établir des seuils, des ruptures et des transformations, le véritable travail des historiens qui serait de montrer les continuités (alors que depuis des dizaines d'années le propos de l'histoire n'est plus celui-là); et lui reprocher alors son insouciance des empiricités. Puis encore la considérer comme une entreprise pour décrire des totalités culturelles, pour homogénéiser les différences les plus manifestes et retrouver l'universalité des formes contraignantes (alors qu'elle a pour propos de définir la spécificité singulière des pratiques discursives), et lui objecter alors différences, changements et mutations. Enfin la désigner comme l'importation, dans le domaine de l'histoire, du structuralisme (bien que ses méthodes et ses concepts ne puissent en aucun cas prêter à confusion) et montrer alors qu'elle ne saurait fonctionner comme une véritable analyse structurale.

Tout ce jeu de déplacements et de méconnaissances est parfaitement cohérent et nécessaire. Il comportait son bénéfice secondaire : pouvoir s'adresser en diagonale à toutes ces formes de structuralismes qu'il faut bien tolérer et auxquelles déjà il a fallu tant céder; et leur dire : « Vous voyez à quoi vous vous exposeriez si vous touchiez à ces domaines qui sont encore les nôtres; vos procédés, qui ont peut-être ailleurs quelque validité, y rencontreraient aussitôt leurs limites; ils laisseraient échapper tout le contenu concret que vous voudriez analyser; vous seriez obligés de renoncer à votre empirisme prudent; et vous verseriez, contre votre gré, dans une étrange ontologie de la structure. Ayez donc la sagesse de vous en tenir à ces terres que vous avez conquises sans doute, mais que nous feindrons désormais de vous avoir concédées puisque nous en fixons nous-mêmes les limites. » Quant au bénéfice majeur, il consiste, bien entendu, à masquer la crise où nous sommes engagés depuis longtemps et dont l'ampleur ne fait que croître : crise où il y va de cette réflexion transcendantale à laquelle la philosophie depuis Kant s'est identifiée; où il y va de cette thématique de l'origine, de cette promesse du retour par quoi nous esquivons la différence de notre présent; où il y va d'une pensée anthropologique qui ordonne toutes ces interrogations à la question de l'être de l'homme, et permet d'éviter l'analyse de la pratique; où il y va de toutes les idéologies humanistes; où il y va — enfin et surtout — du statut du sujet. C'est ce débat que vous souhaitez masquer et dont vous espérez, je crois, détourner l'attention, en poursuivant les jeux plaisants de la genèse et du système, de la synchronie et du devenir, de la relation et de la cause, de la structure et de l'histoire. Êtes-vous sûr de ne pas pratiquer une métathèse théorique?

— Supposons donc que le débat soit bien là où vous dites; supposons qu'il s'agisse de défendre ou d'attaquer la dernière redoute de la pensée transcendantale, et admettons que notre discussion d'aujourd'hui prenne bien place dans la crise dont vous parlez : quel est alors le titre de votre discours? D'où vient-il et d'où pourrait-il tenir son droit à parler? Comment pourrait-il se légitimer? Si vous n'avez fait rien d'autre qu'une enquête empirique consacrée à l'apparition et à la transformation des discours, si vous avez décrit des ensembles d'énoncés, des figures épistémologiques, les formes historiques d'un savoir, comment pouvez-vous échapper à la naïveté de tous les positivismes? Et comment votre entreprise pourrait-elle valoir contre la question de l'origine et le recours nécessaire à un sujet constituant? Mais si vous prétendez ouvrir une interrogation radicale, si vous voulez placer votre discours au niveau où nous nous plaçons nous-mêmes, vous savez bien alors qu'il entrera dans notre jeu et qu'il prolongera à son tour cette dimension dont il essaie pourtant de se libérer. Ou bien il ne nous atteint pas, ou bien nous le revendiquons. En tout cas, vous êtes tenu de nous dire ce que sont ces discours que vous vous obstinez depuis dix ans bientôt à poursuivre, sans avoir jamais pris le soin d'établir leur état civil. D'un mot, que sont-ils : histoire ou philosophie?

— Plus que vos objections de tout à l'heure, cette question, je l'avoue, m'embarrasse. Elle ne me surprend pas tout à fait; mais j'aurais aimé, quelque temps encore, la tenir suspendue. C'est que pour l'instant, et sans que je puisse encore prévoir un terme, mon discours, loin de déterminer le lieu d'où il parle, esquive le sol où il pourrait prendre appui. Il est discours sur des discours : mais il n'entend pas trouver en eux une loi cachée, une origine recouverte qu'il n'aurait plus qu'à libérer; il n'entend pas non plus établir par lui-même et à partir de lui-même la théorie générale dont ils seraient les modèles concrets. Il s'agit de déployer une dispersion qu'on ne peut jamais ramener à un système unique de différences, un éparpillement qui ne se rapporte pas à des axes absolus de référence; il s'agit d'opérer un décentrement qui ne laisse de privilège à aucun centre. Un tel discours n'a pas pour rôle de dissiper l'oubli, de retrouver, au plus profond des choses dites, et là où elles se taisent, le moment de leur naissance (qu'il s'agisse de leur création empirique, ou de l'acte transcendantal qui leur donne origine); il n'entreprend pas d'être recollection de l'originaire ou souvenir de la vérité. Il a, au contraire, à *faire* les différences : à les constituer comme objets, à les analyser et à définir leur concept. Au lieu de parcourir le champ des discours pour refaire à son compte les totalisations suspendues, au lieu de rechercher dans ce qui a été dit cet *autre* discours caché, mais qui demeure le *même* (au lieu, par conséquent, de jouer sans cesse l'*allégorie* et la *tautologie*), il opère sans cesse les différenciations, il est *diagnostic*. Si la philosophie est mémoire ou retour de l'origine, ce que je fais ne peut, en aucun cas, être considéré comme philosophie; et si l'histoire de la pensée consiste à redonner vie à des figures à demi effacées, ce que je fais n'est pas non plus histoire.

— De ce que vous venez de dire, il faut au moins retenir que votre archéologie n'est pas une science. Vous la laissez flotter, avec le statut incertain d'une description. Encore, sans doute, un de ces discours qui voudrait se faire prendre pour quelque discipline à l'état d'ébauche; ce qui procure à leurs auteurs le double avantage de n'avoir pas à en fonder la scientificité explicite et rigoureuse, et de l'ouvrir sur une généralité future qui la libère des hasards de sa naissance; encore un de ces projets qui se justifient de ce qu'ils ne sont pas en reportant toujours à plus tard l'essentiel de leur tâche, le moment de leur vérification et la mise en place définitive de leur cohérence; encore une de ces fondations comme il en fut annoncé un si grand nombre depuis le XIXe siècle : car on sait bien que, dans le champ théorique moderne, ce qu'on se plaît à inventer, ce ne sont point des systèmes démontrables, mais des disciplines dont on ouvre la possibilité, dont on dessine le programme, et dont on confie aux autres l'avenir et le destin. Or, à peine achevé le pointillé de leur épure, voilà qu'elles disparaissent avec leurs auteurs. Et le champ qu'elles auraient dû ménager demeure à jamais stérile.

— Il est exact que je n'ai jamais présenté l'archéologie comme une science, ni même comme les premiers fondements d'une science future. Et moins que le plan d'un édifice à venir, je me suis appliqué à faire le relevé — quitte, au demeurant, à apporter beaucoup de corrections — de ce que j'avais entrepris à l'occasion d'enquêtes concrètes. Le mot d'archéologie n'a point valeur d'anticipation; il désigne seulement une des lignes d'attaque pour l'analyse des performances verbales : spécification d'un niveau : celui de l'énoncé et de l'archive; détermination et éclairage d'un domaine : les régularités énonciatives, les positivités; mise en jeu de concepts comme ceux de règles de formation, de dérivation archéologique, d'*a priori* historique. Mais en presque toutes ses dimensions et sur presque toutes ses arêtes, l'entreprise a rapport à des sciences, à des analyses de type scientifique ou à des théories répondant à des critères de rigueur. Elle a d'abord rapport à des sciences qui se constituent et établissent leurs normes dans le savoir archéologiquement décrit : ce sont là pour elle autant de *sciences-objets*, comme ont pu l'être déjà l'anatomie pathologique, la philologie, l'économie politique, la biologie. Elle a rapport aussi à des formes scientifiques d'analyse dont elle se distingue soit par le niveau, soit par le domaine, soit par les méthodes et qu'elle jouxte selon des lignes de partage caractéristiques; en s'attaquant, dans la masse des choses dites, à l'énoncé défini comme fonction de réalisation de la *performance* verbale, elle se détache d'une recherche qui aurait pour champ privilégié la *compétence* linguistique : tandis qu'une telle description constitue, pour définir l'acceptabilité des énoncés, un modèle générateur, l'archéologie essaie d'établir, pour définir les conditions de leur réalisation, des règles de formation; de là, entre ces deux modes d'analyse un certain nombre d'analogies mais aussi de différences (en particulier, pour ce qui concerne le niveau possible de formalisation); en tout cas, pour l'archéologie, une grammaire générative joue le rôle d'une *analyse-connexe*. En outre, les descriptions archéologiques, dans leur déroulement et les champs qu'elles parcourent, s'articulent sur d'autres disciplines : en cherchant à définir, hors de toute référence à une subjectivité psychologique ou constituante, les différentes positions de sujet que peuvent impliquer les énoncés, l'archéologie croise une question qui est posée aujourd'hui par la psychanalyse; en essayant de faire apparaître les règles de formation des concepts, les modes de succession, d'enchaînement et de coexistence des énoncés, elle rencontre le problème des structures épistémologiques; en étudiant la formation des objets, les champs dans lesquels ils émergent et se spécifient, en étudiant aussi les conditions d'appropriation des discours, elle rencontre l'analyse des formations sociales. Ce sont pour l'archéologie autant d'*espaces corrélatifs*. Enfin, dans la mesure où il est possible de constituer une théorie générale des productions, l'archéologie comme analyse des règles propres aux différentes pratiques discursives, trouvera ce qu'on pourrait appeler sa *théorie enveloppante*.

Si je situe l'archéologie parmi tant d'autres discours qui sont déjà constitués, ce n'est pas pour la faire bénéficier, comme par contiguïté et contagion, d'un statut qu'elle ne serait pas capable de se donner à elle-même; ce n'est pas pour lui donner une place, définitivement dessinée, dans une constellation immobile; mais pour faire surgir, avec l'archive, les formations discursives, les positivités, les énoncés, leurs conditions de formation, un domaine spécifique. Domaine qui n'a fait encore l'objet d'aucune analyse (du moins en ce qu'il peut avoir de particulier et d'irréductible aux interprétations et aux formalisations); mais domaine dont rien ne garantit à l'avance — au point de repérage encore rudimentaire où je me trouve maintenant — qu'il demeurera stable et autonome. Après tout, il se pourrait que l'archéologie ne fasse rien d'autre que jouer le rôle d'un instrument qui permette d'articuler, d'une façon moins imprécise que dans le passé, l'analyse des formations sociales et les descriptions épistémologiques; ou qui permette de lier une analyse des positions du sujet à une théorie de l'histoire des sciences; ou qui permette de situer le lieu d'entrecroisement entre une théorie générale de la production et une analyse générative des énoncés. Il pourrait se révéler finalement que l'archéologie, c'est le nom donné à une certaine part de la conjoncture théorique qui est celle d'aujourd'hui. Que cette conjoncture donne lieu à une discipline individualisable, dont les premiers caractères et les limites globales s'esquisseraient ici, ou qu'elle suscite un faisceau de problèmes dont la cohérence actuelle n'empêche pas qu'ils puissent être plus tard repris en charge ailleurs, autrement, à un niveau plus élevé ou selon des méthodes différentes, de tout cela, je ne saurai pour l'instant décider. Et à vrai dire, ce n'est pas moi sans doute qui établirai la décision. J'accepte que mon discours s'efface comme la figure qui a pu le porter jusqu'ici.

— Vous faites vous-même un étrange usage de cette liberté que vous contestez aux autres. Car vous vous donnez tout le champ d'un espace libre que vous refusez même' de qualifier. Mais oubliez-vous le soin que vous avez pris d'enfermer le discours des autres dans des systèmes de règles? Oubliez-vous toutes ces contraintes que vous décriviez avec méticulosité? N'avez-vous pas retiré aux individus le droit d'intervenir personnellement dans les positivités où se situent leurs discours? Vous avez lié la moindre de leurs paroles à des obligations qui condamnent au conformisme la moindre de leurs innovations. Vous avez la révolution facile quand il s'agit de vous-même, mais difficile quand il s'agit des autres. Il vaudrait mieux sans doute que vous ayez une plus claire conscience des conditions dans lesquelles vous parlez, mais en retour une plus grande confiance dans l'action réelle des hommes et dans leurs possibilités.

— Je crains que vous ne commettiez une double erreur : à propos des pratiques discursives que j'ai essayé de définir et à propos de la part que vous-même réservez à la liberté humaine. Les positivités que j'ai tenté d'établir ne doivent pas être comprises comme un ensemble de déterminations s'imposant de l'extérieur à la pensée des individus, ou l'habitant de l'intérieur et comme par avance; elles constituent plutôt l'ensemble des conditions selon lesquelles s'exerce une pratique, selon lesquelles cette pratique donne lieu à des énoncés partiellement ou totalement nouveaux, selon lesquelles enfin elle peut être modifiée. Il s'agit moins des bornes posées à l'initiative des sujets que du champ où elle s'articule (sans en constituer le centre), des règles qu'elle met en œuvre (sans qu'elle les ait inventées ni formulées), des relations qui lui servent de support (sans qu'elle en soit le résultat dernier ni le point de convergence). Il s'agit de faire apparaître les pratiques discursives dans leur complexité et dans leur épaisseur; montrer que parler, c'est faire quelque chose, — autre chose qu'exprimer ce qu'on pense, traduire ce qu'on sait, autre chose aussi que faire jouer les structures d'une langue; montrer qu'ajouter un énoncé à une série préexistante d'énoncés, c'est faire un geste compliqué et coûteux, qui implique des conditions (et pas seulement une situation, un contexte, des motifs) et qui comporte des règles (différentes des règles logiques et linguistiques de construction); montrer qu'un changement, dans l'ordre du discours, ne suppose pas des « idées neuves », un peu d'invention et de créativité, une mentalité autre, mais des transformations dans une pratique, éventuellement dans celles qui l'avoisinent et dans leur articulation commune. Je n'ai pas nié, loin de là, la possibilité de changer le discours : j'en ai retiré le droit exclusif et instantané à la souveraineté du sujet.

« Et à mon tour, je voudrais, pour terminer, vous poser une question : quelle idée vous faites-vous du changement, et disons de la révolution, au moins dans l'ordre scientifique et dans le champ des discours, si vous le liez aux thèmes du sens, du projet, de l'origine et du retour, du sujet constituant, bref à toute la thématique qui garantit à l'histoire la présence universelle du Logos? Quelle possibilité lui donnez-vous si vous l'analysez selon les métaphores dynamiques, biologiques, évolutionnistes, dans lesquelles on dissout d'ordinaire le problème difficile et spécifique de la mutation historique? Plus précisément encore : quel statut politique pouvez-vous donner au discours si vous ne voyez en lui qu'une mince transparence qui scintille un instant à la limite des choses et des pensées? La pratique du discours révolutionnaire et du discours scientifique en Europe, depuis bientôt deux cents ans, ne vous a-t-elle pas affranchi de cette idée que les mots sont du vent, un chuchotement extérieur, un bruit d'ailes qu'on a peine à entendre dans le sérieux de l'histoire? Ou faut-il imaginer que, pour refuser cette leçon, vous vous acharniez à méconnaître, dans leur existence propre, les pratiques discursives, et que vous vouliez maintenir contre elle une histoire de l'esprit, des connaissances de la raison, des idées ou des opinions? Quelle est donc cette peur qui vous fait répondre en termes de conscience quand on vous parle d'une pratique, de ses conditions, de ses règles, de ses transformations historiques? Quelle est donc cette peur qui vous fait rechercher, par-delà toutes les limites, les ruptures, les secousses, les scansions, la grande destinée historico-transcendantale de l'Occident?

A cette question, je pense bien qu'il n'y a guère de réponse que politique. Tenons-la, pour aujourd'hui, en suspens. Peut-être faudra-t-il bientôt la reprendre et sur un autre mode.

Ce livre n'est fait que pour écarter quelques difficultés préliminaires. Autant qu'un autre, je sais ce que peuvent avoir d' « ingrat » — au sens strict du terme — les recherches dont je parle et que j'ai entreprises voilà dix ans maintenant. Je sais ce qu'il peut y avoir d'un peu grinçant à traiter les discours non pas à partir de la douce, muette et intime conscience qui s'y exprime, mais d'un obscur ensemble de règles anonymes. Ce qu'il y a de déplaisant à faire apparaître les limites et les nécessités d'une pratique, là où on avait l'habitude de voir se déployer, dans une pure transparence, les jeux du génie et de la liberté. Ce qu'il y a de provocant à traiter comme un faisceau de transformations cette histoire des discours qui était animée jusqu'ici par les métamorphoses rassurantes de la vie ou la continuité intentionnelle du vécu. Ce qu'il y a d'insupportable enfin, étant donné ce que chacun veut mettre, pense mettre de « soi-même » dans son propre discours, quand il entreprend de parler, ce qu'il y a d'insupportable à découper, analyser, combiner, recomposer tous ces textes maintenant revenus au silence, sans que jamais s'y dessine le visage transfiguré de l'auteur : " Eh quoi! tant de mots entassés, tant de marques déposées sur tant de papier et offertes à d'innombrables regards, un zèle si grand pour les maintenir au-delà du geste qui les articule, une piété si profonde attachée à les conserver et les inscrire dans la mémoire des hommes, — tout cela pour qu'il ne reste rien de cette pauvre main qui les a tracées, de cette inquiétude qui cherchait à s'apaiser en elles, et de cette vie achevée qui n'a plus qu'elles désormais pour survivre? Le discours, en sa détermination la plus profonde, ne serait pas « trace »? Et son murmure ne serait pas le lieu des immortalités sans substance? Il faudrait admettre que le temps du discours n'est pas le temps de la conscience porté aux dimensions de l'histoire, ou le temps de l'histoire présent dans la forme de la conscience? Il faudrait que je suppose que dans mon discours il n'y va pas de ma survie? Et qu'en parlant je ne conjure pas ma mort, mais que je l'établis; ou plutôt que j'abolis toute intériorité en ce dehors qui est si indifférent à ma vie, et si *neutre*, qu'il ne fait point de différence entre ma vie et ma mort? "

Tous ceux-là, je comprends bien leur malaise. Ils ont eu sans doute assez de mal à reconnaître que leur histoire, leur économie, leurs pratiques sociales, la langue qu'ils parlent, la mythologie de leurs ancêtres, les fables même qu'on leur racontait dans leur enfance, obéissent à des règles qui ne sont pas toutes données à leur conscience; ils ne souhaitent guère qu'on les dépossède, en outre et par surcroît, de ce discours où ils veulent pouvoir dire immédiatement, sans distance, ce qu'ils pensent, croient ou imaginent; ils préféreront nier que le discours soit une pratique complexe et différenciée, obéissant à des règles et à des transformations analysables, plutôt que d'être privés de cette tendre certitude, si consolante, de pouvoir changer, sinon le monde, sinon la vie, du moins leur « sens » par la seule fraîcheur d'une parole qui ne viendrait que d'eux-mêmes, et demeurerait au plus près de la source, indéfiniment. Tant de choses, dans leur langage, leur ont déjà échappé : ils ne veulent plus que leur échappe, en outre, *ce qu'ils disent*, ce petit fragment de discours — parole ou écriture, peu importe — dont la frêle et incertaine existence doit porter leur vie plus loin et plus longtemps. Ils ne peuvent pas supporter (et on les comprend un peu) — de s'entendre dire : « Le discours n'est pas la vie : son temps n'est pas le vôtre; en lui, vous ne vous réconcilierez pas avec la mort; il se peut bien que vous ayez tué Dieu sous le poids de tout ce que vous avez dit; mais ne pensez pas que vous ferez, de tout ce que vous dites, un homme qui vivra plus que lui. »

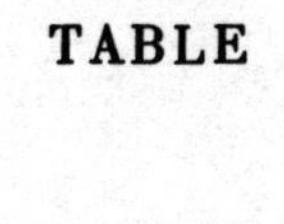

DU MÊME AUTEUR

Aux Éditions Gallimard

RAYMOND ROUSSEL.

LES MOTS ET LES CHOSES.

L'ARCHÉOLOGIE DU SAVOIR.

L'ORDRE DU DISCOURS.

HISTOIRE DE LA FOLIE À L'ÂGE CLASSIQUE.

MOI, PIERRE RIVIÈRE, AYANT ÉGORGÉ MA MÈRE, MA SŒUR ET MON FRÈRE... *(ouvrage collectif)*.

SURVEILLER ET PUNIR.

HERCULINE BARBIN DITE ALEXINA B. *(présenté par M. Foucault)*.

HISTOIRE DE LA SEXUALITÉ.

I. La Volonté de savoir.

II. L'Usage des plaisirs.

III. Le Souci de soi.

LE DÉSORDRE DES FAMILLES. LETTRES DE CACHET DES ARCHIVES DE LA BASTILLE *(en collaboration avec Arlette Farge)*.

DITS ET ÉCRITS, 1954-1988.

I. 1954-1969.

II. 1970-1975.

III. 1976-1979.

IV. 1980-1988.

Chez d'autres éditeurs

NAISSANCE DE LA CLINIQUE : UNE ARCHÉOLOGIE DU REGARD MÉDICAL (P.U.F.).

LES MACHINES À GUÉRIR *(ouvrage collectif)* (Éditions Mardaga).

BIBLIOTHÈQUE DES SCIENCES HUMAINES

Volumes publiés

CLAUDE ADDAS : *Ibn'Arabī ou la quête du Soufre Rouge.*
RAYMOND ARON : *Les Étapes de la pensée sociologique.*
RAYMOND ARON : *Études politiques.*
RAYMOND ARON : *Penser la guerre, Clausewitz,* I et II.
RAYMOND ARON : *Introduction à la philosophie de l'histoire.*
MARC AUGÉ : *Génie du paganisme.*
ÉTIENNE BALAZS : *La Bureaucratie céleste.*
JEAN BAUDRILLARD : *L'Échange symbolique et la mort.*
ÉMILE BENVENISTE : *Problèmes de linguistique générale,* I et II.
AUGUSTIN BERQUE : *Le Sauvage et l'artifice.*
AUGUSTIN BERQUE : *Du geste à la cité. Formes urbaines et lien social au Japon.*
JACQUES BERQUE : *L'Égypte. Impérialisme et révolution.*
JACQUES BERQUE : *Langages arabes du présent.*
ROGER CAILLOIS : *Approches de l'imaginaire.*
ROGER CAILLOIS : *Approches de la poésie.*
ROGER CAILLOIS ET G.-E. VON GRUNEBAUM : *Le Rêve et les sociétés humaines.*
GENEVIÈVE CALAME-GRIAULE : *Ethnologie et langage : la parole chez les Dogon.*
ELIAS CANETTI : *Masse et puissance.*
MICHEL CHODKIEWICZ : *Le Sceau des saints.*
JACQUELINE DELANGE : *Arts et peuples de l'Afrique noire.*
MARCEL DETIENNE : *L'Invention de la mythologie.*
GEORGES DEVEREUX : *Essais d'ethnopsychiatrie générale.*
WENDY DONIGER : *Śiva. Érotique et ascétique.*
HUBERT DREYFUS ET PAUL RABINOW : *Michel Foucault, un parcours philosophique.*
DANY-ROBERT DUFOUR : *Les Mystères de la trinité.*
GEORGES DUMÉZIL : *Mythe et épopée,* I, II et III.
GEORGES DUMÉZIL : *Idées romaines.*
GEORGES DUMÉZIL : *Fêtes romaines d'été et d'automne,* suivi de *Dix Questions romaines.*
GEORGES DUMÉZIL : *Les Dieux souverains des Indo-Européens.*

GEORGES DUMÉZIL : *Apollon sonore* et autres essais.

GEORGES DUMÉZIL : *La Courtisane et les seigneurs colorés* et autres essais.

GEORGES DUMÉZIL : *L'Oubli de l'homme et l'honneur des dieux.*

GEORGES DUMÉZIL : *Le Roman des jumeaux* et autres essais.

LOUIS DUMONT : *Homo hierarchicus.*

LOUIS DUMONT : *Homo aequalis.*

LOUIS DUMONT : *Homo aequalis*, II.

LOUIS DUMONT : *La Tarasque.*

A. P. ELKIN : *Les Aborigènes australiens.*

E. E. EVANS-PRITCHARD : *Les Nuer.*

E. E. EVANS-PRITCHARD : *Sorcellerie, oracles et magie chez les Azandé.*

CLAUDINE FABRE-VASSAS : *La Bête singulière. Les juifs, les chrétiens et le cochon.*

ANTOINE FAIVRE : *Accès de l'ésotérisme occidental*, I et II.

JEANNE FAVRET-SAADA : *Les Mots, la mort, les sorts.*

MICHEL FOUCAULT : *Les Mots et les choses.*

MICHEL FOUCAULT : *L'Archéologie du savoir.*

MICHEL FOUCAULT : *Dits et écrits*, I et IV.

PIERRE FRANCASTEL : *La Figure et le lieu.*

NORTHROP FRYE : *Anatomie de la critique.*

J. K. GALBRAITH : *Le Nouvel État industriel* (nouvelle édition).

J. K. GALBRAITH : *La Science économique et l'intérêt général.*

MARCEL GAUCHET ET GLADYS SWAIN : *La Pratique de l'esprit humain. L'institution asilaire et la révolution démocratique.*

MARCEL GAUCHET : *Le Désenchantement du monde.*

CLIFFORD C. GEERTZ : *Bali. Interprétation d'une culture.*

E. H. GOMBRICH : *L'Art et l'illusion.*

LUC DE HEUSCH : *Pourquoi l'épouser?* et autres essais.

LUC DE HEUSCH : *Le Sacrifice dans les religions africaines.*

J. ALLAN HOBSON : *Le Cerveau rêvant.*

GERALD HOLTON : *L'Imagination scientifique.*

SIR JULIAN HUXLEY : *Le Comportement rituel chez l'homme et l'animal.*

M. IZARD ET P. SMITH : *La Fonction symbolique. Essais d'anthropologie.*

FRANÇOIS JACOB : *La Logique du vivant.*

PIERRE JACOB : *De Vienne à Cambridge.*

ABRAM KARDINER : *L'Individu dans la société.*

LUCIEN KARPIK : *Les Avocats. Entre l'État, le public et le marché. XIIIe-XXe siècle.*

ROBERT KLEIN : *La Forme et l'intelligible.*

THOMAS S. KUHN : *La Tension essentielle. Tradition et changement dans les sciences humaines.*

PAUL LAZARSFELD : *Philosophie des sciences morales.*

EDMUND LEACH : *L'Unité de l'homme* et autres essais.

CLAUDE LEFORT : *Les Formes de l'histoire. Essais d'anthropologie politique.*

MICHEL LEIRIS : *L'Afrique fantôme.*

MAURICE LÉVY-LEBOYER ET JEAN-CLAUDE CASANOVA : *Entre l'État et le marché. L'économie française des années 1880 à nos jours.*

BERNARD LEWIS : *Le Langage politique de l'Islam.*

GILLES LIPOVETSKY : *L'Empire de l'éphémère.*

IOURI LOTMAN : *La Structure du texte artistique.*

ERNESTO DE MARTINO : *La Terre du remords.*

HENRI MENDRAS ET ALII : *La Sagesse et le désordre : France 1980.*

HENRI MENDRAS : *La Seconde Révolution française, 1965-1984.*

ALFRED MÉTRAUX : *Religion et magies indiennes d'Amérique du Sud.*

ALFRED MÉTRAUX : *Le Vaudou haïtien.*

WILHELM E. MÜHLMANN : *Messianismes révolutionnaires du tiers monde.*

GUNNAR MYRDAL : *Le Défi du monde pauvre.*

MAX NICHOLSON : *La Révolution de l'environnement.*

ERWIN PANOFSKY : *Essais d'iconologie.*

ERWIN PANOFSKY : *L'Œuvre d'art et ses significations.*

KOSTAS PAPAIOANNOU : *De Marx et du marxisme.*

DENISE PAULME : *La Mère dévorante.*

MARIA ISAURA PEREIRA DE QUEIROZ : *Carnaval brésilien. Le vécu et le mythe.*

KARL POLANYI : *La Grande Transformation.*

PHILIPPE PONS : *D'Edo à Tokyo.*

ILYA PRIGOGINE ET ISABELLE STENGERS : *La Nouvelle Alliance : métamorphoses de la science.*

VLADIMIR JA. PROPP : *Morphologie du conte.*

VLADIMIR JA. PROPP : *Les Racines historiques du conte merveilleux.*

HENRI-CHARLES PUECH : *En quête de la gnose,* I et II.

GÉRARD REICHEL-DOLMATOFF : *Desana. Le symbolisme universel des Indiens Tukano du Vaupés.*

LLOYD G. REYNOLDS : *Les Trois Mondes de l'économie.*

PIERRE ROSANVALLON : *Le Moment Guizot.*

GILBERT ROUGET : *La Musique et la transe.*

MARSHALL SAHLINS : *Âge de pierre, âge d'abondance.*

MARSHALL SAHLINS : *Au cœur des sociétés : raison utilitaire et raison culturelle.*

MEYER SCHAPIRO : *Style, artiste et société.*

CARL SCHMITT : *Théologie politique 1922-1969.*

DOMINIQUE SCHNAPPER : *La France de l'intégration. Sociologie de la nation en 1990.*

DOMINIQUE SCHNAPPER, HENRI MENDRAS ET ALII : *Six manières d'être européen.*

JOSEPH A. SCHUMPETER : *Histoire de l'analyse économique. I. L'âge des fondateurs. II. L'âge classique. III. L'âge de la science.*

ANDREW SHONFIELD : *Le Capitalisme d'aujourd'hui.*

OTA ŠIK : *La Troisième Voie.*

GÉRARD SIMON : *Kepler astronome astrologue.*

GLADYS SWAIN : *Dialogue avec l'insensé,* précédé de : *À la recherche d'une autre histoire de la folie,* par Marcel Gauchet.

ERNST TROELTSCH : *Protestantisme et modernité.*

VICTOR W. TURNER : *Les Tambours d'affliction.*

THORSTEIN VEBLEN : *Théorie de la classe de loisir.*

YVONNE VERDIER : *Façons de dire, façons de faire.*

LOUP VERLET : *La Malle de Newton.*

NATHAN WACHTEL : *Le Retour des ancêtres. Les Indiens Urus de Bolivie, XVe-XVIe siècle.*

MAX WEBER : *Histoire économique. Esquisse d'une histoire universelle de l'économie et de la société.*

EDGAR WIND : *Art et Anarchie.*

PAUL YONNET : *Jeux, modes et masses. La société française et le moderne, 1945-1985.*

YVONNE VERDIER : *Coutume et destin. Thomas Hardy et autres essais.*

Reproduit et achevé d'imprimer
par l'Imprimerie Floch
à Mayenne, le 22 avril 1996.
Dépôt légal : avril 1996.
1er dépôt légal : avril 1969.
Numéro d'imprimeur : 39466.
ISBN 2-07-026999-X / Imprimé en France.

76387